现代职业教育
研究丛书

丛书主编
石伟平

高职院校合作机制研究

兰小云　著

上海教育出版社
SHANGHAI EDUCATIONAL
PUBLISHING HOUSE

总序

2004 年,由华东师范大学职业教育与成人教育研究所牵头,联合国内兄弟单位出版了第一套"现代职业教育研究丛书"。第一套丛书的出版在学界取得了良好的反响,不仅获上海市第十届教育科学研究优秀成果奖一等奖、教育部第四届全国教育科学研究优秀成果奖一等奖,更在学界成为家喻户晓的"知名IP",一大批青年学者、博士、硕士都在阅读、学习和研究这套丛书,甚至于现在这套丛书早已"洛阳纸贵",在各大销售平台均已售罄。第一套丛书能被学界高度认可,作为丛书的总主编,我感到非常高兴,同时也能感受到读者的期盼和"更上一层楼"的压力。因此,在第一套丛书出版 17 年之际,在新的时代、新的起点,第二套"现代职业教育研究丛书"终于如期付梓,与读者见面。

从第一套丛书诞生的 21 世纪初,到第二套丛书面世的新时代,中国经济社会与职业教育都发生了翻天覆地的变化。经过改革开放 40 多年的发展与进步,中国已经稳居世界第二大经济体,人民生活水平显著提高。在国家经济社会迅速发展的进程中,职业教育也进入了"大改革、大发展"的新时代。如今,《国家职业教育改革实施方案》《关于实施中国特色高水平高职学校和专业建设计划的意见》《职业教育提质培优行动计划(2020—2023 年)》等政策陆续出台,推动了中国职业教育的身份地位从"层次"到"类型",伙伴关系从"跨界"到"融合",社会功能从"教化"到服务",价值尺度从"借鉴"到"创生",发展路径从"标准化"到"现代化"的大变革和大转型。在大改革、大发展的进程中,新的职业教育研究课题不断涌现,第二套"现代职业教育研究丛书"也就应运而生。

整体来说,第二套丛书完美地继承并发扬了第一套丛书以问题为中心、贴近实践、关照学科体系的特色,并在第一套丛书的优良传统之上探索了前沿的研究方法与范式,注重从学术研究转向改革实践。第二套"现代职业教育研究丛书"具有以下三个显著的特征:

一是以问题为中心,关注前沿热点。第一套"现代职业教育研究丛书"始终以问题为中心,关注研究和解释职业教育发展与改革的基本原理问题。第二套丛书也始终坚持问题中心的传统,但是更偏向前沿的热点问题。从当代中国职业教育改革的现实问题出发,以热点问题、重大问题、先进经验和改革方案为研究对象,重点分析了新时代职业教育类型化改革的关键问题与实践路径、中等职业教育改革的方向与路径、现代学徒制的运行机制、高职院校专业带头人的胜任能力、行业类高职校企合作、英国职业教育教师教育、美国社区学院的发展与美国生涯教育等问题。这些问题的探究与解答,相互促进,互为支撑,共同回应了当代中国职业教育改革的现实需求,形成了一个有机的共同体,这是第二套丛书的重要特色。

二是以规范为基础,运用多元方法。第二套"现代职业教育研究丛书"以社会科学研究的基本规范为底色,根据不同的研究问题,设计不同的技术路线,采用多元的研究方法,做了一些有参考性的探索。第二套丛书有三种经典的学术范式:(1)思辨类研究范式,从实践哲学与类型学的逻辑出发,分析中国职业教育改革的重大问题;(2)实证类研究范式,运用质性、量化或"质性+量化"的研究方法,开展问卷调查、深度访谈、个案分析和行动研究,这是第二套丛书在方法上的重大突破;(3)国际比较与借鉴的研究范式,立足中国问题,借鉴英、美等国的经验,解决中国的问题。中国职业教育的研究虽然发展十分迅速,但是在学术范式和学术规范上还有很长的路需要走,这套丛书在研究范式上为职业教育研究提供了多样化的范本。

三是以改进为目标,突出政策建议。学术研究不仅仅是为了解释这个世界,更要改造这个世界。因此,第二套"现代职业教育研究丛书"不仅强调关注现实问题,提出真问题与好问题,还凸显多元化研究方法的使用和规范学术范式的开创,同时在研究结论之余有意识地强化了政策建议。学术研究不能是空中楼阁的花拳绣腿,研究结论必须能够在实践中得到检验。因此,第二套丛书十分强调政策建议,或专章分析问题,提出对策建议,或深度讨论重点难题,提出相应对策,或就调研过程中的突出矛盾撰写专报,为相关职能部门提供决策参考。事实上,理论往往是苍白的,而实践之树永远长青。第二套丛书强化政策建议,不仅连接了理论与实践两个系统,更在客观上推动了具体实践问题的"向前一步",例如宜兴陶都中专的办学改革、杭州职业技术学院的现代学徒制,这些都是在学术理论指引下的优秀改革实践。

马丁·布伯曾言:"凡真实的人生皆是相遇。"事实上,世间的一切美好都是因为相遇。十多年前,因为与上海教育出版社的相遇,有了第一套"现代职业教育研究丛书"的诞生;如今,华东师大职成教所与上海教育出版社再次相遇,再次牵手,打造了第二套"现代职业教育研究丛书",期待这套丛书能够"百尺竿头,更进一步"!在此,衷心感谢上海教育出版社的鼎力支持,感谢刘芳副社长、宁彦锋主任、公雯雯主任、茶文琼老师及丛书其他责任编辑的辛勤劳动,也感谢李鹏博士后为丛书的修订、统筹所做的不少幕后工作。

山高人为峰,攀登学术高峰的人更需要坚韧的心智和追求完美的信念。尽管我们一心追求尽善尽美,但是学海无边无涯,有限的成果和现有的成果都难免存在缺憾。一方面,现有的一套、两套丛书显然不足以覆盖学海的全部课题,我们也期待着用第三套、第四套,一直到无数多的研究成果,来解释和解答职业教育研究中的重大问题;另一方面,囿于时间、精力的局限,现有的丛书难免会出现错漏,还请读者批评指正!

最后,作为丛书的主编,我期望这套丛书能够对中国职业教育的学术研究起到实质性的推动作用;也祝愿中国的职业教育顺利地从"层次教育"转向"类型教育",尽早实现职业教育的"中国梦"!

石伟平

2021 年 1 月 23 日

前言

　　行业高职院校是我国高等职业教育的重要组成部分,在推动我国高等职业教育规模发展和高质量发展中发挥了重要的作用,为我国国民经济和社会发展提供了大量的高素质技术技能型人才。伴随我国经济体制改革、产业结构调整、国有企业改革、政府部门管理体制改革与机构调整,我国行业高职院校历经了 20 世纪 50 至 80 年代中期计划经济体制下的行、企、校"相生相随"以及 20 世纪 80 年代后期至 21 世纪初期与行业主管部门关系的逐渐弱化。进入 21 世纪,尤其是党的十八大以来,职业教育作为我国国民教育体系和人力资源开发的重要组成部分,受到了前所未有的重视。作为职业院校办学的必由之路,产教融合、校企合作逐渐上升为国家制度安排。"支持有条件的国有企业继续办好做强职业学校"不断被写进各级政府文件,行业企业举办职业教育再次受到重视。

　　在新时代、新发展格局下,我国行业高职院校如何走好未来之路,如何充分利用行业主管部门的资源优势,深化产教融合、校企合作,为行业企业培养更多优秀的高素质技术技能型人才,是行业高职院校需要思考并予以解答的现实问题。本书以我国行业高职院校为研究对象,以校企合作影响因素分析及其机制建构为主线,从行业高职院校的类型、特征和优势分析入手,分析了我国行业高职院校校企合作的发展历程、发展现状、若干典型模式及其机制建构;从历史分析、现状调查、案例分析、国际比较等多个维度,剖析了我国行业高职院校校企合作的主要影响因素,并运用模糊综合评价理论对影响因素的重要程度进行了评判,得到了校企合作影响因素综合评判模型;运用系统论相

1

关理论分析了校企合作影响因素的交叉耦合关系;运用市场经济理论提出了我国行业高职院校应然的校企合作机制;运用时变系统理论研究建构了我国行业高职院校校企合作机制变化模型,并对照模型,分析了其当前所处阶段以及需要解决的核心问题。

通过研究分析,本书得出的结论主要有:行业高职院校因行业而生、因行业而发展、为行业而服务,具有行业特色鲜明、专业分布相对集中、服务群体针对性强、双重管理体制等显著特征,与所属行业部门有着天然的血缘关系,在产教融合、校企合作上具有较好的积淀和基础;在社会主义市场经济体制下,行业高职院校可结合其行业主管优势,实施"以市场机制为本、以计划调控为辅"的校企合作机制;校企合作是一个由多因素交叉耦合形成的矛盾统一体,其核心为校企供求关系,行业高职院校是解决校企合作问题的关键;校企合作机制是时变的,以经济增长方式和校企关系为时变要素,其演变包括初级阶段的"院校主体,政府主导"机制、中级阶段的"双方主体,利益主导"机制和高级阶段的"融为一体,价值观主导"机制;当前我国行业高职院校校企合作机制处于由初级向中级发展的阶段,需要解决好院校自身能力建设、政府宏观调控机制建构、院校主管部门计划调控机制建构三大关键问题。

由于研究时间和精力有限,本书主要结合我国行业高职院校现状,研究探讨了当下校企合作机制建构问题,尚未涉及更长远的价值观主导的校企合作机制建构。研究选取的校企合作典型模式和案例也有限。如何从产教融合、校企合作的本质出发,建构一种规范、有序、可持续发展的合作运行机制,是值得持续关注的课题。

兰小云

2021 年 9 月 23 日

目录

现代职业教育研究丛书

行业高职院校校企合作机制研究

第一章

绪论

本章主要阐述本研究的出发点、方法、思路等,明确了行业高职院校的概念、类型及其校企合作发展历程、现状、影响因素、机制建构等研究主题。

第一节　问题的提出

一、行业高职院校的重要地位和作用引发的思考

行业高职院校是我国特定时期、特定需求的产物,此类学校大多由原行业部委主管或大型国有企业集团举办的中等专业学校升格而成。自中华人民共和国成立以来,我国就大力倡导由行业企业举办职业教育。据统计,1980年我国由行业企业举办的职业院校数占当时职业院校总数的80%。20世纪90年代,随着我国经济体制的改革和结构调整、高等教育体制的改革、国有企业的改革和高等教育大众化进程的推进,原行业部委主管的部分中等专业学校逐渐升格为高职院校,大型国有企业集团主办的中等专业学校或独立升格为高职院校,或与行业所属的职工大学等合并升格为高职院校。虽然有部分院校在后来的发展中与主管部门脱离关系,但仍有一大批院校保留了与原主管部门的行政隶属关系。即使是那些转为由地方教育行政部门主管的高职院校,在业务上也仍然保持着与原主管部门的合作。截至2020年,我国行业企业举办的高等职业学校数约占高职学校总数的38.1%。部分省市(如天津市)80%以上的高职院校都是行业企业举办的,具有鲜明的行业背景。由此可见,行业高职院校在经济发展、行业发展、高等教育大众化进程中已发挥而且还将继续发挥重要作用。正如部分专家在谈及关于发展高等职业教育的几个问题时所说的那样,"实实在在地办,还是要依靠行业。行业办高职最易办出特色,原因是行业最了解企业的需要"。那么,行业高职院校该如何充分利用主管部门的优势资源开展校企合作呢? 在社会主义市场经济体制下,行业高职院校校企合作可采用的运行机制又是什么呢?

二、行业高职院校及其校企合作现状引发的思考

虽然我国的行业高职院校一直在国民经济社会发展中发挥着重要的作用,但其面临的困境也不可忽视。在国企改革过程中,随着"企社分开、主辅分离",企业举办的职业院校面临一系列困难——企办院校具有公益性质,但其作为职教组织的法律地位得不到认可,学校性质难以界定,导致其既享受不到公办院校

的政策,也享受不到民办院校的政策,处于政策夹缝中,给其生存和发展带来了困难,使其与行业企业的关系也逐渐疏远。如何重新获得行业主管部门在校企合作中的支持,同时与行业系统外的企业开展好校企合作,是目前大多数行业高职院校需要也正在寻求解决的难题。在我国政府高度重视和大力推行下,行业高职院校依托行业优势探索了形式多样的校企合作模式,其中也不乏成功的模式,但这些成功的模式都有特殊的背景原因支撑,如地方政府的特殊政策支持和大量资金投入,或者是区域经济发展优势,或者是行业主管部门的强力推行和大力支持。有些模式是难以在其他高职院校复制的。从整体上看,现阶段我国行业高职院校校企合作仍以员工培训、学生企业实习、实习基地共建等形式为主。这种合作,离真正意义上的校企合作——建立起一个可持续发展的良性循环机制,实现教育资源的优化组合,提升办学的整体效益尚有差距。因此,有必要在分析现有较为成功的校企合作模式及其运行机制的基础上,进一步探讨行业高职院校校企合作机制的普适性问题及解决办法。

三、行业高职院校面临的新机遇和新环境引发的思考

随着国家"一带一路"经济发展战略和制造强国战略的提出,国家对创新型、技术技能型人才的需求与日俱增。大力发展职业教育,促进教育与经济协调发展成为国家改革的重要内容之一。深化产教融合、校企合作,让行业企业成为重要办学主体,成为推进人才和人力资源供给侧结构性改革的一项重要方针和制度安排。2014 年《国务院关于加快发展现代职业教育的决定》提出"鼓励有条件的大型企业举办职业教育"。2017 年 12 月,国务院印发《关于深化产教融合的若干意见》,提出"要强化企业重要主体作用,鼓励企业以独资、合资、合作等方式依法参与举办职业教育、高等教育,支持有条件的国有企业继续办好做强职业学校"。2018 年 2 月,教育部等六部门联合印发《职业学校校企合作促进办法》,指出"鼓励有条件的企业举办或者参与举办职业学校"。2019 年 1 月,国务院印发《国家职业教育改革实施方案》,明确指出"把职业教育摆在教育改革创新和经济社会发展中更加突出的位置……经过 5—10 年时间,职业教育基本完成由政府举办为主向政府统筹管理、社会多元办学的格局转变"。2021 年 10 月,中共中央办公厅、国务院办公厅印发《关于推动现代职业教育高质量发展的意见》,指出"构建政府统筹管理、行业企业积极举办、社

会力量深度参与的多元办学格局""鼓励上市公司、行业龙头企业举办职业教育,鼓励各类企业依法参与举办职业教育"。所有这些都为行业高职院校的改革发展释放出有利的信号。恢复行业办学,不仅关系到产教融合的有效实施,而且关系到职业教育培养质量的提升,更关系到整个教育金字塔的稳定。① 站在新的历史起点,行业高职院校如何充分利用自身的行业优势,深化产教融合、校企合作,为本行业的发展以及我国经济社会发展提供更多更优秀的高素质技术技能型人才,是需要深入思考的话题。

四、我国企业大学②的快速发展带来的挑战和机遇

自 20 世纪 50 年代美国通用电气公司开办全球首家企业大学克劳顿管理学院以来,企业大学在美国及其他国家不断出现。迄今为止,全球 500 强企业中,已有近 80% 的公司成立了企业大学。在国内,企业大学也不断成立。越来越多的企业重视人才的发展、员工的培训,注重通过人才的培养来支持企业的战略。从这个角度来看,企业大学的发展给高职院校(特别是行业高职院校)与行业企业开展合作带来了新的挑战,需要重新审视原本的合作方式。企业大学在中国还没有一个固定、统一的模式和标准。企业大学虽然不可避免地承担了培训的任务,但如果仅仅只是培训的话,永远不能走到与企业战略发展相结合的路线上来。发展尚不成熟的企业大学又为高职院校开展校企合作带来了新的机遇。面对企业大学数量不断增加的挑战和机遇,行业高职院校特别是国有大型企业集团主管的行业高职院校又该采取何种合作方式,为行业主管部门培养人才,从而赢得其支持?

第二节 已有的研究

为了给本研究一个明确的定位,笔者尝试在分析影响行业高职院校校企合作的主要因素及其相互关系的基础上,进行校企合作机制建构。因此,本节

---

① 吴维煊.行业办学有助于形成职教多元办学格局[N].浙江教育报,2019-4-5(4).
② 本书中所说的企业大学属于企业内设培训机构,主要发挥企业内部中级和高级管理人才培养、人力资源培训等功能,不属于具有特定功能和作用的法人组织。为尊重调查研究时的实际情况,本书中仍沿用当时采用的"企业大学"这一表述。

拟对行业高职院校校企合作影响因素、校企合作机制的国内外研究现状进行归纳和综述。

一、核心概念

(一) 行业高职院校

行业高职院校是指我国由行业主管部门、大型国有企业集团等举办的具有鲜明行业特色的全日制公办专科层次的高职院校。这些院校一般都具有较为悠久的办学历史。从发展历程来看,其来源主要有中华人民共和国成立以来建立的由业务部门举办的全日制普通中等专业学校、全日制普通高等专科学校等。这类院校大多经历了办学主体的频繁变更,如由国家部委直属下放到地方委办局主管;由地方委办局主管转为大型国有企业集团托管;由地方委办局主管转为地方教育行政部门主管;由国家部委直属下放到地方委办局主管,后又转为地方教育行政部门主管,委托行业部门管理。

随着历史的变迁、办学主体的变化,目前行业高职院校形成了三种主要类型:一是行业主管部门(如交通厅、农业厅、建设厅、商贸厅)直属高职院校,如常州信息职业技术学院、南京信息职业技术学院、淮安信息职业技术学院;二是大型国有企业集团(如某集团公司)直属高职院校,如北京信息职业技术学院、天津电子信息职业技术学院;三是共建型行业高职院校,即由教育行政部门主管并与行业部门共建的高职院校,这类院校往往有着行业部门主管的历史,后因发展环境的变化,主管部门发生变化,但其与原行业部门之间仍有着密切的联系,如上海电子信息职业技术学院、重庆电子工程职业学院。三类行业高职院校的界定、特点、差异性和共性等将在第二章进一步分析。

需要说明的是,(1)本书选取的大型国有企业集团举办的高职院校为公办高职院校,学校教职员工属于事业编制;(2)该类院校在办学经费上主要由政府财政经费投入;(3)在专业设置上主要面向行业开设;(4)该类院校毕业生的去向主要是本行业;(5)主管部门在当地代表了本行业的发展水平和趋势,在本行业中起着龙头作用。因此,书中选取的大型国有企业集团主管的高职院校仍属于行业办学,该类院校与企业举办的职业院校有着本质上的区别:后者主要是为举办企业培养人才,仅有少量的学生毕业后进入本企业以外的单位,而且在人员编制上后者属于企业编制,办学经费主要来自企业。

为方便论述,笔者将同时采用行业部门办学、大型国有企业集团办学、业务部门办学来表述"行业办学"的概念。此外,由于现有的许多行业高职院校由 20 世纪八九十年代的中等专业学校升格转制而来,在行业高职院校校企合作的发展历程分析部分,笔者将采用行业职业院校来统称行业举办的中等专业学校和高等专科学校。

(二) 校企合作

1. 校企合作界定

校企合作在国际上称为"合作教育",2001 年世界合作教育协会将其定义为"把课堂上的学习与工作中的学习结合起来,学生把理论知识应用于与之相关的、为真实的雇主效力且通常能获取报酬的实际工作中,然后把工作中遇到的挑战和见识带回课堂,帮助他们在学习中进一步分析与思考"。① 国内比较有代表性的界定是"学校与社会上相关企业、事业单位及其他各种工作部门之间的合作关系";②有研究者认为企业与高校的合作是双方为了谋求各自的发展,在平等、互利、互惠和自愿的基础上,在寻求合理的合作方式的过程中建立起来的一种密切联系、相互促进、共同发展的相对稳定的合作关系;有研究者依据科斯理论,认为校企合作的基本属性就是市场交易关系而非公益性合作关系。③

根据研究需要,我们对校企合作做出如下定义:校企合作是一项涉及学校、企业、院校主管部门和政府的系统工程,是一种利用学校与企业不同的教育资源和教育环境,借助院校主管部门和政府等外界力量,以培养适应经济社会发展、适应行业企业所需人才为根本目的的办学模式。根据这一界定,校企合作首先是一种办学模式,合作目的是培养人才,同时也是一项系统工程,其组成要素不仅有学校和企业,还应有院校主管部门、政府部门等利益相关者。

2. 校企合作本质

研究校企合作首先需要思考校企合作的本质是什么、为什么要合作、合作什么等问题。教育的本质是育人,确切地说,是培养身心健康、有思想、有道德、有素质、有修养的人。高职教育作为教育的一种类型,其本质也是育人。

---

① 陈解放.合作教育的理论及其在中国的实践[D].上海:华东师范大学,2002.
② 杨金土.加强校企合作 办出高职特色[J].职教通讯,2002(1):23-24.
③ 黄志平,向红梅.高职校企合作机制建立的关键问题与障碍分析:来自经济学视角的观察[A]. Advances in Artificial Intelligence (Volume 5)——Proceedings of 2011 International Conference on Management Science and Engineering(MSE 2011)[C].2011.

首先是要培养在思想、道德、素养等方面合格的"社会人",然后才是培养具有专门技术的"职业人"。立德树人可谓教育之本,是教育价值追求所在。教育的对象是人,教育的目的是成人,教育的过程是人与人交往和精神交流的过程。我国著名职业教育家张謇、黄炎培、陶行知都把学生的德行和人格养成作为职业教育的首要任务,认为职业学校的职责在于培养道德优良、技术纯粹的合格毕业生。职业教育如果舍弃或忽视职业道德教育,也就失去了其"真义"。①

高职教育的本质是育人,那么校企合作的本质是什么呢? 从教育的本质出发,校企合作的本质也是育人,是培养行业企业以及社会所需人才的一种手段或途径。因此,开展校企合作是为了培养人才,也就是说,高职教育直接服务于生产劳动的属性决定了它培养的人才必须符合行业企业生产劳动的需要,校企合作因而成为其发展的必由之路。研究校企合作及其运行机制应始终围绕技术技能型人才培养。正如潘懋元先生所说,产学研合作"不论采取何种方式,在校外或校内实训基地参加生产劳动,都要坚持既能通过生产实践使理论与实践结合,学会生产知识技能,又能提高学生的思想道德(职业道德)"。② 那么,为了培养行业企业所需人才,我们又该合作什么? 从人才培养环节和所需条件来看,合作的主要内容应包括共建专业与课程、共同施教、共建师资队伍、共建实训实习基地、共建技术研发中心等。

3. 几组概念区分

为进一步明确校企合作的内涵,我们还需要区分三组概念。

第一组是校企合作与合作教育。我国大部分研究者认为高职教育的校企合作主要源于20世纪80年代美国合作教育的引入。根据2001年世界职业教育协会对合作教育的定义,笔者认为,我国的校企合作与国际上通用的合作教育是有所不同的。合作教育是一种把理论学习与真实的工作经历结合起来,从而使课堂教学更加有效的教育模式,实质上类似我国所说的"工学结合""企业实习"等人才培养模式,而校企合作是一种利用院校和企业的教育资源和教育环境共同培育人才的办学模式,其合作范围不仅包括理论学习与工作

---

① 马斌.简论张謇、黄炎培、陶行知就业观的内涵、特征及当代价值[A].黄炎培与中国职业教育——黄炎培职业教育思想研究成果集萃[C].2009:6.

② 潘懋元.产学研合作教育的几个理论问题[J].中国大学教学,2008(3):15-17.

实践相结合的方式,也包括双方人员的互派共享、双方培养基地的共建共享等。由此可见,校企合作的外延要大于合作教育,合作教育体现了校企合作的核心(即培养人才),校企合作是实现合作教育的根本途径。

第二组是校企合作与产学研合作。产学研合作是指企业、科研院所和高等学校之间的合作,通常指以企业为技术需求方,与以科研院所或高等学校为技术供给方之间的合作,其实质是促进技术创新所需各种生产要素的有效组合。校企合作的核心是人才培养,围绕这个核心,学校和企业会在专业建设、课程建设、师资建设、实训基地建设、技术开发等方面开展合作。由此可见,产学研合作是校企合作的一种方式,通过这种方式可以培养学生的创新精神,可以改善学校的专业教学内容和方式等。而校企合作是产学研合作的外在表现形式,其外延和内涵都要大于产学研合作。

第三组是校企合作与产教融合。2013 年,《中共中央关于全面深化改革若干重大问题的决定》提出要深化"产教融合"这一概念,把它上升为国家宏观层面上的战略性要求。2014 年,《国务院关于加快发展现代职业教育的决定(国发〔2014〕19 号)》再次要求"产教深度融合";2017 年,党的十九大报告进一步把"深化产教融合"确定为面向全党全国的一个重要战略,强调"将产教融合作为促进经济社会协调发展的重要举措,融入经济转型升级各环节,贯穿人才开发全过程"[1]。由此可见,"产教融合"的内涵,早已大大超越了过去简单化要求校企对接的"产教结合",不再局限于职业教育,也不再局限于教育界和产业界,其实质是黄炎培先生提出的"大职业教育主义"思想在当今新时代背景下的新发展。[2] 产教融合是校企合作的上端,又是校企合作的下端。从上端来说,产教融合是校企合作的指导思想。开展校企合作,要以实现产业界与教育界的融合、教育发展与产业需求的融合为最终目标。从下端来说,校企合作又是实现产教融合的根本途径。只有通过校企合作,才能实现教育教学内容与企业先进元素的融合、教学标准与产业标准的融合、教学过程与生产过程的融合、教学环境与生产环境的融合、教学考评与行业考证的融合、学校文

---

① 国务院办公厅.国务院办公厅关于深化产教融合的若干意见[Z].国办发〔2017〕95 号,2017 - 12 - 5.

② 郭扬.完善体系的关键在于提升产教融合的高度——兼谈基于"大职业教育"观整合部门资源的地方实践[J].中国职业技术教育,2018(7);59 - 61.

化与企业文化的融合,实现教育链、人才链与产业链、创新链的双向融合。

（三）机制

"机制"一词原指机器的构造和动作原理。在《辞海》中,机制被定义为"生物学和医学在研究一种生物的功能时,常借指其内在工作方式,包括有关生物结构组成部分的相互关系,及其间发生的各种变化过程的物理、化学性质和相互联系"。《现代汉语词典》的解释主要包括:(1)机器的构造和工作原理;(2)机体的构造、功能和相互关系;(3)某些自然现象的物理、化学规律;(4)泛指一个工作系统的组织或部分之间相互作用的过程和方式。所以,机制大致包含以下几个层面的含义:(1)事物是由各个部分组成的;(2)既然事物各个部分存在,就有一个如何协调各个部分之间关系的问题;(3)应该通过哪种具体的运作方式来协调各个部分之间的关系。机制是一个工作系统的组织或部分之间相互作用的过程和方式。由此概念可知,机制一般由参与者、关系及规则等构成,参与者又可分为主体、客体、介质。

因此,行业高职院校校企合作机制可理解为"行业高职院校、企业、院校主管部门、地方政府和中央政府在合作培育人才过程中的内在工作方式"。从育人的视角来看,行业高职院校是校企合作的主体,即人才供给方;企业是客体,即人才需求方;而其他几方则是介质,既影响学校与企业之间的合作,又是学校和企业合作的桥梁。从这一定义出发,校企合作机制研究包含三个方面:一是校企合作系统由哪几个部分或要素组成;二是各组成要素之间的关系;三是采用什么样的运作方式协调各组成要素之间的关系,将其联系起来,发挥整体效应。

需要说明的是,没有一种机制是永远有效的,随着时间推移,主体和客体的关系会发生变化,这时就需要对机制进行重新设计。因此,机制的设计应充分考虑机制所处环境。此外,研究校企合作机制还需要根据系统的耦合关系理论来分析校企合作各要素之间的关系及其对校企合作的综合影响,同时根据系统的时变特征,提出不同校企合作关系下的校企合作机制建构设想,力求体现校企合作系统的耦合性和时变性。

二、对行业高职院校的研究

行业高职院校虽然是我国高等职业教育非常重要的组成部分,但对其的专业研究并不多。目前搜索到的有关行业高职院校的研究主要集中在以下几方面。

一是行业高职院校的优势、面临的问题及对策建议研究，且多从某一特定行业领域的视角进行分析。对行业高职院校来说，其优势主要有：（1）有利于加强高职院校的专业、教师队伍、实习实训基地建设；（2）有利于增强学校适应社会需要的能力；（3）有利于产学研结合；（4）有利于提高学校的管理水平和办学效益等。其面临的问题主要有：（1）办学经费不足；（2）管理体制不顺；（3）行业发展的波动性不利于高职教育的稳定发展等。据此，提出的对策建议主要有：（1）紧密依托行业，积极搭建产学研平台；（2）校企深度合作共建二级学院，尝试实行股份制；（3）建立人才培养模式创新实验区；（4）打造技术应用型教师团队；（5）建立校董事会；（6）构建利益共同体；（7）合作成立培训中心、研发中心；（8）组建行业类职业教育集团；（9）保持行业特色，走差异化发展道路，选择错位竞争策略。

二是行业高职院校的发展路径研究，多结合某一行业高职院校的实践，从某一方面或某几方面进行分析。提出的发展路径有：（1）利用院校与主管部门的依存关系，实施在行业办学框架下的发展战略；（2）创新管理体制机制、校企合作办学模式、工学结合人才培养模式等；（3）创新专业建设模式和课程开发模式等；（4）探索具有行业特色的产学研合作教育模式；（5）处理好规模发展与质量提高、学历教育与其他教育、面向行业与面向地方、教学工作与科技开发工作、软件建设与硬件建设、共性与特色、校内教育资源和校外教育资源等关系；（6）利用行业优势建设学校文化。

三是行业企业举办职业教育的历史研究。在 20 世纪 90 年代以前，不少学者在有关中国职业教育发展历史的著作中，对我国行业企业举办中等职业教育的历史进行了梳理和总结。21 世纪，也有研究者就我国行业企业举办的职业教育在社会转型期该如何发展进行了较为系统的论述。如孙琳在其专著《转型时期中国职业教育的改革与发展》中，回顾了我国行业企业举办职业教育的发展历程、所面临的形势与任务，并选取一些典型公司介绍了行业企业举办职业教育与培训的成功经验。

三、对校企合作影响因素的研究

分析行业企业参与高职教育的影响因素是构建校企合作机制的重要前

提。此类因素分析一直广受关注,然而研究视角多为企业和外部环境因素等。

一是来自企业的影响因素。现有研究普遍认为,来自企业的影响因素主要包括企业规模、企业性质、企业在市场中的竞争力、企业需求等。企业规模一是影响企业参与的积极性,二是影响企业开展职业教育与培训的形式。一般来说,规模越大,企业参与的积极性就越高,投入力度也更大。小型企业更愿意采取非正式培训或在职培训的形式,以满足其当下需要。另外,还有研究者认为规模越大,企业参与职业教育的影响因素就越多。而在企业性质方面,研究者普遍认为,企业的国有或私营性质会影响企业参与职业教育的程度和对职业培训的投入力度,政府拥有或部分拥有产权的企业更倾向于参与校企合作。相较运输业、制造业和农业领域的企业,公用事业和服务业领域中的企业更愿意投入职业教育与培训。企业提供的职业培训也会因岗位的不同而不同。一般来说,以年轻人为主的就业岗位、公共部门的就业岗位、对职业资格证书有要求的就业岗位,提供的培训机会更多。

二是来自外部环境的影响因素。这主要包括企业所属行业的性质及其培训传统、就业准入制度、政府培训政策、经济全球化进程、国际市场的竞争、产业结构的调整、企业所处区域的经济发展水平和职业教育发展水平、企业外部劳动力市场的发达程度等。一般来说,企业所属行业的性质及其培训传统、就业准入制度、政府培训政策等都会影响企业参与职业教育与培训的方式或模式。经济全球化进程加快、国际市场竞争激烈、新产品生产周期缩短、价格竞争压力加大、对产品功能多样化的要求等都是促使企业参与职业教育的重要因素。企业所处区域的经济发展水平和职业教育发展水平、企业外部劳动力市场的发达程度等对企业的参与决策也有很大影响。企业外部劳动力市场适宜人才的易得性决定了企业的参与方式。此外,还有研究者分析了社会文化环境、科学技术环境、经济环境、法律环境对企业参与职业教育的影响。

三是来自高职院校的因素。这主要包括校企合作内部机制(驱动机制、沟通机制、分配机制等)健全与否、学校对企业需求的研究、学校的教学质量等。不少来自高职院校的研究者对影响校企合作的院校因素进行了研究和分析。有研究者认为,合作院校的能力和资源直接决定合作培养的有效性,决定合作培养的人才质量,从而影响企业的合作收益性。因此,合作院校的师资力量、实训条件、教学理念、课程改革、专业建设、培养的人才是否符合行业企业需求影响着院校能否成功找到合作企业。①

四、对校企合作机制的研究

学术界对校企合作研究的重视由来已久，并形成了不少研究成果，然而对校企合作机制的专题研究还有待丰富和完善。现有研究主要集中在校企合作宏观机制、校企合作微观机制和校企合作机制建设思路等方面。

一是关于校企合作宏观机制的研究。不少专家学者站在宏观层面对我国产教融合、校企合作现状进行了深入分析，并提出了相应的对策建议。如马树超（2009）提出要优化行业企业参与高职教育、高职院校参与行业企业人才培养的政策环境；石伟平（2009）指出要完善校企合作的有关法律；余祖光（2009）认为落实国务院校企合作政策，需要地方政府和有关部门增强职业教育吸引力，制定具有操作性的政策；王明达（2010）认为完善的法规政策是保证校企合作可持续发展的重要机制。

二是关于校企合作微观机制的研究。研究者多结合某一高职院校的校企合作探索实践来分析，认为高职院校校企合作机制构建的主体包括政府、学校、企业、行业协会，机制建构的目标和内容主要为共同开发课程、共建实训基地、共同培养师资、共同培养学生，并从动力机制、制约机制、保障机制等方面论述了高职院校校企合作机制的建构情况。另外，还有不少一线实践者结合实际，详细介绍了所在院校如何依托行业，在专业建设、人才培养、课程开发、实训基地建设、科技服务、教育培训服务等方面开展校企合作，为其他行业高职院校与所属行业开展校企合作提供了范例。

三是关于校企合作机制建设思路的研究。现有研究多从机制功能角度提出高职教育应建立单一或多元化的校企合作机制，主要包括利益驱动机制、制度保障机制等。例如，建立政府保障机制、组织领导机制、共同投入机制、信息沟通机制、人才优先选用机制、评价激励机制等多元合作动力机制；从利益驱动、激励、规范约束三方面建立高职教育校企合作长效机制；从利益观念导向、利益激励驱动、利益诉求协调、利益保护四个层面进行校企合作利益机制建构；从激发企业参与职业教育的内在动力角度，建构需求互动机制、利益补偿

① 程培堽,顾金峰.校企合作的企业决策模型——基于成本和收益的理论分析[J].高教探索,2012(5):117-123.

机制、股份办学机制等;从动力、投入、组织、政府保障等方面建构校企合作机制;从校企合作法律法规建设、校企合作经费保障、校企合作模式改革、服务校企合作的院校内部机制改革、高技能人才使用五个方面建设高职教育校企合作机制。

第三节　本研究的设计

一、研究问题

通过上述文献梳理分析,本研究明确了研究方向,试图探讨以下问题:

1. 什么是行业高职院校? 分为哪些类型? 各自的特征和优势是什么? 这类高职院校与其他类型高职院校的区别是什么?

2. 历史与现状的差异在哪里? 原因是什么? 众所周知,在 20 世纪八九十年代以前,我国行业企业举办职业教育盛行,职业院校与行业企业的关系非常密切,而自 20 世纪 90 年代特别是 90 年代中后期以来,行业企业举办职业教育的热情逐渐减退,行业企业举办的职业院校数量大幅度减少,院校与行业企业的关系也开始受到挑战,大部分行业企业举办的高职院校由于种种原因陷入办学困境。那么,为何 20 世纪八九十年代以前职业院校与行业企业之间可以保持亲密的关系,行业企业举办职业教育能够取得较好的成效,而现在两者的关系却遭受如此多的挑战? 造成这一现象的原因是什么?

3. 解决现实问题的途径有哪些? 在政府的不断推动下,我国行业高职院校探索了不少校企合作形式或模式,但普遍采用的仍是企业员工培训、实训基地共建、订单培养等相对初级的形式,这些形式受到企业生产需要的限制,往往难以持久发展。校企合作的深度和可持续性还不够。行业高职院校该如何利用自身的行业优势,形成具有行业特色的校企合作模式呢?

4. 什么是校企合作机制? 影响行业高职院校校企合作的因素有哪些? 这些因素是如何影响校企合作的? 又是如何相互制约、相互影响的? 它们是如何形成合力共同影响校企合作的? 行业高职院校应建构什么样的校企合作机制? 机制建构中应该解决哪些核心问题? 如何解决?

二、研究思路

笔者借用机制设计理论之父赫维茨提出的机制设计思路,形成了"校企合作影响因素确定—因素相互关系及整体影响力分析—机制建构"的研究技术路线。

一是界定行业高职院校、校企合作、机制等核心概念,确定校企合作机制所包含的基本要素,为历史研究、实证研究、理论建构等提供分析框架。

二是分析行业高职院校的类型及各自的特点、优势、不足和共性,奠定历史研究的逻辑起点,明确调查与实证研究的范围。

三是研究行业高职院校校企合作的发展历程。梳理从 20 世纪 50 年代至今行业高职院校校企合作的发展脉络,分析以往该类院校与行业密切发展的原因、可借鉴的历史经验、影响校企合作机制建构的因素。

四是开展行业高职院校校企合作机制的实证研究。先明确行业高职院校校企合作现状,找到机制研究需要解决的实际问题,再选取若干具有行业特色的校企合作模式,借助典型案例,分析各种模式的内涵、特点、优势、运行机制等,总结校企合作机制建构经验,找到相关的影响因素。

五是进行行业高职院校校企合作机制的理论分析与建构。在分析各因素的影响作用、影响方式以及相互关系和综合影响力的基础上,借用市场经济理论和系统论,对行业高职院校应建构的校企合作机制及其内涵和核心问题进行理论分析,建构机制模型,提出校企合作机制建构中若干核心问题的解决办法,并就国家层面的校企合作顶层设计、制度安排、政策完善等提出建议。

三、研究方法

（一）文献研究法

笔者在研究过程中,搜集了大量有关我国行业企业举办职业教育历史的著作、论文、政策文件;搜集了我国部分行业高职院校成功开展校企合作的文本介绍资料;搜集了部分西方国家有关政府、行业组织、企业参与职业教育方式和影响因素方面的文献资料。通过文献资料分析,笔者梳理出我国行业高职院校校企合作的发展脉络、历史经验、现实经验、国际经验,以及影响校企合作机制建构的主要因素。

（二）调查研究法

研究者主要采用了问卷调查法、实地考察法、深度访谈法、网络调查法等方法。调查内容包括行业高职院校校企合作现状、校企合作典型模式、校企合作影响因素、企业参与校企合作的意愿和态度等。调查对象包括北京、天津、上海、山东、江苏、浙江、山西、河南、湖南、广西、安徽、四川、贵州、云南等省市的 55 所行业高职院校，100 家来自电子信息、医药、化工、建筑、交通物流、商贸等行业的企业，13 位来自企业、行业高职院校、教育行政部门、行业协会、高职教育理论界和行业主管部门等领域的专家。

（三）案例研究法

研究者通过实地考察和资料分析法，选取了部分行业高职院校校企合作的成功案例，分析了目前我国行业高职院校中比较有行业特色的校企合作模式及其运行机制，从个案入手，找到可供借鉴的实践经验和影响校企合作的主要因素。

（四）德尔菲法

德尔菲法又称专家意见法，能够保证行业高职院校校企合作影响因素分析结果的可靠性。根据德尔菲法中专家人数一般不超过 20 人的原则，研究者选取了来自企业、行业协会、高职教育理论界、行业高职院校、政府部门和院校主管部门的 13 位专家，采用背对背的访谈方式征询专家对影响因素的评价意见，最后根据专家的预测意见得出影响因素的综合评价结论。需要说明的是，德尔菲法的使用原则之一是要通过几轮的专家征询，使其预测意见趋于集中。因为本研究在进行第一轮专家征询时，所得到的意见基本一致，因此没有再进行后续几轮的意见征询。

（五）模糊综合评价法

研究者运用集值统计法，得出每个影响校企合作的因素的权重和模糊矩阵关系，把采用德尔菲法得出的专家定性评价转化为定量评价，然后根据模糊综合评价理论的最高隶属度原则，对受到众多因素制约的校企合作机制进行总体评价。

第二章

行业高职院校类型分析

本章分析了三种不同类型行业高职院校的内涵与特征及其共性与优势，并以上海电子信息职业技术学院为例，展示了我国行业高职院校的大致发展历程。

行业高职院校是我国高职教育的重要组成部分,在我国高等职业教育的发展中发挥了重要作用,为我国国民经济发展输送了大量的高素质技术技能型人才。据统计,截至2020年,我国共有行业高职院校559所,约占我国高职院校总数的38.1%,见表2-1。

表2-1　2011至2020年我国非教育部门举办的高职(专科)院校数及占比

年份 ＼ 院校	地方非教育部门举办的高职(专科)院校数(所)	中央其他部门举办的高职(专科)院校数(所)	高职(专科)院校总数(所)	非教育部门举办的高职(专科)院校数占比(%)
2011年	574	3	1280	45.1
2012年	588	4	1297	45.6
2013年	579	3	1321	44.6
2014年	568	3	1327	43.0
2015年	564	5	1341	42.4
2016年	564	5	1359	41.9
2017年	568	5	1388	41.3
2018年	567	5	1418	40.0
2019年	561	4	1423	39.4
2020年	559	4	1468	38.1

注:本表数据来自历年教育统计数据。地方非教育部门举办的高职(专科)院校包括地方其他部门举办的高职(专科)院校和地方企业举办的高职(专科)院校,均属于本研究中行业高职院校的范畴。

为梳理出我国行业高职院校大致包括的类型,笔者以电子信息类院校为例,通过专题调研、分析部分院校校史资料、访谈、参加相关学术会议等途径,了解行业高职院校的办学情况和办学历史,最后依据办学主体的不同,归纳出我国现有的三类行业高职院校。一是行业主管部门直属高职院校,即由中央部委或地方部委主管的高职院校。二是大型国有企业集团直属高职院校。三是共建型行业高职院校,即由教育部门主管并与行业部门共建的高职院校。三类学校既有诸多共同之处,也有各自的特点。

第一节　行业主管部门直属高职院校

一、内涵

　　行业主管部门直属高职院校是指由中央或地方业务部门举办的高职院校,如各省市经济和信息化委员会、交通厅、建设厅、商务厅、旅游局、农业厅等主管的高职院校是我国行业高职院校的主要类型。院校领导的人事任命、办学经费等主要由业务部门分管,教育教学业务则由教育行政部门分管。该类院校在计划经济时代有相当一部分是由中央相关业务部门主管的,后来随着我国政府机构体制改革,划转由地方相关行业部门主管。例如,南京信息职业技术学院于 2002 年由南京无线电工业学校转制升格而来,1987 年之前该校由原国家机械工业部(后与电子工业部合并为国家机械电子工业部)主管,后经国家电子工业部和江苏省政府联合发文(〔1987〕电教字 0093 号),把南京无线电工业学校下放至江苏省,由江苏省电子工业厅(现为江苏省工业和信息化厅)归口管理。此外,常州信息职业技术学院、淮安信息职业技术学院、江西信息应用职业技术学院、山东电子职业技术学院、四川信息职业技术学院、安徽电子信息职业技术学院、黑龙江信息职业技术学院、贵州电子信息职业技术学院等都属于行业主管部门直属高职院校。

二、特点

(一) 优势

　　各类政府业务部门一般为中央或省市地方政府的直属机构。这些机构具有研究起草和组织实施相关业务领域的法律规章和政策、发展专项规划、年度计划等职能,掌握着本业务领域的发展态势、企业发展需求信息等。这些职能优势可为其所属高职院校的办学提供有利资源。具体来说,主要体现在以下几方面:(1)院校可以凭借其与行业主管部门的血缘关系,较为便捷地获取本行业产业发展信息、技术发展信息、人才需求信息等,从而改革教育教学,培养符合行业企业需要的人才。(2)院校可充分发挥主管部门的桥梁作用,获取具有合作意愿的企业信息,从而较为科学合理地制定校企合作发展规划,并通过主管部门的穿针引线,实现与本行业的企业的广泛合作。(3)院校可以获得主管部门在行业政策和规划上的支持。

（二） 面临的问题

该类院校在办学中面临的问题主要包括:(1)主管部门给予的支持力度不够,特别是经费支持力度不够,这给许多院校的办学带来一定的障碍;(2)虽然主管部门掌握着本行业的大量信息,但在所属院校的校企合作中仅能发挥牵线搭桥的作用,未能推动深入合作;(3)主管部门在地方经济发展中的地位会影响所属院校在系统内开展校企合作的难易程度,这一点在行业高职院校校企合作现状问卷调查中得到证实。在回答"行业高职院校在行业系统内开展校企合作能力较弱的主要原因是什么"时,部分院校选择了"本行业在地方经济发展中的地位较弱、系统内企业的经济效益较差等"。

第二节　大型国有企业集团直属高职院校

一、内涵

大型国有企业集团直属高职院校是指由大型国有企业集团举办的全日制公办高等职业院校。企业集团是现代企业的高级组织形式,是以一个或多个实力强大、具有投资中心功能的大型企业为核心,以若干个在资产、资本、技术上有密切联系的企业、单位为外围层,通过产权安排、人事控制、商务协作等纽带形成的一个稳定的多层次经济组织。

与行业主管部门直属高职院校类似,该类院校同样接受双重管理,学校的办学经费、人事管理以及国有资产保值增值等主要由大型国有企业集团承担,学校与大型国有企业集团的行政人事关系是直接的上下级隶属关系;有关学校的教育政策管理、学生学籍、专业管理、办学评估等方面的管控与督导则由教育行政部门负责。根据教育部统计,2018 年我国地方企业举办的公办高职院校数为513 所,占高职院校总数的 36.2%,这些院校多在中华人民共和国成立初期由地方委办局举办的中等专业学校与职工大学合并而成,后随着原委办局的撤销或体制改革,转为由国有经济资产管理委员会委托某大型国有企业集团主管。例如,天津电子信息职业技术学院的前身可追溯至1953年由原国家第二机械工业部电信工业局(后改为十局)成立的"二九一技工学校"。1979年7月,该校更名为"天津无线电机械学校"。2000年1月,天津市教委决定把"天津无线电机械学校"与"天津市仪表无线电工业学校"合并,组建"天津电子信息学校"。2001年1月,经天津市人民政府批准,"天津电子信息学校"与"天津市职工电子仪表工程学院"合并成立"天津电子信息职业技术学院",主管单位为天津中环电子信息集团有限公司。在调研中发现,类似的行业高职院校还有北京电子控股有限责任公司举办的北京信息职业技术学院、中国第一汽车集团举办的长春汽车工业高等专科学校、山东省商业集团有限公司举办的山东商业职业技术学院、中国葛洲坝集团有限公司举办的三峡电力职业学院等。

二、特点

(一)优势

1. 集团内的校企之间建立了良好的信任关系和感情基础。信任是合作产生的基础之一。行业高职院校与企业在长期共事中建立了良好的感情,为开展合作奠定了基础。

2. 院校可以通过集团公司的行政命令手段,较为便捷地与相关企业合作。企业集团是现代企业的高级组织形式,以一个或多个实力强大、具有投资中心功能的大型企业为核心。这种处于核心地位的大型企业一般被称为集团母公司,对成员企业的资本和人事具有一定的控制权。因而,可以实现在集团母公司的主导下,统筹规划集团内的校企合作计划和资源,以年度目标任务下达给企业,并进行年度绩效考核,从而促使企业参与合作。

3. 大型国有企业集团拥有众多产业集团,可以为院校提供丰富的校企合作资源。企业集团作为学校的"母体",在办学经费、设备、场地、师资等方面能提供全方位的支持,有利于解决院校生产性实训和师资力量不够等现实问题。

4. 依托举办企业,院校可较为方便地获取前沿的行业发展和技术发展信息,对企业用人要求有更直接深入的了解。这些信息有利于院校及时调整办学定位、人才培养目标、专业结构。前提条件是所属企业集团应在本行业中处于龙头地位,能够引领本行业的发展。

5. 双重管理体系有利于充分利用行业和教育两方面的资源。与政府部门举办的高职院校一样,企业集团举办的高职院校也同时接受企业集团和地方教育行政部门的双重领导。企业集团分管高职院校的办学经费、人事任命、国有资产保值增值等;教育行政部门负责高职院校的教育教学业务指导,并给予一定的专项经费投入。这从理论上讲可增加高职院校的资源。

6. 专业设置具有鲜明的行业特征。企业集团举办的高职院校往往因企业集团的发展需要而产生和发展,在成立之初的专业基本上都是因企业集团人才培养需要而开设,在办学过程中,也往往根据企业集团的产业发展需要而调整。经过60多年的发展,形成了非常具有行业特征的专业结构体系。这种专业结构体系有利于集中行业优势办学,实现资源的最大化利用。

（二）面临的问题

大型国有企业集团举办的职业院校办学经费由企业提供。院校有事业单位编制,却没有全额享有事业性经费,费用不足部分由学校自己创收补齐。即使是企业拨款部分也经常会受到企业经营状况和经济效益的影响,企业经济效益直接影响学校财政,争取资金支持牵扯着院校领导太多的精力,给院校办学造成较大的不利影响。因此,该类院校正面临着严峻的挑战,如企业利益最大化与教育公益性之间的矛盾如何处理、办学经费投入有限给学校的规模发展和内涵提升带来的不利影响如何解决。此外,大型企业具有业务所跨行业广、成员企业多、组织结构形态复杂等特点。要调动成员企业参与校企合作的积极性,单凭学校的努力是非常困难和缓慢的。①

第三节　共建型行业高职院校

一、内涵

共建型行业高职院校是指由地方教育行政部门与行业主管部门共同建设的高职院校。该类院校由地方教育行政部门主管,学校的办学经费、人事管

①　马尔立,樊伟伟,王振华等.大型企业办学的体制改革与机制创新研究[J].中国职业技术教育,2012(27):58-62.

理、教育教学业务管理等均由教育行政部门负责,在人事关系上与教育行政部门之间是下级和上级的隶属关系。之所以将该类院校在研究中划为行业高职院校共同研究,主要是考虑到该类院校在划转之前,都是由行业部门或国有企业集团主管的,具有悠久的行业办学历史和鲜明的行业办学特色,后因国有企业体制改革以及地方政府规范教育机构管理的需要,由行业主管部门划转到教育行政部门主管,学校的人、财、物等管理权也随之划归教育行政部门,但在业务发展方面仍与原主管部门保持紧密合作。

例如,陕西省人民政府办公厅颁布《关于规范学校和教育培训机构管理的意见》(陕政办发〔2010〕125 号),要求在 2011 年 7 月底前,省政府各部门、直属机构、直属事业单位举办的高等职业院校、中等职业学校分别移交省教育厅或所在市。2011 年,陕西省教育厅与 11 所划转院校原主管部门签订了共建协议。该类院校虽划归省教育厅主管,但因其与行业存在千丝万缕的联系,在某些业务的开展上还与原主管部门有着一定的来往。2013 年,上海 4 所行业高职院校划归上海市教育委员会管理,原行业主管部门与上海市教育委员会签订了共建共管协议。近年来,为解决办学经费问题,由地方教育行政部门主管并与行业部门共建已成为行业高职院校发展的趋势之一。

二、特点

共建是指共同投资、共同管理。具体来讲,共建是指教育主管部门和行业部门针对某一所大学进行共同出资(或采取土地出让、减免税赋等形式)、共同建设和管理、共享建设成果,以推进院校的发展,同时为地方经济建设作出贡献。[①] 通过共建,该类院校可以有效整合教育部门和行业部门的优势资源,较好地解决原行业部门主管时的办学经费等问题。但教育主管部门和行业部门共建也存在一定的矛盾,主要表现在原有的资金链条和行政隶属关系基本断裂,使得行业高职院校和原行业部门的联系变得松散,行业部门不再直接领导,也不再完全依赖这些学校。[②] 这种现象必然造成行业高职院校行业特色逐渐减弱。因此,如何与原行业部门保持隶属体制改革前互利、互助、双向共赢

---

① 王亚杰.共建 互动 共赢——特色型大学与区域经济社会发展的互动机制初探[J].北京教育(高教版),2009(9):7.

② 王亚杰.自强与扶持:特色型大学的发展之路[J].中国高等教育,2008(3):10-12.

的紧密联系是该类院校面临的一个新问题。另外,如何在专业设置、课程体系、培养模式等方面继续保持行业特色,避免移交到教育部门后行业特色逐渐弱化,也是该类院校需要认真思考的问题。我国部分公办电子信息类高职院校办学历史概况见表2-2。

表2-2 我国部分公办电子信息类高职院校办学历史概况

学校名称	前身	原主管部门	现主管部门
南京信息职业技术学院	南京无线电工业学校	原国家第二机械工业部	江苏省工业和信息化厅
江苏信息职业技术学院	无锡无线电工业学校(苏南无锡工人技术学校)	原国家第二机械工业部	江苏省教育厅
常州信息职业技术学院	勤业机电学校 常州无线电工业学校	民族资本家出资成立 常州市工业局	江苏省工业和信息化厅
淮安信息职业技术学院	淮阴电子工业学校	江苏省电子工业厅	江苏省工业和信息化厅
江西信息应用职业技术学院	南昌气象学校	中国气象局	江西省气象局
福建信息职业技术学院	1. 福州青年会书院(后与福建省财政金融学校、福建省商业厅干训班合并为福建省财政贸易学校)	福建省商业厅	福建省教育厅
	2. 福州地质学校(后更名为福建工程学校)	福建省地质局	
	3. 福建电子工业学校	福建省电子工业厅	
吉林电子信息职业技术学院	吉林有色金属工业学校	原国家冶金工业部	吉林省教育厅
四川信息职业技术学院	广元无线电技工学校(1994年更名为四川省电子工业学校)	原国家第四机械工业部委托081基地代为管理(1988年划归广元市电子局管理)	四川省经济和信息化厅
北京信息职业技术学院	北京无线电子工业学校	原电子工业部	北京电子控股有限责任公司
上海电子信息职业技术学院	上海仪表电讯高等专科学校	原上海仪表电讯工业局 上海仪电控股(集团)公司	上海市教育委员会与上海仪电控股(集团)公司共建
天津电子信息职业技术学院	天津无线电机械学校	原国家第二机械工业部、电子工业部	天津中环电子信息集团有限公司
安徽电子信息职业技术学院	安徽省电子工业学校	蚌埠市电子仪表工业局	安徽省经济和信息化厅

现代职业教育研究丛书
校企合作机制研究 行业高职院校

学校名称	前身	原主管部门	现主管部门
黑龙江信息职业技术学院	黑龙江电子工业学校	黑龙江计划委员会	黑龙江省工业和信息化厅
重庆电子工程职业学院	重庆无线电技工学校	重庆市信息产业局	重庆市教育委员会与重庆市经济和信息化委员会共建
山东电子职业技术学院	山东电子工业学校	原国家电子工业部	山东省工业和信息化厅
贵州电子信息职业技术学院	贵州无线电工业学校	原国家电子工业部	贵州省工业和信息化厅
吉林电子信息职业技术学院	吉林有色金属工业学校	原国家冶金工业部	吉林省教育厅
湖南信息职业技术学院	怀化无线电技工学校	原国家第四机械工业部湖南省经济和信息化委员会（原湖南省信息产业厅）	长沙市人民政府

注：该表根据表中各高职院校网站公布的学校概况或学校简介整理而成。

第四节　行业高职院校的共性与优势

一、共性

从上面的叙述我们可以总结出，无论哪种类型的行业高职院校，都具有五个显著特征。

一是专业分布相对集中，主要围绕行业的产业链设置，形成了与行业有关的较为集中的专业结构体系。这是行业高职院校的基本特点。

二是具有与行业及其下属企业密切合作的历史。

三是具有主要服务面向的特定性，其人才培养和科学研究主要服务于本行业。

四是实行双重管理体制，即学校的资产和人事由行业部门管理，教育部门负责教育专业方面的管理和指导。

五是具有一定的师资力量优势。行业高职院校的教师大部分是从转制前的职工大学和中等专业学校保留下来的,经行业系统内教育与培训后,统一分配到本系统内院校担任教师。半工半读的学习方式使其具备了扎实的企业工作实践和技术指导能力,增强了学校的师资力量。

二、优势

相较其他类型的高职院校,行业高职院校在校企合作中有一定的优势。

(一) 可以借助主管部门的行政命令来开展校企合作

行业高职院校与行业部门具有一定的隶属关系,可以通过行使部分行政权力、行业整体规划设计、政策制定等实现与行业所属企业的合作。这是行业高职院校特别是大型国有企业集团举办的高职院校在校企合作上的独特优势。例如,重庆城市交通开发投资(集团)有限公司(简称"重庆交通开投集团")为了推动直属院校重庆公共运输职业学院更好地为行业内部培养专属的技能人才,明确规定:集团下属各企业要为本学院学生提供专业对口的实习实训基地;集团推荐集团内部高级技术人员和高级管理人员建立学院兼职教师师资库;集团对学院首届学生采取定向培养,自愿接受集团企业定向培养的合格毕业生,集团企业将优先录用就业。

(二) 能够最大限度地实现教育与生产劳动相结合

教育与生产劳动相结合是马克思主义教育学说的重大理论,而行业办学是践行这一理论的重要途径。在 20 世纪 50 年代,党中央就大力推行教育与生产劳动相结合,提出行业企业要大力兴办学校,培养人才。行业办学,因其集教育资源和生产资源于一体,可较好地实现教育与生产劳动相结合,较好地开展校企合作。

(三) 有利于密切学校与行业内各企业的关系

教育必须为经济建设服务,经济建设必须依靠教育,这就决定了各类院校在经济建设中的服务地位。对于直接面向行业企业培养人才的行业高职院校来说,企业更是院校的服务对象,院校则是企业的依靠对象和合作伙伴。行业办学从形式上决定了院校在行业中的地位和作用。院校直接担负着为行业内企业培养高素质技术技能型人才的任务,其培养目标必然由行业企业的需要决定,这就极大地密切了企业与学校的关系。一方面,行业企业所需要的人才有了培养基地;另一方面也使院校自觉适应行业发展的需要,培养行业建设所需要的各种人才。

（四）有利于实现高职院校和行业教育资源的有机整合

行业办学可以实现行业内实训设备、人力资源、技术资源等资源的共享和互补，既可以改善办学条件，又可以降低办学成本，提高办学效益。

一是可以完善高职院校的双师素质和双师结构。例如，湖南铁道职业技术学院通过院校主管部门株洲电力机动车厂的人事调动，直接引进了40位具有现场实践能力的工程技术人员充实到教师一线，7位院级领导中有5位在生产、技术、管理一线工作过。[①] 二是可以解决学生的企业实习和生产性实训问题。院校主管部门具有丰富的企业资源，加之行业高职院校与所属行业企业的血缘关系，在同等条件下行业企业更倾向于为直属院校提供实习实训资源，并建立比较稳定的实习实训基地。例如，山东省商业集团总公司把集团下属企业作为山东商业职业技术学院和青岛酒店管理学院的重要实习实训基地。

虽然行业高职院校在校企合作中有一定的优势，但在实际开展中，却面临着许多迫切需要解决的问题：社会主义市场经济体制下如何为行业服务，加强与本行业企业的合作？院校主管部门如何在校企合作中发挥作用，如何使行业人才发展规划与行业发展规划相配套？除此之外，行业高职院校也面临着与其他高职院校相同的问题，即与企业的合作深度不够。对大型国有企业集团举办的高职院校来说，集团与所属企业是以股权、产权、资金、技术等为纽带紧密联系在一起的，集团成员之间存在着一种准市场的交易关系，各企业拥有一定的资源优势，使得院校在合作中处于相对弱势的地位。因此，校企合作机制建设对协调行业内企业和院校的利益同样重要。

第五节　案例学校的发展历程与启示

为使读者清楚地了解行业高职院校发展的概貌，本节以上海电子信息职业技术学院为例详述我国行业高职院校的发展历程。

① 黄旭.校企合作创新高级技术应用型人才的培养途径[A].第二次全国高职高专教育产学研结合经验交流会议论文集[C].北京:高等教育出版社,2004:56－58.

一、上海电子信息职业技术学院的发展历程①

上海电子信息职业技术学院(以下简称信息学院)是一所办学历史悠久的公办全日制普通高等职业院校,以培养电子信息、先进制造业等高新技术产业人才为特色。前身为上海市仪表电讯工业专科学校,原主管部门为上海仪电控股(集团)公司(以下简称仪电控股)。2013年,经上海市人民政府批准,信息学院与上海其他3所行业部门主办的高职院校一同划归上海市教育委员会管理。信息学院为"国家示范性高等职业院校建设计划"骨干高职院校、国家优质专科高等职业院校、上海市示范性高等职业技术院校、上海市双一流高职院校建设单位。

1960年1月20日,为加快发展仪表电讯工业,原上海市人民委员会决定,从轻、纺工业中划出10家大型工厂和部分市房建筑、职工、一批机械加工设备,支援仪表电讯工业,进行仪表电讯工业的行业性调整改组。1月22日,上海市仪表电讯工业局成立,并把1959年由原上海机电工业局创办的原机电工业半工半读专科学校中的"电工仪器"和"广播通讯"两个专业划归仪表局管理,上海电表厂、上海广播器材厂两所分校同时划归仪表局领导。同年秋,经上海市人民政府批准,以这两所分校为基础,正式建立上海市仪表电讯工业专科学校,即信息学院的前身。1960年秋季招生,由上海市分配名额,共招收新生400名,其中在职职工150名,学制为全日制3年。学校设有6个专业,分别在上海灯泡厂、上海电表厂②等企业设立了6所分校。

1962年,上海市仪表电讯工业专科学校撤销。1963年,上海市仪表电讯工业专科学校复校,并更名为上海仪表电讯工业半工半读专科学校,设置无线电元件、无线电机械结构设计、无线电机械制造、热工仪表等专业,学制改为半工半读4年,并在上海无线电一厂、三厂、四厂和上海仪表电讯机械修造厂、上海和平热工仪表厂设立5所分校,总校专职教师90多人。

1966年,该校再次停止招生。1971年,该校与上海第二科学技术学校、上海医疗器械专科学校合并,成立上海电子专科学校(后发展为"上海科技高等

---

① 资料根据上海电子信息职业技术学院校史、该校部分老领导和老教师的叙述整理而成。
② 这些企业均隶属于原上海市仪表电讯工业局。上海市仪表电讯工业局原属上海机电局,后因发展需要,从上海机电局独立出来。

28

专科学校")。1974年,上海仪表电讯工业半工半读专科学校(部分资源)改建为(复校)上海市仪表电讯工业局"七二一"工人大学。1978年,"七二一"工人大学与上海第二科学技术学校分开办学,并负责筹备上海师范大学仪电分校(合署),开设学制本科4年、大专3年。1980年,上海师范大学仪电分校更名为华东师范大学仪表电子分校。1981年,上海市仪表电讯工业局"七二一"工人大学独立办学并更名为上海市仪表电讯工业局职工大学,同时与华东师范大学仪表电子分校(上海师范大学仪电分校)分编。职工大学主要目的是培养本系统内的员工,学生毕业后基本留在本系统工作。1986年,学校开始招收全日制高职学生,试办高职班,进行高职教育的探索。

1990年,上海市仪表电讯工业局职工大学撤销,与仪器仪表公司职工大学合并,学校更名为上海仪表电子工业职工大学。学校合并时,仪表局对当时领导班子的指示是把学校办成局培训中心,以培训本系统员工为主要目标。后来由于各种原因,学校仍把高职班保留下来,并提出"无长不稳,无短不活"的办学思想,采取与仪表局内部的上海电子工业学校(中德合作项目)联合培养高职生的做法,与上海电子工业学校达成协议,招收该校的毕业生到高职班学习,毕业时颁发职工大学成人专科学历证书。在此形势下,高职班招生情况时好时坏,发展非常不稳定,1995年出现了一次招生高潮。同年,随着仪表局体制改革,学院的上级主管单位转为上海仪电控股(集团)公司。1996年,学校通过努力获得原国家教委的文件批示"允许学校办高职教育",高职教育办学得以顺利沿袭下来。

自1998年以来,基于国有企业体制改革、生源逐渐萎缩、国家允许中专校升格等历史背景,学校向控股公司提出转制为高职院校的申请。2001年4月,经过多方努力,上海仪表电子工业职工大学转制为全日制普通高校——上海电子信息职业技术学院,并与上海电子工业学校、上海第一仪表电子工业学校、上海电子技术学校三所中专校实施一体化办学。2013年,在上海市政府的统一领导下,上海电子信息职业技术学院划归上海市教育委员会管理。

据《上海地方志——上海电子仪表工业志》记载,自学院前身上海市仪表电讯工业专科学校成立至1990年底,80%到90%上海市仪表电讯工业局下属学校毕业生被分配在系统内各企业、学校、科研单位工作。到1970年11月止,上海无线电工业学校为上海电子仪表工业系统培养1695名毕业生,其中

88%分配在本系统内工作。1966年以前的毕业生,大多成为本系统中生产和科研的骨干,有17人担任厂级干部。到1990年底,上海电子技术学校共培养中等专业人才1838人,其中90%左右分配在系统内各企业、学校、科研单位工作,其余分配在市级党政机关、科研单位和大专院校工作;上海第一仪表电子工业学校共培养毕业生1009名,分配在本系统内工作的有846名,约占毕业生总数的84%;上海电子工业学校共培养多层次中级职业技术人才286名,其中261名分配在本系统内各企业工作。

二、上海电子信息职业技术学院发展历程带来的启示

信息学院的办学历史再次向我们展现了行业高职院校的复杂背景,以及行业高职院校在20世纪90年代以前与主管部门及其下属企业合作发展的历程。从该校的发展历程,我们可以得到以下几点启示:

(一)行业高职院校办学应密切关注行业的发展需要

1949年,上海的仪器仪表行业和电讯制造业得到政府扶持,需求逐步增大。至1956年12月,上海生产的仪器仪表约占全国的60%,产品供应全国各地。1959年末,上海仪表电讯工业共有工厂企业282家,职工41195人,其中技术人员仅有836人。工业的发展需要大批技术人员,上海仪表电讯工业专科学校应运而生。

在改革开放中,上海把发扬自力更生精神与引进国外先进技术相结合,改造老企业,加快技术进步,缩短与世界先进技术水平之间的差距。据1982年统计,上海市仪表局技术人员12360人,占职工的7.7%(其中大专程度占61%,中专程度占39%),而大专文化程度的技术人员仅占职工的4.7%,职工中尚有三万余人没有达到初中水平,六万余名青壮年技工没有通过三级工的技术培训和等级评定,特别是集体所有制企业,技术人员不到10%。另从上海市仪表电讯工业局1982年统计的技术队伍年龄分布状态看,高级工程师年龄在56岁以上的占87.5%;工程师年龄在46岁以上的已达29.9%,40岁以上的已达80%。①

技术的大面积改造对员工技术水平和学历层次的需求与现有员工技术等

① 王年华,陈大森,毛锡鹤.上海市电子、仪表类专业人才需求调查报告[J].教育发展研究,1983(2):100－108.

级结构、学历结构、年龄结构之间的巨大反差，使得行业内企业非常重视员工的培训和教育，与行业内职业院校合作的积极性很高。据该校老教师介绍，20世纪80年代学校与仪电系统企业的关系就是一家人的关系，双方所有合作、交流行为都是为了一个共同的目标，即上海仪电的发展。

由此可见，行业高职院校因行业而生，因行业而发展。主管部门的发展状况和发展方向直接影响其与系统内企业合作关系的远近、合作程度的深浅。这种合作关系的根本决定因素是行业的技术发展需要人才，院校培养的人才能够满足企业的利益需求则是内在动因。另外，计划经济体制下的统招统分制度也很好地保障了企业的利益。

（二）经济体制决定校企合作运行机制

计划经济体制下，行业高职院校的主管部门承担为国家建设服务的任务，需要完成国家赋予的大量生产任务指标。因而，院校为主管部门培养输送人才的行为也是一种计划性的指令行为，与行业系统内的合作依据国家下达给院校主管部门的经济指标而变化。这种合作行为在改革开放后，随着社会主义市场经济体制的逐渐建立而发生根本改变。院校主管部门因体制改革和经营发展需要，对直属院校的支持力度也发生变化，校企间的合作行为、合作动因也发生变化，更多受双方利益诉求的影响。

（三）行业发展状况影响系统内的校企合作

行业发展状况影响培养人才的去向，从而影响企业参与合作的利益，最终影响校企合作的顺利进行。企业作为社会经济活动的个体，营利性是其本质特征，也是其参与校企合作的根本动因。20世纪60年代至90年代是上海市仪表电讯工业局辉煌发展的时期，员工人数多、待遇好，是许多毕业生向往的就业去处。虽然在中共十一届三中全会后，我国逐步把计划经济体制下对工业劳动力进行统包统配的制度，改革为在国家统筹计划指导下实行劳动部门介绍就业、自愿组织起来就业、自谋职业相结合的"三结合"就业制度，行业企业优越的经济条件和社会声誉仍吸引着系统内培养的毕业生自愿留下，从而很好地保障了系统内企业参与职业教育的经济利益，促进了校企合作的深度开展。

（四）主管部门的发展定位决定其对校企合作的支持力度

行业主管部门的发展战略决定行业内企业的业务发展方向，从而影响行业高职院校所设的专业和人才培养方向能否满足行业内企业所需,影响院校与企业之间能否开展合作。20 世纪 90 年代中期以前,上海市仪表电讯工业局以发展仪表电子产业为主营业务,产业的发展需要大量的行业技能人才,系统内的校企合作广泛开展、亲密无间。此后,随着企业体制改革,集团发展转向以不动产为主的业务,发展方向和主营业务不再需要学院的人才支撑,系统内的校企合作关系日益疏远。2009 年,仪电控股把战略发展方向重新调整为以电子信息产业为主的先进制造业,需要大量的电子信息类人才,信息学院再次受到主管部门的重视。在主管部门的支持下,基于企业自身发展需要,系统内企业纷纷主动与信息学院合作培养人才,校企合作关系逐渐深入。

第三章

行业高职院校
校企合作的发展历程分析

在本章,研究者回顾了我国行业高职院校校企合作的发展历程,将其划分为四个阶段,分别介绍了各阶段的校企合作关系与合作方式,并从历史经验出发分析出影响校企合作的主要因素。

根据行业高职院校类型和办学历史分析,我国行业高职院校校企合作可追溯至中华人民共和国成立初期。当时,各行各业迫切需要大量专业技能人才。专业技能人才和教育资源的匮乏迫使一些中央直属业务部门和地方行业部门开始大量举办高等专科学校和中等专业学校,以求短、平、快地解决本部门或本地区人才紧缺的问题。之后,伴随着中国经济体制改革、产业结构调整、政府部门管理体制改革与部门机构调整等,许多隶属中央直属业务部门、地方行业部门的专科学校、成人高校和中等专业学校逐渐转制或合并升格成为现在的行业高职院校。以史为鉴,依据我国经济体制改革、国有企业改革和政府机构改革的重要时间节点,把行业高职院校校企合作划分为1949至1985年、1986至2002年、2003年至今三个阶段,了解行业高职院校校企合作的起源及发展脉络,对深入探究校企合作的未来发展具有重要的指导意义。

第一节　计划经济体制下的行、企、校"相生相随"

1949至1985年是我国行业高职院校校企合作发展的第一阶段。这一时期,行业高职院校因行业而生、因行业而发展、为行业提供服务,其校企合作主要局限于行业系统内的合作,合作内容和方式由主管部门决定,并以行政命令的手段下达,合作机制表现为计划机制,具有很强的依附性、计划性、指令性等特征。

一、计划经济体制下行业举办职业教育的概况(1949 至 1985 年)

1950年,周恩来总理在全国高等教育工作会议上的讲话中指出,现在我们国家的经济正处在恢复阶段,需要人"急",需要才"专",这是事实。为了便于联系实际,适应建设的需要,由企业部门举办短期训练班或专科学校是必要的、合理的。① 这是政府对行业办学的肯定,也吹响了快速培养专业技能人才的号角。截至 1952 年底,高等专科学校在校生占比已达 31.3%②。

1958 年 4 月和 6 月,中共中央分两段召开教育工作会议,确定党的教育工作方针为"教育为无产阶级政治服务,教育与生产劳动相结合"。5 月 30 日,刘少奇在中央政治局扩大会议上讲话,提出"我们国家应该有两种主要的教育制度和劳动制度,同时并行。一种是现在的全日制的学校制度,一种是半工半读的学校制度;一种是 8 小时工作的劳动制度,一种是 4 小时工作的劳动制度"。在这一教育方针的引领下,高等专科学校或调整,或停办,或转为半工半读学校,各种类型的半工半读学校不断涌现。据教育部统计,1958 年全国半工半读在校生达 200 万人,到 1965 年达 443.3 万人。③ 行业部门办职业教育得到空前发展。

1968 年 7 月 21 日,在党中央"走上海机床厂从工人中培养技术人员的道路"号召下,各地纷纷举办"七二一"大学,到 1976 年达到 4 万多所。在这一过程中,部分行业企业举办的半工半读学校也陆续被停办,改建"七二一"大学。1978 年 3 月,国务院批转教育部《关于办好"七二一"大学的几点意见》,对全国的"七二一"大学进行全面整顿,不少地方把厂办的"七二一"大学集中合并,由业务部门主办,一些条件较好的学校则成为具有高等专科学校性质的职工大学④。这为 20 世纪 90 年代后期至 21 世纪初行业高职院校的转制奠定了基础。

与此同时,行业企业举办的中等专业学校也几乎经历了同样的命运,即从 20 世纪 50 年代初期的兴办,到 50 年代后期的快速发展,到 60 年代的调整与整顿,再到 1976 年以后的恢复与发展。据统计,截至 1952 年底,工业、农业、林业、医药、财经等各类中等技术学校⑤总数为 792 所,与 1950 年同类数字相

① 周恩来.在全国高等教育工作会议上的讲话(1950 年 6 月 8 日)[A].中共中央文献编辑委员会.周恩来选集[C].北京:人民出版社,2004.

② 魏玉凤.全国职业技术教育工作会议在京召开　部署培养千百万职业技术人才[N].人民日报,1986 - 7 - 3(3).

③ 本刊编辑部.半工半读:一场中国的试验[J].职业技术教育,2006(30):16 - 26.

④ 申家龙.新中国职业教育发展历程[M].西安:西安地图出版社,2006:124.

⑤ 通过文献资料的整理分析发现,当时我国把中等职业教育机构统称为中等技术学校,包括由各业务部门举办的中等专业学校(即本文所指的行业职业院校)和由教育部门举办的中等师范学校。

比,增幅为78%,在校生总数由1950年的90674人增加到289719人,增幅为220%。[①] 1958年上半年,全国共有中等技术学校1321所,除去师范学校归教育部门领导外,工科、农林、医科、体育、艺术等学校全部归中央和地方业务部门领导。[②] 到1958年底,中等专业学校在校生达到147万人,1959年在校生达到177万人。[③] 在行业和企业大力兴办中等专业学校的同时,原来一些行业创办的基础比较好的中等专业学校升格为专科学校或本科学校。如1957年底,冶金部共有部属中等专业学校26所,其中有21所升格为学院或专科。[④] 1961年至1963年,中等专业学校或撤销,或合并。1964年以后,开始恢复和发展。

1966年,中等专业学校基本上被迫停办,工厂企业的教育机构被撤销,全国整个职业教育工作基本上处于停顿或半停顿的状态。[⑤] 这种现象一直持续到1971年,由于缺少技术人才,参加1971年教育工作会议的国务院有关部委和各省市的代表在会上强烈要求恢复和办好中等专业学校与技工学校,并将代表意见整理成简报呈报中央。7月6日,周恩来总理接见会议领导小组,当面指示:"中专可以委托厂矿来办,或联合办,或地方办,还是要多种多样。"在周总理的指示下,1971年中专就有了很大发展。[⑥] 行业企业举办职业教育的现象逐渐恢复。

改革开放后,人才供需矛盾的扩大重新激发了中央和地方业务部门举办职业院校的积极性。中央对发展职业教育也高度重视。邓小平在1978年3月的全国科学大会上指出"各行各业都要来支持教育事业,大力兴办职业教育"。1979年6月五届人大二次会议提出要"积极办好厂办大学和中专、技工学校"。国务院于1983年发布《关于调整改革和加快发展高等教育若干问题的意见》(国务院发〔1983〕76号),提出"积极提倡大城市、经济发展较快的中等城市和大企业举办高等专科学校和短期职业大学"。至1985年,由各业务部门举办的中等专业学校由1970年的685所发展到2529所。之后,部分中央

① 闻友信,杨金梅.职业教育史[M].海口:海南出版社,2000:38.
② 李蔺田,王萍.中国职业技术教育史[M].北京:高等教育出版社,1994:294.
③ 申家龙.新中国职业教育发展历程[M].西安:西安地图出版社,2006:14.
④ 徐仁惠.冶金中专教育四十五年发展变化的历史回顾[J].中国冶金教育,1994(1):62-64.
⑤ 吴玉琦.中国职业教育史[M].长春:吉林教育出版社,1991:77.
⑥ 刘海,于志晶,陈衍.回眸——中国职业教育历史报告[M].长春:东北师范大学出版社,2007:63.

业务部门举办的国家级重点中等专业学校相继开设高职班,举办高等职业技术教育。与此同时,短期职业大学也逐渐发展壮大起来。

二、计划经济体制下行业职业院校的校企合作

(一) 合作关系:行政干预、依属共荣

在计划经济时代,举办职业教育是行业企业的重要社会责任之一,行业企业承担了职业教育职能,是举办职业教育的主力军。据统计,当时有70%的技工学校和职工大学是由企业举办的,大部分的中等专业学校也是由企业举办的。职业院校与行业企业之间是一种在政府干预下通过行政命令手段形成的相互依存的一体化关系,学校不是独立于行业企业之外,而是附属于行业企业而存在,从招生到就业的人才培养全过程与企业紧密相连。学校与企业间的合作完全依靠主管部门的行政命令,实行的是计划合作机制。这种行政命令式的合作关系在我国实行第一个五年计划期间尤为明显。

1. 学校的人才招录指标、对象等因行业企业需要而定。中央业务部门在举办中等专业学校的过程中,根据国民经济五年计划,测算出所需人才,然后再兴办学校,下达招生指标,进行有针对性的培养。此时学校的办学是被动的,学校的存在与否完全取决于业务部门的人才培养需要。例如,中国电机工业曾提出要切实加强部属高等院校和中等专业学校的教育工作,力争在1985年前培养出20万名技术人员……使机械工业技术人员达到职工总数的10%左右。

2. 学校的专业设置因行业企业生产需要而定。计划经济时代,职业院校的专业设置力求集中单一,尽可能根据生产需要设置。1953年7月,高等教育部颁布《关于中等技术学校设置专业的原则的通知》,要求各业务部门在制订所属中等技术学校(中等专业学校)专业设置计划时,所设专业力求集中单一,同一学校所设专业以性质相近为基本原则,所设专业应以学校附近有与专业性质相同的工厂、矿山及其他企业机关为依据。① 例如,上海市仪表电讯工业专科学校(现为上海电子信息职业技术学院)根据上海市仪表电讯工业发展需要,设置广播电视通信、电真空器件、无线电微波测量仪器、精密光学仪器制造、电工仪器、精密医疗器械制造6个专业,并按专业对口原则,分别在上海广

---

① 李蔺田,王萍.中国职业技术教育史[M].北京:高等教育出版社,1994:260.

播器材厂、上海灯泡厂、上海亚美电器厂、上海光学仪器厂、上海电表厂、上海医疗器械厂设立了6所分校,培养行业所需专业对口人才。这种依行业企业生产需要而设置专业的方式,保证了学校教学资源与企业资源的无缝对接,有针对性地培养人才,满足了企业的生产需要。

3. 专业教学内容尽量体现行业企业新工艺、新技术和管理中的新要求。例如,20世纪五六十年代铜仁合金厂举办的业余专科学校,按照厂里粉末冶金、熔炼加工、电机三个生产组,设立了三个系,并且把厂里原有的职工科学技术研究小组结合在一起。各系技术课的教材就是试制的新产品和改进工具的技术资料,或者就是科学技术研究的题目。车间、技术室就是学校的课堂。工厂、科学技术研究小组和学校完全打成一片,学校也成了对工人进行政治思想教育的"政治部"。①

4. 专业课的兼职教师由行业主管部门选派本行业技术人员担任。为确保职业院校兼职教师的来源,国家发文规定各业务部门应动员一定数量的工厂、矿山、农场等方面的技术人员到附近的中等技术学校教课。中等技术学校技术课可由各主管业务部门从下属企业或业务单位的技术人员中聘请兼任教师,试行建立定期交流技术课教师和技术人员的制度。②

（二）合作形式:形式多样、理论与实践相结合

自中华人民共和国成立至改革开放前,我国行业企业举办职业教育的过程中,形成了多种校企合作形式或者说是理论与实践相结合的方式,其中较具代表性的有半工半读、生产实习、校办工厂、员工培训等。以政府行政命令为主要驱动力,以配合学生生产实习为主要任务,为学生提供生产实习场所是企业参与职业教育的主要形式。企业的参与行为主要借助和依赖行业部门的相关科室。这些科室一方面从管理职能的角度对企业提出参与要求;另一方面作为组织者来促进和协调企业与学校的关系。

一是半工半读。该模式在教学组织形式上类似于西方国家的工读交替、双元制等。学校设在工厂,教学分为理论教学和实践教学,教学场所为学校和企业。学生通常是半天在企业实践,半天在学校学习,理论学习与实践训练很好地结合起来。其中,理论课以学校为主,设备操作在车间,现场教学由教师、

① 洪敏生.上海天津工厂企业办起近千所学校［N］.人民日报,1958－9－12(7).
② 高奇.中国教育史研究(现代分卷)［M］.上海:华东师范大学出版社,2009:315－316.

工程技术人员、老工人共同组织。

二是生产实习。1949 至 1985 年,生产实习、教学工厂内的教学实习、毕业实习是行业企业参与职业教育的主要形式,是高等学校和中等专业学校学生理论知识密切联系实际的重要方法。生产实习的每一个阶段都是应用理论课程相关知识的过程,与理论学习联系成为一个整体的教学过程。学生的生产实习,在与学校有固定联系的企业中进行,企业由中央业务部门负责筹划,具体确定固定联系的厂矿企业单位,学校与工厂的协作任务由各业务部门规定和安排。学生进行生产实习时,由学校的教师负责教学,由厂矿企业指派专家负责生产实习指导。为了加强领导和做好安排,1953 年 4 月专门成立了中央生产实习指导委员会。

三是校办工厂。校办工厂是 1958 年贯彻执行教育与生产劳动相结合方针的产物,是 20 世纪 50 至 80 年代的校内"生产性实训实习基地"。1958 年 1 月,国家提出,一切中等技术学校和技工学校,凡是可能的,一律试办工厂或农场,进行生产,做到自给或半自给,学生实行半工半读。在校办工厂中,学习与生产紧密结合,学生一周上课,一周训练,既可完成基础技能训练,又可进行顶岗实习,训练综合职业能力。校办工厂模式实现了理论与实际的结合,既提高了教学质量,又为国家创造了物质财富。据统计,1958 年仅第一机械工业部所属的 25 所中等专业学校生产产值就达 4455 万元。[①] 可见,计划经济时代的校办工厂既是学校创收解决国家办学困难的有效方法,也是培养学生职业技能、职业能力和职业素养的重要途径。校办工厂以培养学生为目的,与现行的企业实习相比,能够较好地保证学生的技能训练时间和质量。

四是员工培训。在行业主管部门的指令下,职业院校有计划地分批培训系统内的企业新工人,提升工人的技术水平、计算技术、学科知识等。同时开办干部训练班,轮训骨干企业的领导干部,开办各种企业管理训练班,提高企业管理水平。开展员工培训是行业职业院校在 20 世纪 50 至 80 年代的重要任务。

(三) 合作特点:依附性、相容性、计划性、指令性

计划经济体制下,职业院校与行业企业的合作具有鲜明的依附性、相容

① 李蔺田,王萍.中国职业技术教育史[M].北京:高等教育出版社,1994:294.

性、计划性、指令性等特点,以政府行政命令为驱动力。在依附性上,院校完全依附于企业或业务部门,学校与企业开展校企合作是在业务部门的直接领导下开展的。在相容性上,学校与企业在教学内容、师资队伍、教学场所等方面相互融合、相互依存。在计划性和指令性上,学校的招生、专业设置、教学安排、学生就业等都由业务主管部门根据需要确定,技术兼职教师也由业务主管部门从下属企业中选派技术人员担任。

概而言之,计划经济体制下的校企合作与当下的校企合作存在着本质的区别。首先,这种合作是非单纯经济指向的,其目标是为了提升国际地位,解决重大民生问题。其次,这种合作不是利益主体之间的合作,而是一个所有者部门之间的合作,几乎不存在利益冲突,不能完全按照市场需要来合作,只能根据国家调配计划来合作。①

三、计划经济体制下校企紧密合作的缘由

根据经济学理论,计划经济是通过计划机制进行资源配置的,计划经济下没有市场,资源配置完全取决于行政命令。在计划经济体制下,学校与行业主管部门和企业一直属于"你中有我,我中有你"的亲密家人关系。这种合作关系很大程度上取决于国家在职业教育办学模式、教学模式、师资队伍建设、就业、招生等方面系统的顶层设计,取决于中央政府对职业教育的重视。职业教育因计划经济发展需要而生,为企业服务。由于严重依赖上级政府,行政命令在校企合作中发挥了无可替代的功能。

(一) 源于党中央赋予企业的社会职能及对职业教育的顶层设计

计划经济时代,党中央明确规定,行业企业应大力兴办职业教育,承担社会职能,以解决人才紧缺的问题。

1. 有关职业教育管理体制的顶层设计

党中央、国务院明确规定行业职业院校实行的是业务部门与教育部门的双重管理制度,两者之间分工明确、职责清晰。1952 年《政务院关于整顿和发展中等技术教育的指示》明确规定:各类各级中等技术学校应在统一的方针下,由各级人民政府教育部门与各有关业务部门分工领导。1952 年 7 月颁布

① 江苏省高等职业教育研究会.创新发展　优化提升:江苏省高等职业教育改革与发展重大课题研究[M].南京:南京大学出版社,2012:234.

的《中等技术学校暂行实施办法》也指出:中等技术学校由中央、大行政区或省(市)人民政府各有关业务部门直接领导。同级教育行政部门对中等技术学校有视导、检查及向有关业务部门提出改进意见的责任,并应负责指导学生的政治思想工作、校外社会活动,协助指导教师的政治与业务学习及普通课的教学工作。1954年7月批准的《中等专业学校章程》第十九条规定:普通课和基础技术课的教学大纲,由中央高教部制定和批准。专业课的教学大纲,由主管业务部门制定和批准。

此后,虽然教育行政体制经历了由全国集中统一到以地方分权为主的变化,但教育部门与业务部门双重领导、分级分工的管理体制一直没有改变。教育部门主要职责是统一管理、指导中等专业学校教育教学方面的工作,负责决定中等专业学校的教育方针、制度、普通课程教学计划、全国总体专业设置计划和招生计划以及其他有关教育原则方面的问题。各有关业务部门负责决定中等专业学校的设置、变更、停办、分科、招生、业务课程、实验实习、经费开支、人事配备、毕业生的分配以及其他日常行政事宜。在教材编审上,教育部门主要负责普通课教材的编审工作,各有关业务部门主要负责技术课教材的编审工作。

管理的首要工作就是科学分工。20世纪五六十年代行业企业大力兴办职业教育在很大程度上也是源于科学合理的管理体制。清晰的管理职责分工避免了教育部门与业务部门在职业教育办学中的相互推诿,提升了业务部门与教育部门、行业企业与职业院校的合作效率,很好地发挥了合作各方的特长优势和整体效能。除了清晰的管理体制,中央还规定各有关业务部门应由部长或一位副部长负责领导直属中等专业学校的工作,并按直属学校及开设专业的多少,设立学校司(局)、处或科,或在教育局、教育司内设立学校处或科,专责管理该部直属各中等专业学校的工作。

2. 有关职业教育办学模式的顶层设计

国务院明确规定,各级各类职业教育由中央各业务部门实行集中统一的领导和管理,职业教育实行行业办学或企业办学,办学中一系列的活动,包括经费使用、师资安排、实训等,都由业务部门负责组织和管理。这一规定明确了业务部门承担举办职业教育的责任。1953年,政务院规定,中央各部和主管部门对中等专业学校实行集中统一的领导与管理。1954年6月,全国中等专业教育行政会议提出,各类中等专业学校由中央各业务部门实行集中统一的领导。1954年颁布的《中央人民政府政务院关于改进中等专业教育的决定》,规定在中央高等教育部统一领导下,各类中等专业学校均归中央各有关部门主管。在党中央、国务院的要求下,20世纪五六十年代出现了行业企业举办职业教育的繁荣景象,职业院校与行业企业之间形成了密切合作、共生共存的关系。

3. 有关职业教育办学经费来源的顶层设计

国家明确规定,业务部门应把技术教育经费作为建设资金的一部分列入自己的预算。这一投资体制一直延续到1998年中等职业学校管理体制改革,机构改革取消的行业部门与部分业务部门直属职业学校移交教育部门,才改为由教育部门负责投资。这一规定保障了行业企业投资兴办职业教育的效益。

4. 有关职业教育教学模式的顶层设计

国家领导人对职业教育中理论教学与实践教学相结合的重视,很大程度上推进了职业院校与行业企业的合作,使校企合作在教育教学中得以落实。1958年,国家领导人积极提倡"半工半读",把它作为教育改革的重要内容之一。同年九月,中共中央、国务院颁布了《关于教育工作的指示》,指出党的教育方针是教育与生产劳动相结合。1961年,中共中央颁布《教育部直属高等学校暂行工作条例》,指出必须正确处理教学工作与生产劳动、科学研究之间的关系。一系列的政策文件推动了行业职业院校的校企合作、工学结合。

5. 有关职业教育师资队伍建设的顶层设计

为确保职业院校兼职教师的来源,国家发文规定各业务部门应动员一定数量的工厂、矿山、农场等方面的技术人员到附近的中等技术学校担任专业课教师。中等技术学校技术课可由各主管业务部门从下属企业或业务单位的技术人员中聘请兼任教师,试行建立定期交流技术课教师和技术人员的制度。[①] 同时规定对这类兼职教员,均应按学校的规定给予报酬。这些规定既确保了企业兼职教师的来源,又保障了企业兼职教师的利益。

6. 有关职业教育招生与就业的顶层设计

计划经济体制下实行的是统招统分的招生与就业分配制度。国家明确规

① 高奇.中国教育史研究(现代分卷)[M].上海:华东师范大学出版社,2009:315-316.

定,行业职业院校学生毕业后应在本业务部门就业,为其服务。1951 年通过的《中央人民政府政务院关于改革学制的决定》指出,初级技术学校和技术学校的毕业生应在生产部门服务。1952 年颁布的《中央人民政府政务院关于整顿和发展中等技术教育的指示》规定,各地中等技术学校毕业生的分配,应首先满足地方主管业务部门的需要,必要时由中央作适当的调剂。1954 年批准的《中等专业学校章程》明确规定,学生毕业后,由主管业务部门统一分配工作,服务满三年后,经服务机关批准,可投考高等学校。上述规定保障了行业企业参与职业教育的利益和积极性。

7. 有关职业院校办学地址的顶层设计

为了便于职业院校与企业或工厂开展合作,国务院文件中明确规定,学校设置尽量靠近生产基地和交通方便地区。这一举措为学校与企业或工厂开展合作提供了便利条件和相对集中的人力、物力资源。便利的交通条件促进了职业院校与企业或工厂的沟通交流,使学生能够便利地赴企业、工厂实习。

(二) 得益于计划经济体制下中央集权式的行政命令

计划经济体制下,国家对行业企业举办职业教育的高度重视以及施予的行政命令,使得我国行业企业举办职业教育出现了空前的繁荣发展时期,职业院校与行业企业之间保持着密切的联系。行业部门对职业院校实行统一领导与管理。国家采取包分配制度,学生学成后进入何地何种行业、何种职位都是国家指定好的,因此员工的流动性不大或几乎不可能,行业办教育基本上是为本行业培养人才,校企合作因而在本系统内广泛开展。此外,国家对国有企业实行计划统一下达、资金统贷统还、物资统一调配、产品统收统销、就业统包统揽,盈亏都由国家负责,国有企业没有经营自主权,也不用考虑经济核算和经济效益。企业参与职业教育因此没有了后顾之忧。

在计划经济体制下,各业务部门除办好职业技术学校外,还要对本行业范围内的各类职业技术教育在学校布局、专业(工种)设置、办学标准、教学要求、质量评估等方面进行指导和协调;在实验实习、师资、设备、教材、考核标准等方面给予服务和帮助。同时还要与同级财政部门协商,根据财力情况和事业发展的需要,制定本地区、本部门(行业)职业技术学校的生均经费标准。这些任务都是由中央政府直接指示的。

（三）国民经济发展的需要推动行业企业举办职业教育

中华人民共和国建立初期，人均国民收入只有27美元，相当于亚洲国家平均值的2/3。① 许多工厂倒闭，大批工人失业，通货膨胀，物价飞涨。同历史上的最高水平相比，1949年，工业总产值减少一半，粮食产量减少约1/4。② 经济建设急需各种技术人才，劳动者的文化水平等亟待提高。1951年8月，周恩来指出，只要建设一开展，每年就需要中专以上的毕业生20万人。③ 而当时中专每年能提供的毕业生只有2万多人，数量和质量上都难以满足建设的需求。为了适应经济建设需要，同时妥善解决办学经费问题，中央提出中等专业学校由各业务部门或企业单位举办，教育部负责检查指导。这种办学体制极大地调动了从中央到地方各部门办学的积极性，大部分行业积极兴办中等专科学校、高等专科学校或技工学校。此外，20世纪五六十年代以大规模进行技术革新和技术改良为特征的经营模式对技术能手有较大的需求，也促使行业企业举办职业教育。

（四）政府对企业的考核标准影响企业参与职业教育的积极性

计划经济体制下，实行的是高度集中化的经济管理，财产权和产品全归国家所有，企业的经营机制是政府直接经营并统负盈亏的集权式机制，企业生产所需的中间物品、技术设备和原料等都是根据行政命令定量供给的。政府向企业下达的生产指标常常是硬性的，企业实质上只是政府机构的附属物，并不是一种"经济人"。政府考核企业的标准主要是其完成国家下达的经济指标的情况，包括人才培养指标的完成情况。因此，企业只要按照国家下达的指标，按部就班地完成任务即可，无须考虑利益。

（五）统一招生与分配制度保障了企业办学的利益

中华人民共和国成立初期至20世纪80年代，我国对中等专业学校、大学毕业生实行统一分配，具体操作方式就是以行政手段为基础，实行国家指令性分配，毕业生的就业决策权主要集中于各级政府尤其是中央政府，这种由上而下的命令性、强制性的分配政策，在某种程度上很好地保障了举办职业教育的

① 陈金龙，潘利红，詹文都.中国近现代史纲要[M].广州:广东高等教育出版社,2009:178.
② 中共中央文献研究室.建国以来重要文献选编（第一册）[M].北京:中央文献出版社,1992:217.
③ 中央教育科学研究所.周恩来教育文选[M].北京:教育科学出版社,1984:31.

行业企业的利益。以上海市仪表电讯工业局为例,其下属的高等专科学校、中等专业学校培养出来的学生 84% 以上在系统内就业,见表 3-1。

表 3-1　上海市仪表电讯工业局直属职业院校毕业生在系统内就业率统计表(截至 1990 年底)

院校名称	培养人数(名)	系统内就业比例(%)
上海仪表电讯专科学校	966	90
上海无线电工业学校	1695	88
上海电子技术学校	1838	90
上海第一仪表电子工业学校	1009	84
上海电子工业学校	286	91

综上所述,在计划经济时期,职业教育的发展符合当时的时代背景,切实有效地解决了用人之急,对于解决国计民生的重大问题有深远的战略意义。这种行政式、依附式、没有利益冲突的校企合作,在我国职业教育发展中起到了非常重要的作用,也为我们提供了值得借鉴学习的历史经验。需要注意的是,行政命令式的管理方式同时也制约学校灵活办学,这种方式显然已不适合社会主义市场经济体制下的行业办学,在新的经济体制下也是难以复制和效仿的。然而,以史为鉴,计划经济时代国家对职业教育的顶层设计经验、大部分的校企合作形式(如校办工厂、半工半读)以及校企共同设置专业、共同确定培养目标和培养方案、共同实施教学、共同评价教学等校企合作的本质内容仍值得我们学习借鉴。正如有研究者说的那样,研究教育史,就其本身而言,是不能解决目前的实际问题的,但它使我们更为聪明地解决目前的实际问题。

第二节　社会主义市场经济体制建设时期的关系演变

1986 至 2002 年是我国行业高职院校校企合作发展的第二个阶段。这一阶段,我国正处于经济体制转型期,国企改革逐渐深入,政府机构也在调整和转制。行业高职院校的命运也随之变化,校企合作关系逐渐弱化,计划式的校企合作机制逐渐消失。

一、社会主义市场经济体制建设时期行业举办职业教育的概况（1986 至 2002 年）

1986 年全民所有制企业改革启动。《国务院关于深化企业改革增强企业活力的若干规定》（国发〔1986〕103 号），提出全民所有制大中型企业要实行多种形式的经营责任制，各地可以选择少数有条件的全民所有制大中型企业进行股份制试点。此后，我国国有企业经营机制逐步转换，市场在资源配置中的作用迅速扩大，计划经济体制逐步向社会主义市场经济体制过渡。随着社会主义市场经济体制改革目标逐步确立，我国进入社会主义市场经济体制建设阶段。国有企业改革的方向也随之转变为建立现代企业制度，企业依法自主经营，自负盈亏。企业参与职业教育的热情有所减退，但直接依托大中型企业或行业办学仍是我国高等职业教育主要的两大类办学模式之一，行业或企业的投入仍是当时我国高等职业教育经费来源的一个重要方面。[①] 这一现象一直持续到 20 世纪 90 年代末，较为典型的办学形式是职业大学和少数重点中专所兴办的高职班。据统计，短期职业大学由 1983 年的 52 所发展到 2000 年的 184 所，在校生数由 1982 年的 20460 人增加到 2000 年的 361774 人，这为行业高职院校的发展奠定了很好的基础。

1995 年国家经贸委、原国家教委、财政部、卫生部、原劳动部联合颁布《关于若干城市分离企业办社会职能分流富余人员的意见》（国经贸企〔1995〕184 号），开始了分离企业办社会职能的探索和实践。2002 年，国家经贸委、财政部等六部委又联合发布《关于进一步推进国有企业分离办社会职能工作的意见》（国经贸企改〔2002〕267 号）。我国大部分行业院校与原主管部门被迫分离，失去了行政联系，原有的部门资源优势和机会优势逐步丧失，与行业企业的依存关系也逐渐弱化，一批国有企业也相继把自己举办的院校移交地方政府管理，行业企业办职业院校数逐年减少。截至 2002 年，行业企业举办的中等职业学校由 1985 年的 2529 所减少到 1040 所，所占比例由 20 世纪 80 年代中后期的约 73% 下降为 50% 左右；行业企业举办职业教育的经费在 1997 年、

① 厉海龙，傅勇.高等职业技术教育的实践与认识［A］.成人高等教育理论与实践研究［C］.交通成人高等教育研究会，1996：132－135.

2000 年、2002 年分别为 32 亿元、17 亿元、9.21 亿元,呈现出急剧下降的趋势。① 由此可见 20 世纪 90 年代初期经济转型给行业职业院校带来的影响。

与此同时,原来由国务院部门直属的院校也开始随着国务院部门机构改革而发生管理体制上的变化。1998 年,在政府机构改革之际,国务院发布《关于调整撤并部门所属学校管理体制的决定》(国发〔1998〕21 号),首先对已撤销的原机械工业部、煤炭工业部、冶金工业部、化学工业部、国内贸易部、中国轻工总会、中国纺织总会、国家建筑材料工业局、中国有色金属工业总公司等九个部门所属的 93 所普通高等学校、72 所成人高等学校、46 所中等专业学校和技工学校的管理体制进行了调整。其中,72 所成人高等学校,除几所由中央财政负担的管理干部学院原则上就地并入普通高等学校或改制为教育培训机构外,其余由企事业单位举办的成人高等学校一律划归地方管理,46 所中等专业学校和技工学校划归地方管理。

1999 年初,国务院下发《关于调整五个军工总公司所属学校管理体制的实施意见》(国办发〔1999〕24 号),对中国船舶工业总公司、中国兵器工业总公司、中国航空工业总公司、中国航天工业总公司、中国核工业总公司五个军工总公司(以下简称五公司)所属的 25 所普通高等学校、34 所成人高等学校、98 所中等专业学校、232 所技工学校的管理体制进行调整。其中,成人高等学校、中等专业学校和技工学校中,除 3 所管理干部学院改制为非学历教育培训机构由相应的企业集团管理、14 所普通中等专业学校划归地方举办和管理外,其余由五公司下属企事业单位举办的成人高等学校、中等专业学校、技工学校仍由原单位举办,教育业务归口地方政府教育行政部门管理(技工学校归口地方政府劳动部门管理)。

1999 年底,在总结经验的基础上,《国务院关于进一步调整国务院部门(单位)所属学校管理体制和布局结构的决定》(国发〔1999〕26 号),对国务院机构改革后的 50 个部委和单位所属高校的管理体制及布局结构进行调整,在 617 所成人高等学校、中等专业学校和技工学校中,共有 55 所成人高等学校、198 所中等专业学校、193 所技工学校由部门(单位)管理转为地方管理,其余或继续由原主管部门(单位)管理,或改由其他部门(单位)管理,或与普通高

---

① 孙琳.转型时期中国职业教育的改革与发展［M］.北京:高等教育出版社,2007:140.

等学校合并划归教育部管理。划归地方管理后,学校的办学经费渠道被割断;中等专业学校、技工学校招生分配计划全部取消,被彻底推入市场。①

二、社会主义市场经济体制建设时期行业职业院校的校企合作

(一)与主管部门及所属企业的关系逐渐弱化

随着社会主义市场经济体制的初步建立、国有企业的改革,企业的市场化使得政府对企业的计划调控力度逐渐弱化,由政府强制性行政命令实施的校企合作方式已不适应发展要求,慢慢转为以市场需求为导向的校企合作模式。行业企业与职业院校的依存关系逐渐弱化,具体表现为办学经费的减少或停拨、企业参与职业教育的热情降低等。根据我国国有企业改革和政府机构改革路径,这一时期行业职业院校的校企合作关系又可细分为两个阶段:一是20世纪90年代初期以前计划机制色彩的保留;二是20世纪90年代中后期的关系弱化和计划机制的淡化。

1992年以前,我国国有企业改革仍处于以放权让利为主线的阶段,这时的改革是一种表层的分权式改革,没有涉及产权这个根本问题。因此,这一阶段的国有企业既无明晰的产权,又不能自主经营、自负盈亏,不能适应市场经济的要求,在生产经营上仍带有浓厚的计划经济色彩。这种现状为其举办的职业院校开展合作提供了一定的便利条件,院校仍可借助主管部门的行政力量与企业开展合作。这也是自20世纪80年代中期至90年代初期行业高职院校仍较为普遍地存在校办工厂、企业生产实习、毕业实习、校企间师资与技术人员相互交流等合作现象的一大原因。

1992年后,国有企业改革开始进入以建立现代企业制度为主线的阶段,主线是明晰企业产权和实现政企分开,实行承包责任制,逐步建立并强化自负盈亏的权责机制。与此同时,产权改革后的国有企业仍存在财务负担沉重、冗员问题严重等现象。在此背景下,大部分国有企业自然无暇顾及公益性事业。企业集团直属院校的实习专款划拨终止,学生实习经费来源得不到保障,系统内的生产实习、半工半读、毕业设计等校企合作活动开展遇挫。生产实习不能

① 刘海,于志晶,陈衍.回眸——中国职业教育历史报告[M].长春:东北师范大学出版社,2007:32.

动手,成了参观;有的时间缩短,达不到规定的要求。[①] 而此时的行业院校尚没有做好应对市场经济和国企改革的准备,一直生存在政府和主管部门扶持下的行业院校,在校企合作中已形成了对上级计划指令的依赖。因此,此时的校企合作不甚理想。

1994 年、1995 年、1996 年国务院办公厅分别召开了三次高教管理体制改革座谈会,开始酝酿我国行业主管部门直属院校的管理体制改革。对行业主管部门直属院校来说,由于国务院机构大调整,相当一批产业部委或撤或并,一大批原由中央业务部门直属的行业院校转由地方管理,与行业部门的行政关系脱离,校企合作中行业部门的行政命令作用消失,办学经费渠道被割断,与原行业直属企业的合作受到影响。

(二) 经济体制转型时期的校企合作

社会主义市场经济体制建设的不断深入,迫使行业高职院校不得不谋求新的发展道路。校企合作由 20 世纪 80 年代中后期至 90 年代初以人才"买方市场"为特征转变为 90 年代后期至 21 世纪初以人才"卖方市场"为特征,即由行业企业主导转变为由院校主导。总体来说,这一时期的校企合作呈下滑趋势,合作关系日益松散,合作行为日益减少,合作成效也不理想。

以校办工厂为例,20 世纪 80 年代中期,我国对职业院校的人才培养要求是通过大型课程作业、课程设计、实验和生产实习等培养学生理论联系实际的能力和动手能力。然而,随着全民所有制企业改革启动,工厂忙于完成生产任务,不大乐意安排学生实习,即使勉强同意,也只是安排学生跟班劳动,未能达到教学要求,而且学校还要支付一笔可观的实习费用,增加了经费开支。在此形势下,我国职业教育在延续 20 世纪 50 年代以单一的教学实习为根本目的的非营利性校办工厂的基础上,不断组建新的学生实习和简单产品生产并举的经营性校办工厂。

20 世纪 80 年代中后期,校办工厂在我国行业职业院校的建设中发挥了重要的作用。校办工厂是隶属于职业院校的一个"独立经营核算的全面所有制性质的经济实体",具有法人地位,旨在为学校的教学和科研服务,是学校开展生产实习和科研工作的一个基地。校办工厂主要承担两方面职能:一是承担

---

① 余世诚,牟杰.中国石油高等教育发展史(1953—1999)[M].东营:石油大学出版社,2002:387.

学校的教学实习任务;二是利用现有场地、设备和人才资源,承担学生毕业设计项目、学校科研和技术开发项目的加工任务,承接外加工和简单的部件产品加工,为学校创收。职业院校一般都设有实习工厂,承担全校教学实习、科研加工生产等任务,包括确定具体产品和内容、制订工厂实习安排计划、负责全校科研和技术开发项目的加工任务、负责学生实习产品的销售和维修等。校办工厂促使教育与实践相结合,加强了学生的实习教育,培养了学生的动手能力。

1991 年,《国务院关于大力发展职业技术教育的决定》(国发〔1991〕55号)号召各类职业技术学校和培训中心根据教学需要和所具有的条件,积极发展校办产业,办好生产实习基地,并规定政府和有关部门要在起步资金、条件设施、产销渠道等方面给予支持。在党中央、国务院的号召下,校办产业得到持续发展。尽管如此,随着我国国有企业改革的不断深入,一些学校创办的经营性校办工厂随着市场经济体制建设的大潮,逐渐转变为以盈利为根本目的的经济实体,教学实习的功能逐渐淡化。

三、社会主义市场经济体制建设时期校企合作关系演变的缘由

经济体制转型时期,行业职业院校的校企合作逐渐由计划指令式转向以市场需求为导向。职业院校与行业企业的关系不再像以往那样亲密。这种关系的转变主要受以下几方面因素的影响。

(一) 教育大环境

改革开放后,国家大力发展高等教育,培养国家建设急需人才,高等教育也由此走上更为重视学科体系和理论知识传授的改革之路,职业教育暂未得到国家的高度重视。受此影响,20 世纪 80 年代以来,专科学校、成人高校和中等职业学校多采用本科压缩饼干式教学和教材,教学模式由原来的理论与实践相结合走向以理论教学为主。学科体系的教育思想使得职业院校在很长一段时间内忽视了职业教育的职业特性,忽视了学生的实践技能培养,校企合作自然不再受到重视。

(二) 企业办社会职能被分离

为切实减轻国有企业的社会负担,加快改革步伐,国家开始了分离企业办社会职能的探索和实践,国有企业办职业教育的责任意识逐渐淡化。与此同

时,进入社会主义市场经济体制建设期,国家对国有企业的要求逐渐由计划经济体制下的统筹统包转向"依法自主经营,自负盈亏"。对企业来说,办职业院校实际上是承担了服务本企业以外的社会职能,具有公益性质。然而,政府主要考核企业盈利能力和资产保值增值能力,企业办学的公益性支出影响了政府相关部门对企业的评价,企业把利润投入到公益性职业教育中的做法与企业的盈利目标相背离。在投入回报低、负担加重、无激励政策的情况下,企业对举办职业院校失去了热情,大部分企业不再向职业院校投入经费。

(三) 经济体制改革与企业经营模式改革

在市场经济条件下,政府主要是通过各种非行政手段对经济活动进行宏观调控,市场经济的各种活动主要由各种法规进行规范。在我国社会主义市场经济体制建立初期,有关校企合作的法律法规尚未建立,虽然 1996 年颁布的《中华人民共和国职业教育法》对企业参与职业教育的职责和行为有所要求,但相关条款并不具备强制性和约束性。因此,行业高职院校与主管部门及其所属企业的关系逐渐疏远,院校为了生存与发展,转而走向市场,探索行业系统外的校企合作。与此同时,我国企业经营模式逐渐由 20 世纪五六十年代的技术革新和技术改良转向依赖外国技术进行贴牌生产。对技术改良要求不高的经营模式,使得企业从低水平劳动力市场就能找到所需的劳动力,对人力资源的投入与开发自然不够重视,校企合作的积极性也不高。

(四) 政府机构改革

20 世纪 90 年代末,职业院校办学管理体制发生了很大变化,大部分职业院校脱离行业改制为属地化管理,而原政府经济部门管理的职业教育的主要职能却没有真正得到转移,使得此后职业教育的管理职能出现行业缺位的状况,行业在审批、认证、评估等管理环节几乎没有话语权,从而造成学校与企业关系疏远。

(五) 国有企业改革及其发展

进入经济体制转型时期,国有企业改革对其举办的职业学校的冲击是猛烈的。国有企业所有权、经营权重新确立后,经济效益成为企业经营的重要目标。一些国有企业在转型中出现效益不稳定、经营不适应等问题,导致企业社会责任感弱化,继而做出短视的决定,疏远、割裂了企业与职校的关系。20 世纪 80 年代,放权让利的改革极大地调动了国有企业和职工的生产经营积极性,使企业的经营状况得到改善。然而由于经营管理不善,部分国有企业从90年代开始大规模亏损,资产大幅度缩水。1997年国有大中型企业亏损面达39.11%,亏损额665.9亿元,盈亏相抵,实现利润856.5亿元;1998年国有企业盈亏相抵,实现利润213.7亿元。一些行业企业办的职业教育实体(如职工大学及中、高等专科学校)纷纷被剥离、解体,数量严重萎缩。同时,随着社会对学历的重视和人才竞争的日益激烈,很多国有企业提高了招聘门槛,加之国有企业减员增效,行业职业院校培养的大专毕业生很难再进入相关企业就业,而是走向社会。这种现象一方面使得企业对参与职业教育失去信心;另一方面迫使行业高职院校走出本系统,走向市场,开展更广阔的校企合作。

（六）统招、统包、统分招生与就业制度的改革

1993年初,原国家教委对中专招生做出"除少数跨省招生计划外,其余全部由指导性招生计划取代指令性招生计划"的规定,调节性招生计划的增加改变了原来统包、统分的就业制度。1995年,原国家教委开始对中专学校实行"分级管理、分工负责、条块结合、地方统筹"的管理体制,明确地方政府的主要责任。1997年,计划性招生计划与调节性招生计划实现并轨,完全由国家包揽的分配制度退出历史舞台。统包、统分就业制度的改革,导致行业部门举办职业教育得不到利益保障,降低了其参与职业院校办学的积极性。

综上所述,"政企分开""企教分开"的措施使产业部门和企业的经济关系发生变化,学校和行业部门的隶属关系也随之调整。体制的改革使得行业高职院校从行业中剥离出来,一些学院在办学上逐渐脱离原行业的影响,与行业的关系从"相容"走向"相离",[①]与此同时,高校的扩张也加大了行业高职院校的生存压力。因为办学经费紧张,大部分行业高职院校在转制之初更为关注如何扩大规模、升格,以便在高等院校的大军中获得一席之地。与主管部门在业务上的关系脱离使得行业高职院校不再纯粹依靠行业系统内企业的合作,转而走向市场,寻求与系统外的企业的合作,校企合作方式逐渐由计划经济时代的"以行业部门需求为导向"转向"以市场需求为导向",合作机制逐渐由计划机制转向市场机制。

① 欧阳恩剑,刘国生.行业转制高职院校发展模式构建[J].中国职业技术教育,2009(18):39-42.

第三节　社会主义市场经济体制完善时期的合作探索

进入 21 世纪,国有大型企业经济效益扭亏为盈,三年脱困目标基本实现,我国市场经济体系框架基本确立。另外,我国在经济发展的战略选择上坚持走新型工业化道路,坚持以信息化带动工业化、以工业化促进信息化,努力走出一条科技含量高、经济效益好、资源消耗低、环境污染少、人力资源优势得到充分发挥的新型工业化道路。经济形势的持续向好,迫切要求技术技能型人才的大量跟进①。这一时期的高职教育经历了 2003 至 2005 年的规模扩张期、2006 至 2012 年的内涵建设期和 2013 年至今的全面深化改革期,产教融合、校企合作、工学结合、知行合一等理念被大力推行,行业高职院校与主管部门之间的关系也逐渐优化,校企合作模式日益多样化,合作范围逐渐由系统内转向系统外。

一、行业高职院校转型与校企合作新模式探索阶段(2003 至 2005 年)

(一) 行业举办高职院校的概况

自 20 世纪 90 年代初全国教育工作会议提出"三改一补"②的高职教育基本方针以来,我国职业大学、高等专科学校、成人高等学校和部分重点中专逐步转制升格为独立设置的高等职业技术学院。到 2003 年左右,转制升格基本完成,行业举办的高职院校在我国高等职业教育中占据了半壁江山。据统计,2004 年,我国地方非教育部门办普通专科院校 524 所,中央部委办普通专科院校 7 所,共占我国当年普通专科院校的 50.72%。行业高职院校在我国高等职业教育中的重要性显而易见。尽管如此,行业企业办职业教育却一直处于一种边缘的状态。从数量上看,1996 年,我国企业办职业教育有 2850 所,2002 年为 1040 所,2005 年这一数字下降到了 539 所。

与此同时,为实现 2010 年高等教育大众化的目标,我国开始进入高校规

---

① 俞仲文.时代呼唤高职教育 3.0 版[N].中国青年报,2013－1－14(11).
② "三改一补"方针即对现有的高等专科学校、短期职业大学和独立设置的成人高校进行改革、改组和改制,并选择部分符合条件的中专进行改办。

模扩招的时代。2001 到 2006 年,中国各类高等教育发展迅速,总规模超过 2500 万人,翻了近一倍,毛入学率达到 22%,初步实现高等教育大众化。作为我国高等教育的重要组成部分,行业高职院校也同样进入了规模扩招的阶段,承担起实现高等教育大众化的责任。大部分行业高职院校在历经 20 世纪 80 年代以来隶属部门变更以及国有企业改革带来的困境后,正面临生存的问题,加之 20 世纪末我国高等教育的规模扩张,升格和规模扩张成为行业高职院校在 20 世纪末、21 世纪初的首要任务。相比其他高职院校,升格和规模扩张对行业高职院校更为重要,因为在没有主管部门资金投入和地方政府财政投入的情况下,行业高职院校"自负盈亏,自我发展",学费收入成为其最基本的办学费用。因此,学校需要扩大招生规模,从而改善办学条件,以在竞争日益激烈的高校行列中谋求一席之地。

（二）行业高职院校的校企合作探索

2002 年,《国务院关于大力推进职业教育改革与发展的决定》（国发〔2002〕16 号）提出,要充分依靠企业举办职业教育……企业要根据实际需要举办职业学校和职业培训机构……有条件的大型企业可以单独举办或与高等学校联合举办职业技术学院……院校主管部门要对行业职业教育进行协调和业务指导,继续办好职业学校和培训机构。随着国家对行业企业举办职业教育以及校企合作的重视,高职院校开始校企合作新的探索与实践,部分转制升格较早的行业高职院校开始重视发挥行业优势,开展校企合作。这一时期,较具代表性的校企合作方式主要有订单式培养、校办工厂模式、校企共建校内实训基地、建立校外实习基地、为企业提供培训等。

（三）订单式培养

订单式培养是 21 世纪初行业高职院校普遍实施的校企合作模式。自 2003 年教育部明确提出高职教育改革以就业为导向后,订单式培养模式开始作为一种主要的校企合作模式得到倡导。2003 年,教育部在武汉组织召开全国第二次高职高专教育产学研结合经验交流会,其中有来自全国 30 余所行业高职院校在会上交流了各自的产学研合作经验。90% 以上的院校都提到了订单式培养,并把它作为校企合作的重要模式来介绍。订单式培养模式也逐渐多样化,包括"双定生""2+1""2.5+0.5"等形式。

（四）校办工厂模式

基于校办工厂的校企合作一直是我国行业高职院校的特色之一。在 21 世纪初期,校办工厂在我国行业高职院校发展中发挥了非常重要的作用,并取得了丰厚的收益。例如,武汉船舶职业技术学院在 21 世纪初创办了两个具有独立法人资格的科技型校办产业,仅长江船用机械厂每年就为学院创经济效益达 250 万元。[①] 湖南铁道职业技术学院校办产业年销售收入超过 7000 万元,总资产达 1.7 亿元。黑龙江农业经济职业学院创办的校办企业拥有资产近亿元,常年提供 180 个实训岗位。然而,正如前文所说,随着市场经济体制建设进程的逐步推进,虽然部分院校校办产业发展较好,为学校创造了一定收入,校办工厂的教学实习功能却有逐渐弱化的趋势。

2005 年,《教育部关于积极发展、规范管理高校科技产业的指导意见》(教技发〔2005〕2 号)指出,改革高校以事业单位法人的身份直接办企业的体制,重新确立国有经营性资产的责任主体,把学校所有经营性资产划转到高校资产公司,高校以出资人身份向高校资产公司派出董事会和监事会成员,参与管理。校办产业与高校的分离,使得校办企业员工的人事关系由事业编制转为企业编制,校办企业成为依法自主经营、独立核算、依法纳税、自负盈亏的法人实体,其经营目的也发生改变,以盈利为主要目的。校办企业性质与功能的改变削弱了其举办职业教育的功能。因此,自 2005 年以来,我国行业高职院校举办的校办企业大多关闭、撤销,部分保留下来的也多以盈利为目的,承担的教学功能远不如以往强大。

（五）校企共建校内实训基地

部分发展较好的行业高职院校依托主管部门,与系统内的企业合作共建校内实训基地,培养学生的实践技能。如湖南铁道职业技术学院在主管部门中国南方机车车辆工业集团公司的扶持下,建立校内实训中心。[②]

（六）建立校外实习基地

该模式是大多数行业高职院校校企合作培养人才的最初形式,即学校与

---

① 中华人民共和国教育部高等教育司.第二次全国高职高专教育产学研结合经验交流会论文集[M].北京:高等教育出版社,2004:158,290,318.
② 中华人民共和国教育部高等教育司.第二次全国高职高专教育产学研结合经验交流会论文集[M].北京:高等教育出版社,2004:168,318.

55

企业签订合作协议,建立校外实习基地,按照教学计划安排,学生在规定时间内到企业进行生产实习。在这种模式下,企业作为旁观者基本不参与教学,仅提供一定的场地、设备,并收取相应的费用。

（七） 为企业提供培训

为企业培训职工是行业高职院校自办学以来就持续发展的传统模式。21世纪初,转制升格后的行业高职院校继续发挥这一传统特色,为行业系统内的企业开展职工培训和学历教育等。这一模式在行业特征较为单一的行业高职院校尤为盛行。如郑州铁路职业技术学院在 2001 至 2003 年连续为铁道部培训企业干部职工 4476 人,职工学历教育 6474 人。

总之,自 2002 年国务院提出"要充分依靠企业举办职业教育""院校主管部门要对行业职业教育进行协调和业务指导,继续办好职业学校和培训机构"以来,我国行业高职院校与行业企业的合作有所推进,并取得了一定成效。但从整体上来看,此时的校企合作仍处于探索与实践阶段,具体表现为校企合作面不广,主要集中在部分或少数行业发展状况较好的行业高职院校(这些学校大部分已成为国家示范性高职院校),涉及铁路、交通、农林等行业;校企合作范围逐渐由以行业系统内为主转向系统内外结合,逐渐走向以市场机制为基础的校企合作,合作双方在政府的宏观调控下,本着自愿互利、风险共担、利益共享的原则进行广泛的合作。校企合作的特征是市场拉动式的,表现形式更加灵活,合作层次更加深入。

二、行业高职院校内涵建设与校企合作发展阶段(2006 至 2012 年)

（一） 行业企业举办高职院校的概况

进入 21 世纪,随着国家对行业企业举办或参与职业教育的重视,行业高职院校迎来了新的机遇,社会逐步形成了共识,职业教育与行业之间必须重新沟通,建立一种新的互动机制。2005 年,《国务院关于大力发展职业教育的决定》(国发〔2005〕35 号),提出职业教育要大力推行工学结合、校企合作的培养模式。2006 年,《教育部关于全面提高高职教育教学质量的若干意见》(教高〔2006〕16 号)指出,全面指导高职院校走内涵发展道路,并要以"校企合作、工学结合"为抓手,全面推动高职教育改革。我国高等职业教育自此由规模扩张期走向内涵建设期,校企合作日益受到重视,并取得不少成果。

2007 年,教育部抽样调查了 385 所高职院校,对其校企合作项目进行调查统计,统计资料显示,在这 385 所高职院校和企业的合作中,校企双方在人员、资金、设备、教学和合作方面已经达到了一定的规模。如在人员合作方面,调查企业平均每年接受实习生 1387 人,毕业生 365 人,培训职业院校教师 40 名,学校平均每年为企业在职人员提供培训 1271 次;在资金和设备合作方面,企业直接投入设备的平均值为 164 台,价值约 387 万元;在教学、科研开发和技术服务合作方面,企业参与教学指导委员会的专业平均为 14 个,企业参与专业教学计划、教学大纲、教材等教学方案建设的专业平均为 15 个,专业技术人员参与授课平均为 65 人次,达 2786 课时,学校承担科技开发与技术服务项目平均为 11 项。①

随着高职教育内涵建设的不断推进和校企合作的不断深入,行业企业的作用越来越受到重视。2010 年,《国家中长期教育改革和发展规划纲要(2010—2020 年)》明确指出,鼓励行业组织、企业举办职业学校,鼓励委托职业学校进行职工培训。2010 年,教育部批准成立 43 个行业职业教育教学指导委员会。2011 年,教育部下发《教育部关于充分发挥行业指导作用推进职业教育改革发展的意见》(教职成〔2011〕6 号)。在教育行政部门、院校主管部门引导下,教育与产业定期对话协商机制形成。据统计,仅 2011 年产教对话活动就覆盖了 1500 多家企业、1600 多所学校、80 多个研究机构,促成校企签约 300 多份,合作资金达 7 亿元。② 行业主管部门逐渐重视直属职业院校的办学,与直属院校的关系逐渐回暖。大部分行业企业在社会经济转型和产业结构调整中逐渐认识到人才在企业生存与发展中的关键性作用,重新重视本行业举办的教育机构。一是主动承担桥梁作用,为院校与企业开展合作牵线搭桥。如江苏省工业和信息化厅为直属高职院校搭建中小型企业服务平台,为直属院校常州信息职业技术学院牵线搭桥建立校企合作平台“常州信息产业园”等。二是加大对直属院校的支持和投入,改善院校办学条件。据统计,自 2005 年以来,企业投入高等职业教育的经费不断增长,占企业办学中企业总拨

① 江苏省高等职业教育研究会.创新发展 优化提升:江苏省高等职业教育改革与发展重大课题研究[M].南京:南京大学出版社,2012:234.

② 中华人民共和国教育部,中国联合国教科文组织全国委员会.构建中国特色的现代职业教育体系:新经验、新起点与新战略[J].中国职业技术教育,2012(16):40-55.

款额的比例也不断增长,见表3-2。

表3-2 2006—2012年企业投入高等职业教育的经费占企业办学中企业总拨款额的比例

年份	企业投入高等职业教育的经费(千元)	企业办学中企业总拨款额(千元)	所占比例(%)
2006	295027	7717961	3.82
2007	458834	6903022	6.65
2008	580539	5202838	11.16
2009	940064	4941007	19.03
2010	1004903	4412893	22.77
2011	1327081	5191138	25.56
2012	1573440	5125495	30.70

注:根据2006—2012年中国教育经费统计年鉴整理。

(二) 行业高职院校的校企合作发展

自2006年我国高职教育进入内涵建设期以来,校企合作作为高职院校办学的必由之路被大力提倡。行业高职院校发挥其行业优势,探索形成了具有鲜明行业特色的校企合作模式,比较具有代表性的包括:(1)借助行业主管部门的力量,开发产业园,践行基于产业园的校企合作模式;(2)依托行业主管部门的优势,开展共建技术研究中心的校企合作模式;(3)在集团公司的主导下,开展集团内部的双师团队共建模式;(4)与行业系统内企业共建二级学院或实训基地;(5)校企共建学生工作室或教师工作室,依托企业真实项目开展校企合作等。这一阶段的校企合作相较之前更为深入,具有鲜明的"双主体"办学机构,混编教学标准、师资、文化等,属于校企合作的中级阶段①。

虽然此时行业高职院校出现了上述几种非常具有行业特色的校企合作模式,但普及面不广。根据我们对行业高职院校校企合作现状的调查,目前行业高职院校无论是在行业系统内还是在行业系统外,其校企合作模式排在前几位的仍然是"学生企业(顶岗)实习""共建实训室或生产性实训基地""订单式培养""为企业开展员工培训、技能鉴定、继续教育""与企业合作共建双师教学团队"等。高职院校尚未进入以产学研为特征的校企合作高级阶段。有企业人士坦言:"高职院校探索了许多校企合作模式,但有些仅仅是形式上的,真正有效的校企合作不多。"为何形式如此多样,合作成效却不够理想?校企合

---

① 俞仲文.时代呼唤高职教育3.0版[N].中国青年报,2013-1-14(11).

作的本质是什么？高职院校为什么要和企业合作？合作什么？怎样合作？这些仍是我们需要思考和面对的问题。

三、行业高职院校全面深化改革与校企合作创新阶段(2013年至今)

（一）行业举办高职院校的概况

十八大以来，党和国家加快推进市场经济体制发展。2013年，《中共中央关于全面深化改革若干重大问题的决定》要求紧紧围绕使市场在资源配置中起决定性作用深化经济体制改革。2017年，党的十九大报告进一步要求加快完善社会主义市场经济体制。简政放权、转变政府职能、加快供给侧改革、完善现代企业制度、发展混合所有制经济等改革举措不断推出。与此同时，党中央、国务院对职业教育也给予了高度重视，推出了一系列有关职业教育改革的方针政策，职业教育被视为国民教育体系和人力资源开发的重要组成部分。

2013年，《中共中央关于全面深化改革若干重大问题的决定》提出加快现代职业教育体系建设，深化产教融合、校企合作，培养高素质劳动者和技能型人才。2014年，《国务院关于加快发展现代职业教育的决定》(国发〔2014〕19号)提出到2020年，形成适应发展需求、产教深度融合、中职高职衔接、职业教育与普通教育相互沟通，体现终身教育理念，具有中国特色、世界水平的现代职业教育体系。2017年，《关于深化教育体制机制改革的意见》进一步强调支持和鼓励行业企业兴办职业教育。2019年，国务院印发《国家职业教育改革实施方案》(国发〔2019〕4号)，提出要推动企业和社会力量举办高质量职业教育；发挥企业重要办学主体作用，鼓励有条件的企业特别是大企业举办高质量职业教育，各级人民政府可按规定给予适当支持；深化产教融合、校企合作，育训结合，健全多元办学格局，推动企业深度参与协同育人，扶持鼓励企业和社会力量参与举办各类职业教育。2021年，《关于推动现代职业教育高质量发展的意见》指出，鼓励上市公司、行业龙头企业举办职业教育，鼓励各类企业依法参与举办职业教育。产教融合、校企合作成为职业教育办学的必由之路，行业企业成为职业教育的重要办学主体。在此背景下，行业高职院校的办学状况得到较大改善。

一是办学经费有了一定保障。2012年，教育部开始了每年一次的中国高等职业教育质量年度报告编制工作，借助第三方对各地政府举办高职教育、各高职院校办学等进行评价和监督。2014年，国家提出公办高职院校生均财政拨款要达到1.2万元,此后生均财政拨款政策是否落实到位成为高职质量年报的关注点。通过多年的推动,31个省(市、区)公办高职院校年生均财政拨款在2018年达到1.2万元,且逐年提高,各地高职院校特别是行业部门举办的高职院校的财政经费得到了保障。此外,行业主管部门也重新重视其直属的高职院校,通过专项拨款等方式向职业院校进行教育经费投入。

二是办学环境得到较大改善。行业部门与教育部门协调配合、共同举办行业高职院校的现象逐渐普遍,这为行业高职院校开展校企合作、加强与行业部门的合作创造了有利的条件。例如,在以行业办学为主的天津市,市教委联合相关委办局组建8个行业大类职业教育指导委员会,对接职业岗位开展现代学徒制试点,实施技能人才职业能力提升计划,年社会培训量达26万人次;支持高职院校设立"大师工作室",建设一批"行业技术工程中心""企业文化体验中心",每年选派万余人次专业教师到企业锻炼,引进500名企业技能高手到学校兼课任教;组建22个职教集团,建立校企合作董事会、校企合作执行委员会和专业建设委员会"三级贯通式"管理体制,职业院校专业结构与主导产业对接度达90%以上。①

三是行业办学逐渐成为高校的新选择。2017年,教育部公布了"双一流"高校建设名单,其中包括一大批特色鲜明、优势学科单一的高校。在这种导向下,很多高校开始强调特色、专业、行业性。2021年,河仁慈善基金会出资100亿元,以"民办公助"的形式筹建福耀科技大学。这是企业家、基金会办教育的一种探索。职业教育离不开深度的校企合作,需要社会多元主体的共同参与,其中行业是最为丰富、重要的力量,对技术和专业有重要的预测、引领作用,而任何一家企业都归属于某个行业。因此,行业办学在职业教育中是不可或缺的。

(二) 行业高职院校的校企合作创新

2014年,《国务院关于加快发展现代职业教育的决定》(国发〔2014〕19号)提出深化产教融合、校企合作。2014年,教育部等六部门联合印发《现代职业教育体系建设规划(2014—2020年)》(教发〔2014〕6号),提出以产教融合为主线,建立各级政府、行业、企业、学校和社会各方面共同参与的制度创新平台,随后农业部、交通运输部、工业和信息化部等也纷纷出台了加快相关行

① 中华人民共和国教育部.天津市发挥行业办学优势加快发展现代职业教育[EB/OL].(2017 -12 -12)[2021 -9 -13].http://www.moe.gov.cn/jyb_sjzl/s3165/201712/t20171212_321117.html.

业职业教育和人才发展的意见,积极发挥行业作用的导向也更加明确。2017年,党的十九大报告提出完善职业教育和培训体系,深化产教融合、校企合作。2017年,《国务院办公厅关于深化产教融合的若干意见》(国办发〔2017〕95号)提出健全多元化的办学体制,用约10年的时间构建教育和产业统筹融合发展格局,并对教育部、人社部、各省级政府及有关行业协会等进行了重点任务分工。2018年,教育部等六部门联合印发《职业学校校企合作促进办法》(教职成〔2018〕1号),这是我国职业教育产教融合领域一份法规性专项文件。2019年,《国家产教融合建设试点实施方案》指出,深化产教融合是推动教育优先发展、人才引领发展、产业创新发展的战略性举措,要坚持问题导向,试点先行,充分发挥城市承载、行业聚合、企业主体作用,尊重教育规律和经济规律,发挥市场配置资源决定性作用和政府统筹推动作用,统筹部署、协调推进。从微观配套措施来看,教育部也制定了一系列操作性较强的专项政策或具体细则,如《教育部关于开展现代学徒制试点工作的意见》(教职成〔2014〕9号)、《教育部关于深入推进职业教育集团化办学的意见》(教职成〔2015〕4号)、《职业学校学生实习管理规定》(教职成〔2016〕3号)。

在一系列的政策推动下,我国产教融合有了明确的规划和发展路径,产教融合、校企合作关系也发生了根本性变化,由微观聚焦某一方面的校企合作模式发展为新型的教育组织形式,如混合所有制办学、集团化办学。学校与企业形成协同育人的共同体,共同开展教育、生产、服务等活动。行业高职院校在这样的发展环境中,其校企合作也得到了明显改善。

一是与行业内企业的合作关系更为紧密。据官网信息显示,在行业主管部门北京电子控股有限责任公司(以下简称电控公司)的支持下,北京信息职业技术学院组建了校企合作理事会,有效解决了企业参与教学、订单培养、学生实习、教师企业锻炼、企业职工培训、技术设备共享、实习基地共建等产教结合的关键问题,学校与企业形成了人才共育、过程共管、成果共享、责任共担的紧密型合作办学体制机制。该校采用"以资产为纽带"的校企共建模式,与电控公司旗下大型国企北京燕东微电子有限公司、北京兆维电子(集团)有限责任公司、北广科技股份有限公司等共建"校中厂""厂中校""协同创新中心""企业大学"产教融合基地。2017年6月,该校与北京燕东微电子有限公司和北京工业大学联合发起成立燕东微电子学院,这是企业、职业院校和普通高校多方合作且由企业冠名、以校企合作为实质内涵的非独立法人办学实体。

二是校企合作模式更加多样,逐渐走向以技术研发为引领的合作。许多行业高职院校充分利用行业、企业、政府等多方资源,跨界整合,打造产业研究院、工程技术研发中心、工艺产品开发中心、技术成果转化中心、技术创新推广中心、公共技术服务中心等,越来越强调通过为企业提供技术服务来赢得合作,赢得学校在行业中的地位和社会声望。例如,黄河水利职业技术学院以应用研究和技术服务为重点,不断深化产教融合,提升社会服务能力。围绕服务"黄河流域生态保护和高质量发展国家战略"开展了一系列科研与技术服务工作。先后与国家自然资源部职业技能鉴定指导中心、黄河水利委员会、开封市人民政府、华北水利水电大学、中国水电第十一工程局、中国电建市政建设集团有限公司等校、政、行、企签订战略合作协议,实现优势互补、合作共赢、共同发展。①

四、启示与思考

(一) 政府重视高职教育带来的影响

进入 21 世纪,由于我国经济转型发展需要大量技术技能型劳动力,国家越来越重视高职教育,极大地促进了高职教育的发展。党的十八大以来,职业教育更是得到了前所未有的重视和认可,被认为与普通教育具有同等重要地位。"产教融合、校企合作"作为职业院校办学的必由之路,相关政策也不断完善,逐渐被上升为国家的制度安排,与经济社会发展同步规划。校企合作在这样的大环境中也越来越受到重视,成为高职教育理论界和实践界广为议论、宣传和探讨的话题,同时也引起了相关本科院校的关注。可以说,在我国社会主义市场经济体制加速建设背景下,政府在校企合作中的作用是不可忽视的。然而,政府在校企合作中的功能到底该如何定位,还有待进一步探讨。

(二) 经济发展方式转变带来的影响

进入 21 世纪,我国经济发展方式从规模速度型粗放增长转向质量效率型集约增长,经济结构从以增量扩能为主转向调整存量、做优增量并举。经济发展方式、经济结构的转变对人才层次产生不同的需求,从而影响校企合作的

① 黄河水利职业技术学院简介[EB/OL].(2021-3-1)[2021-9-13].https://www.yrcti.edu.cn/xygk/xxjj.htm.

方式。

在实施市场经济体制初期,我国提出要"加快工业改组改造和结构优化升级,重视发展劳动密集型产业"等目标任务。粗放型经济增长方式是一种要素资源投入、组合和使用以数量为主而实现的经济增长。与此同时,随着我国城镇化进程的推进,劳动力市场出现大批外来务工人员,满足了企业的用工需求。因此,这一时期的企业普遍不重视与高职院校的合作,即便合作也是进行一些浅层次的合作,如订单式培养、学生顶岗实习,学生往往被当作廉价劳动力,难以提升职业技能和技术应用能力。

2006 年,《中华人民共和国国民经济和社会发展第十一个五年规划纲要》提出,要走新型工业化发展道路,把增强自主创新能力作为中心环节,调整优化产品结构、企业组织结构和产业布局,提升整体技术水平和综合竞争力,促进工业由大变强。产业发展方式逐渐从以劳动密集型产业为主转向以技术密集型产业为主,对人才的知识、技术、技能和创新能力等提出更高要求。产品换代、技术升级、新设备引进使企业迫切需要大量应用型人才。此时,处于生产方式转型期的部分企业开始关注与高职院校的合作,提前介入学生培养过程,校企合作的深度有所加强,不断出现校企双主体的合作模式,如校企共建二级学院、共建实训基地或生产性实训基地。

"十二五""十三五"期间,我国进入全面建设小康社会的关键时期和深化改革开放、加快转变经济发展方式的攻坚时期。发展结构优化、技术先进、清洁安全、附加值高、吸纳就业能力强的现代产业体系成为加快转变经济发展方式的重要目标,经济结构战略性调整、科技进步和创新分别成为加快转变经济发展方式的主攻方向和重要支撑。我国产业不断向中高端水平迈进,工业化和信息化融合发展水平进一步提高,先进制造业和战略性新兴产业加快发展,新产业、新业态不断成长,服务业比重不断提高,自主创新能力不断增强,对高职院校的人才培养提出新的要求,技术技能型人才不再是仅仅会操作的技能型人才,而应是能发现并解决问题且具有创新意识和创新思维的人才。人才培养要求的变化使高职院校办学方向、办学思路也在变化。越来越多的高职院校开始关注如何与企业共同培养复合型、创新型人才,校企合作的层次不断提升,产学研合作模式不断升级。

总之,国家对行业企业举办职业教育的高度重视,行业企业对职业教育的重新认可,为行业高职院校开展校企合作提供了良好的外部环境。一些行业高职院校逐渐认识到重新定位与行业关系的重要性,开始寻找新的校企合作利益结合点,以实现资源共享。然而,新技术、新业态、新模式、新产业的出现,使得行业企业在人才数量需求和规格要求上都发生了变化。行业企业对人才需求数量有限和高等教育普及化带来的高职院校学生规模大量扩张之间的矛盾,使得计划经济体制下完全依赖行业的合作不再现实,行业高职院校在重新获得主管部门支持的同时,更需要通过市场运作来获得更广泛的校企合作。因此,在与行业内企业继续合作的同时,行业高职院校也开始积极寻求主管部门以外的合作。学校与行业企业的关系由"相离"走向"相交"。

从行业高职院校校企合作的三个发展阶段分析来看,影响其校企合作的因素主要包括国家对高职教育的顶层设计、国家赋予企业的社会职能、政府的行政手段、政府对企业的考核标准、经济体制改革、经济发展方式、企业经营方式、招生与分配制度、院校主管部门的发展战略等。其中,国家对高职教育的顶层设计尤为重要,它决定高职教育在国民经济社会发展中的地位,决定整个国家、社会对高职教育的认识和重视程度,从而影响行业企业参与高职教育的态度和行为。国家赋予企业的社会职能以及对企业的考核标准会影响企业参与高职教育的动因、态度、方式。经济体制会影响校企合作机制的构建,计划经济体制决定了校企合作机制是计划性、指令性的,市场经济体制决定校企合作机制应以市场为导向。而经济发展方式和企业经营方式会影响企业参与高职教育的方式,招生与分配制度决定企业参与办学的利益,从而影响企业参与办学的积极性。院校主管部门的发展战略决定校企合作方式是以系统内合作为主,还是以系统外合作为主。因此,在新的发展历史时期,行业高职院校在选择校企合作方式时应充分考虑政府、行业、企业、经济、社会等方面的影响因素。

第四章

行业高职院校
校企合作的调查与分析

本章结合问卷调查、实地考察、访谈等结果,分析了我国行业高职院校校企合作现状及其影响因素,确定了校企合作机制建构需要解决的核心问题。

为清晰了解我国行业高职院校校企合作现状,我们设计了相关问卷和访谈提纲,对行业高职院校和企业分别进行了抽样调查和深入访谈。在分析总结现状调查结果的基础上,我们设计制作了"行业高职院校校企合作影响因素评价(专家问卷)",选取来自企业、行业高职院校、教育行政部门、行业协会、高职教育理论界和院校主管部门的专家,进行了调查和访谈,得到相关评价结果。调研活动安排和样本分布情况见表4-1、表4-2、表4-3。

表4-1 行业高职院校校企合作现状及影响因素调查安排

调查内容	调查形式	调查对象
行业高职院校办学情况及校企合作开展情况	实地考察、访谈	北京、天津、上海、山东、江苏、江西、重庆等省市的行业高职院校
企业对校企合作及其影响因素的认识、理解	问卷调查	电子信息、医药、化工、建筑、交通物流、商贸等领域的企业
行业高职院校校企合作现状调查及影响因素分析	问卷调查	北京、天津、上海、山东、江苏、浙江、山西、河南、湖南、广西、安徽、四川、贵州、云南等省市的行业高职院校领导、中层干部、教师
行业高职院校校企合作影响因素分析	问卷调查、访谈	企业、行业高职院校、教育行政部门、行业协会、高职教育理论界和院校主管部门的专家

表4-2 行业高职院校校企合作现状调查样本情况

调查对象		企业	行业高职院校	合计
问卷数量	发放数量(份)	100	56	156
	回收数量(份)	83	48	131
	有效问卷数量(份)	83	47	130
	回收率(%)	83.0	85.7	—
	有效问卷(%)	100.0	97.9	—

表 4 - 3　行业高职院校校企合作影响因素调查样本情况

	调查对象	企业	行业高职院校	专家	合计
问卷数量	发放数量（份）	100	56	13	169
	回收数量（份）	83	48	13	144
	有效问卷数量（份）	83	47	13	143
	回收率(%)	83.0	85.7	100.0	—
	有效问卷(%)	100.0	97.9	100.0	—

第一节　校企合作现状的了解层面调查

　　为了解行业高职院校校企合作现状,笔者随机选取了北京、天津、上海、山东、江苏、浙江、山西、河南、湖南、广西、安徽、四川、贵州、云南等省市的部分行业高职院校进行问卷调查,共发放 56 份问卷,回收 48 份,有效问卷 47 份,抽样调查率为 10% 左右。院校类型涉及国家示范性高职院校(骨干院校)、省级示范性高职院校、其他高职院校,行业领域涉及电子信息、交通运输、建筑、医疗卫生、商贸、农林、机电、石油、航空、司法、艺术传媒等。问卷就院校开展校企合作的总体情况、院校主管部门在校企合作中发挥的作用、院校在行业系统内开展校企合作面临的最大问题、院校在行业系统内外采用的校企合作方式等进行调查。每校填写一份,基本上由全面掌握学院校企合作整体情况的领导或相关部门负责人填写,保证了问卷的信息质量。

一、校企合作现状调查结果

　　1. 在校企合作的开展范围上,选择行业系统内的院校占 55%,选择行业系统外的院校占 45%,由此可见行业高职院校开展校企合作具有较大的优势。特别是国家调控力度较大、行业资源相对集中的行业,如交通、建筑、卫生等,在系统内合作更是占绝对优势,占比均在 70% 以上,有的甚至高达 100%。相比较而言,在一些应用领域相对宽泛的行业,如电子信息、商贸等,主要表现为同时在系统内和系统外开展合作,当然,两者的比例会因主管部门在当地相关行业中的地位而发生变化。一般来说,行业地位越高、经济效益越好,系统内的合作比例就越高;反之,则越低。

2. 在校企合作模式上,无论是系统内还是系统外,排在前几位的依次为"学生企业(顶岗)实习""共建实训室或生产性实训基地""订单式培养""为企业开展员工培训、技能鉴定、继续教育""与企业合作共建双师教学团队""与企业合作开展应用性技术服务项目",具体占比情况见表4-4。而在"共建实训室或生产性实训基地""为企业开展员工培训、技能鉴定、继续教育""与企业合作共建双师教学团队""共建技术创新(研发)机构"方面,系统内的合作占据相对优势,选择比例分别为97.9%、91.5%、87.2%、36.2%,显示出行业办学的优势。"共建科教园区""共建校办工厂"模式所占比例较低。

表4-4 行业高职院校校企合作模式调查统计表

校企合作模式	行业系统内(%)	行业系统外(%)
学生企业(顶岗)实习	97.9	92.1
共建实训室或生产性实训基地	97.9	65.8
订单式培养	91.5	81.6
为企业开展员工培训、技能鉴定、继续教育	91.5	71.1
与企业合作共建双师教学团队	87.2	63.2
与企业合作开展应用性技术服务项目	70.2	76.3
共建二级学院和专业	55.3	44.7
共建技术创新(研发)机构	36.2	15.8
共建科教园区	8.5	10.5
共建校办工厂	4.3	2.6

注:行业系统内的样本数量为47所,行业系统外的样本数量为38所。样本数量仅统计了对相关问题作答了的回收问卷。

从以上数据可以得出如下结论:经过几十年来的发展,特别是自2006年我国高等职业教育进入内涵建设期以来,在国家大力推行"校企合作,工学结合"模式下,我国行业高职院校在校企合作上取得了较好的成绩,学校的实践教学环境和实践教学环节有了很大的调整,对学生的职业技能培养发挥了重要的作用,在一定程度上满足了企业的人才需求和员工能力提升需求。然而,"共建二级学院和专业""共建技术创新(研发)机构""共建科教园区""共建校办工厂"等模式所占比例较低,尚未达到普及化或大众化的阶段,有的甚至处于萌芽阶段。① 因此,可以说我国行业高职院校校企合作目前主要处于中级阶段,要实现全面向高级阶段转型升级还需要较长一段时间的努力。

从理论上来说,与企业共办订单班、互聘教师、共建实训基地等都是"买方—供应商"式的联盟。当企业需要劳动力时,学校可获得合作机会;当企业人才需求饱和时,合作便终止。因此,这一阶段的合作随意性较大,校企之间尚未达到共生共存的关系,是一种浅层次的合作。而校企合作中级阶段的特征是校企合作建立"双主体"办学机构,混编教学标准、师资等,使校企深度融合起来②;高级阶段的特征是共同建立技术中心或工程技术中心,成为引领行业和社会的技术源和创新源③,以此实现校企合作的长远发展。

3. 在行业内校企合作困境上,一是"校企间的信息沟通渠道不畅通",占55.6%;二是"行业内的企业效益不是很好",占37.8%;三是"院校主管部门的支持力度不大",占33.3%,见表4-5。因此,信息沟通、企业的合作能力、院校主管部门的支持对校企合作有重要影响。信息沟通的不足又对行业高职院校的办学理念和市场意识、主管部门的支持等提出了较高的要求。

表4-5　行业内校企合作困境调查结果

存在的问题	选择比例(%)
校企间的信息沟通渠道不畅通	55.6
行业内的企业效益不是很好	37.8
院校主管部门的支持力度不大	33.3
本行业在地方经济发展中的地位较弱	20.0
学院主打专业与院校主管部门的产业发展定位不相符	6.7
其他	22.2

二、校企合作存在的问题

调查发现,虽然行业高职院校在开展校企合作中具有明显的行业优势,但也存在不少问题。

---

① 虽然自2013年以来,在各项政策举措的推动下,各地均有高职院校在积极探索与行业企业共建产业学院、工程技术研究中心等,但总体上仍较为少见。
② 俞仲文.时代呼唤高职教育3.0版[N].中国青年报,2013-1-14(11).
③ 同上.

1. 大部分行业高职院校的主管部门支持力度不大,特别是在资金支持上。其原因既包括院校主管部门经济效益不好,也包括财政拨款体制不健全。

2. 具有行业特色的校企合作还不够鲜明。行业高职院校特别是大型国有企业集团举办的行业高职院校在校企合作中具有依赖主管部门准行政命令的优势,但这一优势并没有很好地体现出来,即使部分行业高职院校做到了这一点,所占比例也不是很高。针对"行业主管部门在校企合作中发挥了哪些作用"这一问题,只有50%的院校选择了"通过行政机制,促成学校与企业的合作"。

3. 与其他高职院校一样,行业高职院校也面临校企合作的共性问题,如"一头冷一头热""双师型教师缺乏"。对大型国有企业集团举办的高职院校来说,由于集团与下属企业以股权、产权、资金、技术等为纽带紧密联系在一起,集团成员之间存在着一种准市场的交易关系。集团要协调下属企业和院校的利益同样需要机制的保障。在校企合作中,企业拥有相对的资源优势,使得学校在合作中处于相对弱势地位,机制的建立对保护学校利益有着非常关键的作用。对行业部门举办的职业院校来说,这些委办局的中介作用如何充分发挥,行、企、校三方如何能够长期有效合作,也需要健全的机制来保障。

4. 合作深度还有待加强。调查发现,大多数院校的校企合作主要涉及学生实习、实训基地建设、师资队伍建设、员工培训等方面,在产学研方面的合作较少。对高职院校来说,要想在行业中占据一定的位置,赢得行业企业的支持与尊重,在"研"上花时间是很有必要的。一是通过技术研发确立学校的社会地位和声誉;二是通过技术研发满足企业需求特别是中小型企业的需求,赢得合作;三是通过技术研发培养一支教学队伍;四是通过技术研究跟踪技术发展动态,了解新工艺、新技术、新知识,改进教学内容和教学方法,使得学生更符合行业企业的发展需要。

第二节　企业合作意愿与需求调查

为了解企业的合作意愿与需求,笔者选取上海部分企业进行了抽样调查,共发放问卷100份,回收83份,有效问卷83份。调查的企业范围涉及电子信息、商贸、建筑、医疗卫生、化工、交通物流等。问卷内容涉及企业的合作意愿、对校企合作的认识、希望合作的方式和内容等。

一、企业合作意愿调查结果

调查结果显示,在被调查的企业中,有74.7%的企业表示非常愿意与高职院校合作,38.6%的企业认为校企合作对企业发展来说非常重要,见表4-6和表4-7。由此可见,企业普遍有着极高的合作热情和要求,对校企合作的重要性也是非常认同的,但其合作意愿因行业领域的不同而有所区别。这也说明,通过近几年的发展,高职教育在社会中的地位有所提升,企业对高职院校的兴趣也有所提升。

表4-6　企业合作意愿调查结果

	非常愿意	比较愿意	愿意	不太愿意	不愿意
企业数量	62	8	13	0	0
占比(%)	74.7	9.6	15.7	0	0

表4-7　企业对校企合作重要性的认识调查结果

	非常重要	比较重要	重要	不太重要	不重要
企业数量	32	19	14	0	0
占比(%)	38.6	22.9	16.9	0	0

注:样本基数按有效问卷83份计算,其中18份未作答。

这一调查结果同样值得我们反思:我们往往认为"企业以追求利益最大化为根本目的,合作积极性不高,导致校企合作成效低下",这种认识是否片面、带有主观臆测?既然企业愿意合作,为什么有着相同的合作意愿,合作需求也存在,却合作不起来或者达不到双方所期望的合作目的?

因此,笔者认为,"如何发现企业的合作需求""如何设计合作方案""如何有效开展校企合作"等实质性的运作问题,才是高职院校在校企合作中应该反思的问题。对市场经济体制下的企业来说,追求经济利益最大化是其重要目的。在此环境中,高职院校要想与企业开展好合作,应更多地从自身找问题,应具有一种强烈的服务意识,通过为企业做好服务、满足其需求来赢取企业的信任与合作。当然,这种服务是有尊严的服务,因此,选择好服务对象也是非常重要的。

二、企业合作需求调查结果

调查结果显示,企业与高职院校合作积极性最高的项目是"员工培训、技能鉴定、继续教育",其他依次为"接受学生实习""技术开发与技术服务""与学校开展订单式培养""参与专业建设、课程建设""接受学校教师企业实践""为学校提供兼职教师""合作建设实训室或生产车间""建立技术创新机构",见图4－1。

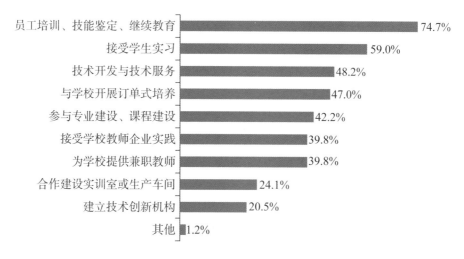

图4－1　企业与高职院校可开展的合作项目调查结果

值得注意的是,企业问卷统计得出的合作方式需求量排序与我国行业高职院校正在开展的校企合作排序是相似的,除"共建实训室或生产性实训基地"和"共建双师教学团队"因行业系统内的合作率较高而提高了整体的合作率以外,其余排在前几位的合作方式是一致的,虽然先后次序稍有不同,见表4－8。

表4－8　企业与行业高职院校在校企合作方式上的需求和实施情况比较

校企合作方式	企业选择比例（%）	行业高职院校选择比例（%）
员工培训、技能鉴定、继续教育	74.7	81.3
学生实习	59.0	95.0
技术开发与技术服务	48.2	73.3
订单式培养	47.0	86.5
共建专业、课程	42.2	50.0
共建双师教学团队	39.8	75.2
共建实训室或生产性实训基地	24.1	81.8
共建技术创新机构	20.5	32.5

从两组数据的比较,我们可以得出这样的结论:(1)行业高职院校在满足企业的现有合作需求方面做出了巨大的努力,并取得了较好的成绩;(2)目前企业与高职院校的合作主要是一些浅层次的合作,合作的动机主要源于自身对劳动力的需求;(3)行业高职院校开展校企合作的层次还有待加深。随着我国经济加速转型升级、经济全球化进程加快,产业结构的转型升级和技术的更新换代必然加快,行业企业将越来越需要技术技能型人才,这为高职院校带来了机遇和挑战;(4)高职院校的校企合作模式也需要转型升级,需要去挖掘企业的技术应用研发需求,与企业共建技术研究中心,依托项目研究,培养学生的技术应用能力、创新能力、团队协作能力,使得高等职业教育成为引领行业发展的技术源和创新源。

第三节　校企合作影响因素与合作模式调查

一、校企合作影响因素调查结果

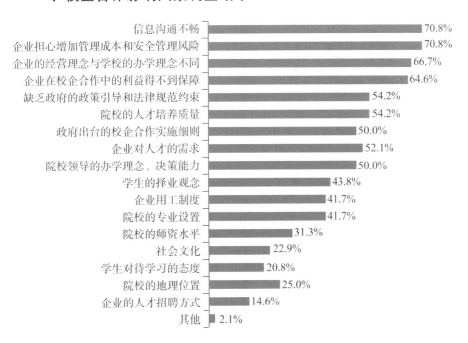

图 4-2　校企合作影响因素行业高职院校问卷调查结果

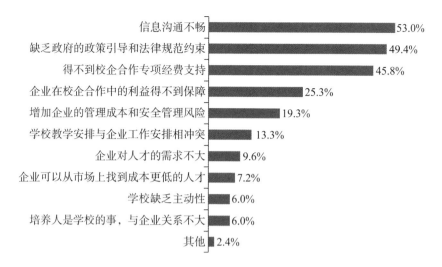

信息沟通不畅	53.0%
缺乏政府的政策引导和法律规范约束	49.4%
得不到校企合作专项经费支持	45.8%
企业在校企合作中的利益得不到保障	25.3%
增加企业的管理成本和安全管理风险	19.3%
学校教学安排与企业工作安排相冲突	13.3%
企业对人才的需求不大	9.6%
企业可以从市场上找到成本更低的人才	7.2%
学校缺乏主动性	6.0%
培养人是学校的事，与企业关系不大	6.0%
其他	2.4%

图4-3 校企合作影响因素企业问卷调查结果

为了解校企双方对校企合作影响因素的理解,笔者对行业高职院校和企业进行了问卷调查,统计结果分别如图4-2和图4-3所示。此外,就行业高职院校校企合作影响因素,笔者还进行了专家问卷调查和访谈,结果分析将在第六章详细阐述。

从统计结果中可以看到,校企双方对影响因素的分析既有相同之处也有不同之处。首先,双方一致认为"信息沟通不畅"是制约校企合作的首要因素,选择比例分别为70.8%和53.0%。其次,企业认为影响校企合作的因素还包括政府的政策法规、经费支持和企业的合作利益等;而行业高职院校也认为合作不够理想的原因涉及企业的合作利益、政府的政策法规等。综上所述,研究者可以得出以下结论:

1. 目前校企之间信息沟通不畅是影响双方合作的首要问题。在建构校企合作机制时,有必要分析造成这一现象的根本原因,并提出相应的解决办法。

2. 行业高职院校的市场经济意识还比较薄弱。这一点可以从行业高职院校查找问题原因的关注点排序得出,院校首先找的是企业方面的原因,其次是政府政策保障方面的原因。这从侧面反映出,大部分行业高职院校在校企合作中的主人翁意识还不强,"学校是校企合作的首要主体或服务方,应承担合作的首要任务"的意识尚未普遍形成。因此,行业高职院校的办学理念或合作理念还有待提升,市场经济意识还有待增强。

3. 企业在校企合作中首先关心的是自身利益的问题,非常关注政府的政策法规、经费支持等能否保障其利益。同时，仅有 6.0% 的企业认为"培养人是学校的事，与企业关系不大"。这说明企业是有合作需求的，也愿意参与合作，但利益也是十分重要的。因此，如何满足企业的利益需求应是校企合作需要解决的核心问题。

4. 校企双方在分析合作现状时，潜意识中把责任推给对方，较少从自身寻找原因。如行业高职院校的部分被调查者认为目前校企合作不够理想的主要原因是企业不配合、不主动，而企业人士大多提到，目前合作不佳的原因主要是院校领导不够重视、院校校企合作项目具体执行人员的能力不够等。这说明现阶段校企合作的基础还比较薄弱，校企间的沟通不够，高职院校的市场意识还较为薄弱。

根据校企合作影响因素调查分析结果，行业高职院校校企合作机制建构中，需要解决的问题主要有：(1)校企之间的信息沟通机制建构问题；(2)行业高职院校自身能力素质提升问题，包括办学理念和合作理念的完善等；(3)校企之间的利益机制建构问题，首要是如何保障企业的利益，以此来获得企业的合作，从而满足行业高职院校和政府培养人才的需求。

二、校企合作模式调查结果

表 4-9　行业高职院校校企合作成功模式选择比例

校企合作模式	选择比例(%)
共建实训室或生产性实训基地	85.7
为企业开展员工培训、技能鉴定、继续教育	64.3
学生企业(顶岗)实习	35.7
与企业合作共建双师教学团队	35.7
订单式培养	21.4
与企业合作开展应用性技术服务项目	7.1
共建二级学院和专业	7.1
共建技术创新(研发)机构	0
共建科教园区	0
共建校办工厂	0

从表 4-9 中可以看出，目前我国行业高职院校的校企合作模式主要是"共建实训室或生产性实训基地""为企业开展员工培训、技能鉴定、继续教育"，选择

这两种模式的院校分别占 85.7% 和 64.3%。这两种模式都对企业有益无害。企业通过共建实训基地,把设备租给或卖给高职院校,进而赢得利润;员工培训与技能鉴定给企业带来的好处就更不用说了。由此,我们可以得到如下结论:(1)现阶段企业参与合作是以经济利益为前提的;(2)我国行业高职院校目前的校企合作深度仍不够,主要表现在企业没有深度参与院校人才培养,较少与院校共建技术研发中心和科教园区。因此,有必要对这一现状进行剖析,找到问题的根结,以建构校企合作机制,从而更好地提出改进建议。

需要说明的是,上述问卷调查结果显示的是我国行业高职院校校企合作的整体情况,在现实中,也不乏有些行业高职院校利用自身的行业优势,开拓创新,创立了一些比较具有行业特色的校企合作模式,并取得了较好的实施成效。笔者曾先后走访北京信息职业技术学院、上海电子信息职业技术学院、天津电子信息职业技术学院、南京信息职业技术学院、常州信息职业技术学院、淮安信息职业技术学院、山东商业职业技术学院、山东电子职业技术学院、江西信息应用职业技术学院等,并通过电话、QQ、电子邮件等访谈了青岛港湾职业技术学院、重庆电子工程职业学院等院校。

从各校的访谈结果以及文字资料介绍中,笔者总结出若干种比较具有行业特色且在部分院校已取得成效的校企合作模式,如基于产业园的校企合作模式、校企共建技术研发中心模式、集团公司主导的双师团队共建模式、校企共建二级学院模式、校企共建学生工作室模式。下一章将结合相关院校的典型案例对各种校企合作模式的内涵、特征、运行机制以及合作中应注意的细节等进行分析,并借助相关理论分析合作模式背后所隐含的影响因素,为建构校企合作机制奠定基础。

第四节 我国职业教育校企合作政策现状分析

党的十八大以来,随着创新驱动发展战略的深入实施,教育和人才改革发展面临前所未有的新形势、新任务、新要求。深化产教融合、校企合作,已成为推进人才和人力资源供给侧结构性改革的一项重要方针和制度安排。2017年,《国务院办公厅关于深化产教融合的若干意见》(国办发〔2017〕95 号)(以下简称《意见》)出台;2018年,教育部等六部门联合颁布《关于印发〈职业学校校企合作促进办法〉的通知》(教职成〔2018〕1号)(以下简称《办法》);2019年,国务院办公厅印发《国家职业教育改革实施方案》(国发〔2019〕4号)(以下简称"职教20条"),产教融合、校企合作又一次成为焦点话题。《意见》《办法》和"职教20条"的出台,进一步完善了我国职业教育产教融合、校企合作的政策环境,为我国职业教育开展产教融合、校企合作明确了方向,提供了保障。

一、我国职业教育校企合作政策的发展现状

在我国职业教育发展历史上,校企合作作为其基本办学模式和发展必由之路,受到广泛关注。政府出台了一系列政策、规划和制度,校企合作政策的权威性、制定主体的多元化等特征逐渐形成。

(一) 校企合作政策数量不断增加

1986年,《关于经济部门和教育部门加强合作促进就业前职业技术教育发展的意见》明确指出大力推行校企合作、工学结合的培养模式。1996年,《中华人民共和国职业教育法》规定行业组织和企事业组织具有实施职业教育的义务。此后,关于校企合作的政策不断出现,且形成一定规模。在中央法规司法解释中,按照效力级别分布,共有法律12篇、行政法规47篇、部门规章531篇、团体规定19篇、行业规定14篇;按照发布部门分布,全国人民代表大会共发布10篇、全国人民代表大会常务委员会共发布2篇、国务院共发布31篇、国务院各机构共发布528篇、中央其他机构共发布91篇;从法规类别来看,其中教育类共341篇,占50%以上。在地方法规规章中,按照效力级别分布,共有地方性法规22篇、地方政府规章3篇、地方规范性文件2383篇、地方工作文件4053篇、行政许可批复35篇;从发行部门来看,几乎全国所有的省市均制定了有关产教融合、校企合作的法规规章。而采取标题搜索方式,仅发现81篇地方校企合作专项法规,其中地方性法规2部、地方政府规章1部、地方规范性文件39篇、行政许可批复1篇。一系列规划、意见和决定,均对深化产教融合、校企合作做出了明确要求与部署。

(二) 校企合作政策权威性不断增强

随着国家对高素质技术技能型人才培养的重视,职业教育在国民经济社会发展中的重要地位不断凸显,产教融合、校企合作作为职业教育的基本办学

模式不断在党和国家领导人的重要讲话、国家政府工作报告、国民经济和社会发展规划、国家技能发展战略、国家财政经费预算与决算报告等重要文件中出现。2017 年出台的《意见》中更是把产教融合上升为国家教育改革和人才开发整体制度安排,把将教育先行、人才优先融入各项政策,提出制定实施经济社会发展等各类规划时要明确产教融合要求,同步规划产教融合发展政策措施、支持方式、实现途径和重大项目。随后出台的《办法》也明确要求“地方人民政府有关部门在制定产业发展规划、产业激励政策、脱贫攻坚规划时,应当将促进企业参与校企合作、培养技术技能型人才作为重要内容,加强指导、支持和服务”。而同时出台的《关于提高技术工人待遇的意见》则从社会保障方面为产教融合、校企合作提供了很好的条件。此外,产教融合、校企合作在金融、税收、资金等方面均获得了政策支持。如《意见》中涉及投资、财税、用地、金融和试点等内容,进一步完善了产教融合、校企合作政策体系,形成了协同支持的激励保障机制。

（三）政策制定主体的多元化特征逐渐形成

随着职业教育在国家经济社会发展战略领域受到高度重视,国家层面关于产教融合、校企合作各项制度文件的出台,国家相关业务部门也逐渐重视并积极参与校企合作。配套国家、教育部制度文件的相关政策文件陆续出台,各部委在教育部的联合下出台了一系列规章制度。教育部、人力资源和社会保障部、财政部、国家发展和改革委员会、农业部、国家旅游局、交通运输部等部委单独或联合发布系列配套政策。2016 年,有研究者以《中华人民共和国职业教育法》颁布时间为起点,把校企合作发展划分为起步阶段(1996—2001年)、快速发展阶段(2002—2009 年)、内涵建设阶段(2010—2015 年),并对三个阶段的校企合作政策文本进行统计分析。分析结果表明,截至 2015 年,国家相关部门共联合发布校企合作相关文件 62 份,其中,起步阶段 3 份,快速发展阶段 33 份,内涵建设阶段 26 份。“联合发文”中财政部是参与合作最多的部门,共与教育部联合出台了 24 份文件。① 可见,校企合作逐渐受到政府部门的重视,校企合作政策制定主体多元化特征逐渐形成。

① 马晓恒.高等职业教育校企合作政策文本分析[D].天津:天津大学,2016:41－42.

二、我国职业教育校企合作政策有效落实面临的新挑战

随着职业教育在国民经济社会中的作用不断凸显、地位不断上升,产教融合、校企合作相关政策的权威性、联动性、操作性不断增强。然而,职业教育的职业性、区域性、行业性等特征决定了产教融合、校企合作必然是一种跨界的融合与合作,决定了相关政策的系统性和复杂性。

(一) 体系外的相关配套政策还需完善

推进校企合作是一项复杂的系统工程,不仅有赖于教育部门和职业院校的积极性,更有赖于企业行业的积极性,一些重大政策问题还涉及财政、税务和企业管理等综合部门。[①] 经过多年的发展,我国校企合作政策体系得到很大的改善,但仍有不足之处。一方面,从政策制定主体来看,虽然多部门联合发文比例不断上升,但政策制定主体仍为教育部门,相关政策多为教育体系内的部门规章,体系外的相关政策仍未配套,由财政、税务、产业等部门出台的相关政策(特别是实施细则)依然少见;另一方面,校企合作政策制定缺乏对主体诉求的分析,特别是对企业诉求的分析。从政策科学的视角看,问题、制度、主体构成政策过程分析的三个核心要素,但在政策的实际制定过程中,人们往往受单一的问题导向政策制定范式影响,忽视对主体的分析。校企合作是学校与企业的双向互动行为,缺少任何一方都无法完成。因此,有关政策的制定与落实必然要同时考虑两个主体的诉求。只有合理兼顾双方的利益诉求,才能提高政策的效度、可执行性。

(二) 校企合作的法制化建设仍显薄弱

近年来,国家高度重视职业教育校企合作的制度和机制建设,各地不断探索实践,校企合作取得了显著成就,但国家和地方职业教育校企合作法制化建设仍然十分薄弱,影响行业企业深度参与职业教育。首先,保护企业参与或举办职业教育权益的经济领域的法律尚有欠缺。法律是对长期行为准则的规定,具有高度的规范性。虽然国家各项规划、决定、意见等政府文件不断强调企业举办职业教育的主体作用,但这些文件从效力级别来看,主要为部门规章。根据我国《行政诉讼法》相关规定,国务院部门规章只作为人民法院审理

---

① 王继平.校企合作是职业教育发展的战略引擎[N].中国教育报,2010-4-3(3).

行政案件的参照来使用。此外,作为市场经济活动的主体,企业的经济行为主要受制于经济领域的法律法规。而我国目前的经济法基本没有涉及产教融合、校企合作相关内容,企业举办或参与职业教育的行为难以约束或激励。其次,相关法律、条文缺乏一致性。例如,虽然《财政部、国家税务总局关于企业支付学生学习报酬有关所得税政策问题的通知》(财税〔2006〕107号)和《国家税务总局关于印发〈企业支付实习生报酬税前扣除管理办法〉的通知》(国税发〔2007〕42号)制定了企业支付实习生报酬税前扣除办法,但《中华人民共和国企业所得税法实施条例》(中华人民共和国国务院令第512号)并没有相关规定。《中华人民共和国公司法》规定,公司应当采用多种形式,加强公司职工的职业教育和岗位培训,提高职工素质,然而对于履行此规定的行为并没有相应的制约条款。

（三）具体化可操作的实施细则亟待出台

梳理分析我国现有的产教融合、校企合作政策,可以发现,这些政策多从宏观层面提出指导性意见,少有可操作的实施细则,这在很大程度上导致了政策执行的模糊和效率低下。首先,国家层面的相关实施细则尚未出台。近年来,随着校企合作政策研究的不断深入,关于集团化办学、现代学徒制、教师企业实践、学生实习等方面的具体实施细则相继出台。然而,这些细则多出自教育部门,从职业院校如何开展校企合作的角度做出相应规定,缺乏企业依法履行或享受相关权益的实施细则。例如,许多文件都提出企业参与或举办职业教育可以享受税收减免政策,然而税收减免的标准是什么、如何计算、减免程序如何等细则迟迟未见。《意见》提出的购买服务、企业信用记录、金融支持等创新举措,也需要相应的实施细则予以配套,才能让地方税务、财政等部门在执行国家政策时有章可循。《国务院关于加快发展现代职业教育的决定》(国发〔2014〕19号)、《教育部等六部门关于印发〈现代职业教育体系建设规划(2014—2020年)〉的通知》(教发〔2014〕6号)、《教育部等六部门关于印发〈职业学校校企合作促进办法〉的通知》(教职成〔2018〕1号)等都明确提出把国有大中型企业支持职业教育列入企业履行社会责任考核内容,但如何考核、考核结果如何应用并没有具体的实施细则可以参照执行。其次,各级地方政府部门缺少有针对性的实施细则。政策具有长期性、阶段性、整体性的特点,其贯彻落实必须符合本地区的实际。在实际执行国家政策的过程中,地方政府或相关职能部门有时会照搬上级政策、照抄上级文件、生搬硬套其他地方或部门的实施经验,缺乏对地方实际情况的调查研究与分析,导致政策与现实严重脱节,影响政策的执行效果。

（四）政策的监督与评估体系尚未建立

一个完整的公共政策过程包括政策制定、政策执行、政策评估、政策终结、政策监督五方面。政策执行是一项复杂的社会实践活动,在政策实施过程中,政策执行的有效性常常会受到某些因素的影响,甚至出现执行活动偏离政策目标(即政策失真)现象,因而必须进行有效监督与评估。梳理我国现有的职业教育校企合作政策,发现校企合作的监督与评估机制较少,加之校企合作涉及教育、经济、生产等多个行业系统,体制的问题远远超出了教育所辖的范围,使得监督与评估校企合作政策更显艰难,导致校企合作缺少协调与监督。首先,缺乏对校企合作政策效度的评估。在校企合作政策推出过程中缺乏对政策本身及其执行情况、执行效果的评估,这在一定程度上影响了政策的合理性和有效性。其次,没有专门的监督与评估机构。政策执行的本质是对资源和利益的重新分配,任何一项政策的执行都是一个充满着不断交易、谈判和政治互动的利益博弈过程。[①] 因此,有必要成立一个独立于各政府部门之外的第三方监督与评估机构,对政策的执行予以监督和评价。

---

① 邓旭.教育政策执行的制度分析框架[J].现代教育管理,2010(7):36-39.

第五章

行业高职院校
校企合作机制的实证研究

本章选取了五种具有代表性的行业高职院校校企合作模式,借助典型案例,对其内涵、特点、所应具备的条件和应关注的问题进行剖析,找到了影响校企合作的主要因素。

通过问卷调查和实地考察结果分析,我们找到了几种比较具有行业特色且取得一定成效的校企合作模式,包括基于产业园的校企合作模式、校企共建技术研发中心模式、集团公司主导的双师团队共建模式、校企共建二级学院模式、校企共建学生工作室模式。这五种模式各有特色,也各有不足,相比之下前三种模式具有明显的行业特征和优势。但无论何种模式,在机制上大致都要考虑以下几点:(1)明确合作要素及其责、权、利;(2)分析合作各方的利益冲突,寻找解决之道,协调各方利益;(3)构建完善的管理与运行制度,确保合作项目的实施成效;(4)加强校企之间的信息沟通,及时了解合作需求,达成合作协议;(5)加强高职院校自身能力建设,奠定坚实的校企合作基础;(6)充分挖掘院校主管部门的优势资源,寻找校企合作的便捷路径。

第一节　基于产业园的校企合作模式

一、基本内涵

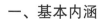

(一)概念界定

基于产业园的校企合作模式是指高职院校在学院教学用地上建设与学院主体专业相符的产业园,经地方政府批准后以优惠政策吸引与学院专业对口的企业入驻园区,成为高职院校的校企合作平台,在此平台上,校企合作共同培养人才,实现融研发、生产、教学、实训、服务为一体的校企合作办学模式。从形式上来讲,这是一种政、行、企、校四方合作的办学模式。政府主要承担政策引导和资金支持等职责;行业主管部门主要发挥牵线搭桥、政策支持的桥梁作用;高职院校和企业作为实施主体,承担合作办学、合作育人的具体任务。

（二）优势

1. 降低校企合作交易成本

产业园是一种特殊的社会组织形式，是在某一固定地域上由一些产业结构相近、产品类似的经济组织组成的社区，所有经济组织以盈利为最终目的，实行自主经营、独立核算，并通过共同的管理事宜来获取更大的环境效益、经济效益和社会效益。产业园建在高职院校内，可以拉近高职院校与企业的关系，促进校企之间的非正式交流。由此形成的信任可部分抵消纯粹市场关系中的机会主义和未来不确定性，减少风险。此外，产业园中的人际关系及形成的社会网络是有效的信息传输网络，不仅可以降低校企双方交易成本，还可以弥补企业或高职院校与区域外单位交易过程中产生的高交易成本，实现总体成本的降低。对行业高职院校来说，产业园中的企业可为学校提供真实的生产性实训基地和充足的企业兼职教师，降低学校的办学成本，同时改善学校的实习实训条件和师资条件等。对企业来说，可随时获得高职院校的智力资源，解决技术难题，同时还可优先获得高质量的人才，从而提高生产力和竞争力。

2. 使高职院校在校企合作中由被动变主动

我国高职院校在校企合作中，长期处于被动地位。基于产业园的校企合作模式，通过优惠的政策条件激发企业入驻产业园的兴趣和愿望，使得高职院校在校企合作上占有一定的优势，从而可以向企业提出相应的入驻条件，如参与学校专业建设和课程开发、接受学校学生实习和教师实践、提供企业兼职教师、接受教师参与技术研发，使得原本被动的合作变为主动的合作。

3. 便于校企合作的有效开展

在现实中，学校与企业的物理距离是影响校企合作的因素之一。随着城镇化建设的推进以及高职教育规模的扩张，我国大部分高职院校因校园扩建等需要逐渐迁移至偏远区域，与生产基地的距离拉远，交通不便给学校开展校企合作带来一定的阻碍，如较难聘请企业兼职人员、学生实习期间在企业和学校之间往返不便、学校与企业的信息沟通受到影响。在调研中，有不少学校都提到类似的问题。为解决学生在企业实习的交通问题，有些学校不得不租用社会车辆接送，无形中增加了院校的办学成本、管理成本和安全风险责任。

这一现实因素会影响校企合作的实施成效。特别是在一些企业员工收入水平远高于高职院校教师收入水平的行业，在经济利益不具有足够吸引力的情况下,交通的不便可能会导致合作的失败。基于产业园的校企合作模式通过把产业园设在学院内,拉近了学院与企业的物理距离,使得人力和物力资源更为集中,有利于教学与生产、教学与实习、教学与技术研发的交替式开展。正如有研究者所说的那样,虽然我们生活在数字时代,但距离近还是有好处的,面对面的沟通是重要的,产业人员来大学也方便。[①]

4. 便于学生企业实习管理

学生企业实习管理是我国高职院校校企合作中的一大难题。学生企业实习监管不力、学生被当作廉价劳动力使用、学生实习岗位与所学专业不对口、学生实习岗位技术含量不高等问题经常困扰高职院校。基于产业园的校企合作模式在地域范围上有着较为优越的条件,可以确保院校与企业进行实时沟通、交流。学校可以非常便利地了解学生企业实习情况,及时发现并解决问题,从而保证学生企业实习质量,使学生真正学到企业岗位所需的专业技能,提升技术应用能力。

(三)需要满足的条件

1. 地方政府要大力支持。在高职院校内建立产业园,地方政府的支持是必不可少的。这种支持主要体现在产业园的审批、产业园优惠政策的给予、产业园启动资金的支持等方面。可以说,没有地方政府的支持,产业园很难建立。

2. 产业园的产业发展方向应符合当地经济发展和支柱产业发展的需要。产业园的申报要想得到地方政府的批准,必须要让地方政府看到它将为地方经济发展带来的利益,这种利益一定要有利于地方主导产业的发展。

3. 产业园要有相应的优惠政策来吸引企业特别是知名企业入驻。企业是一种营利性的经济组织,力图用最小的成本获取最大的收益。因此,要想吸引企业入驻产业园,必须有相应的优惠政策,如地方税收留存返还、厂房租金减免。

4. 入驻产业园的企业必须与院校签订校企合作协议,与院校共同建设专业和开发课程、建设师资队伍、建设实训实习基地、培养人才等。只有这样,才能真正实现"引企入园"的根本目的——培养学生。

① 罗焰,黎明.地方院校产学研合作模式及运行机制研究[M].成都:四川出版集团巴蜀书社,2009:6.

5. 入驻产业园的企业必须是与院校的主体专业相符、具有一定经济实力并有发展前景的企业。院校建立产业园的根本目的是用企业资源补充学校教育资源的不足,共同培养技术技能型人才。因此,引进的企业必须与院校主体专业同属一个行业,符合院校主体专业的建设需要。此外,教育具有长效性和滞后性等特点,旨在实现学生的可持续发展,但同时它对经济社会的作用又是滞后的。因此,入驻产业园的企业必须在行业中处于领先地位,如技术水平先进、产品市场占有率高,这样才能确保学生在实习岗位上学到较为先进或主流的行业技术本领。

二、典型案例[①]

通过问卷调查、走访调研等途径,我们选取了常州信息职业技术学院(以下简称常信院)的"引企入园"模式来进行案例剖析。该模式是一种典型的基于产业园的政、行、企、校四方合作模式,具有非常鲜明的行业办学特征。其校企合作成果"'信息产业园'校企合作办学平台建设的探索与实践"获 2011 年江苏省高等教育教学成果特等奖。

(一) 产生背景

常信院是国家示范性高等职业院校。该校成立于 1962 年,现隶属于江苏省工业和信息化厅,前身为爱国实业家刘国钧先生资助创建的勤业机电学校,后更名为常州无线电工业学校,改由常州市工业局主管。1970 年,常州市"七二一"无线电工人学校成立,此后变更为常州市无线电工业局工人大学、常州市无线电工业局职工大学。1980 年,学校划归江苏省电子厅,更名为常州无线电工业学校。2000 年 10 月,经江苏省人民政府批准,常州无线电工业学校和常州市电子职工大学合并组建成立常州信息职业技术学院。2003 年,常信院被教育部确立为国家示范性软件职业技术学院;2004 年,常信院以优秀的成绩通过教育部高职高专人才培养工作水平评估;2005 年,常信院荣获全国职业教育先进单位;2006 年,常信院被确立为省级示范性高职院校重点建设单位;2007 至 2009 年,常信院被教育部、财政部确立为国家示范性高等职业院校建设单位;2010 年,常信院顺利通过新一轮高职院校人才培养工作评估。

① 本案例及运行机制分析资料由常州信息职业技术学院提供。为保持案例采集时的原貌,本书未对后来发生变化的信息进行更新。

常信院十分重视与企业的合作交流,形成了"校企互动、合作双赢、共荣共生"的校企合作理念。在借鉴学习国内外校企合作经验的基础上,常信院认为要想走出人才培养的特色之路,必须打破以往单一的办学模式,构建有利于人才质量提升的多元化办学模式。2008年,"打造'信息产业园',创新办学模式"的理念应运而生。

常州信息产业园位于常州科教城,是在江苏省工业和信息化厅的主导下,由江苏省常州市武进区人民政府、武进国家高新区管委会与常州信息学院、津通国际工业园联合打造的融招商、研发、生产、教学、实训和服务为一体的校企合作综合产业园区。园区采用"官助民营、市场化运作"的管理方式,遵循"市场化机制、企业化运作"的原则,拥有公共技术支撑平台、中小企业公共服务平台、人才培养服务平台、企业协作平台、知识产权保护平台、融资保障平台等六大公共服务平台。

自成立以来,信息产业园顺应企业需求和产业调整需要,注重软件和信息服务产业、创意产业和新兴信息产业,大力发展信息家电、嵌入式软件和服务外包,引进业内知名软件企业,为常信院提供了广阔的校企合作平台。园区先后被授予"江苏省软件和信息服务产业园""江苏省信息化和工业化融合服务产业示范园""江苏省电子与服务外包产业基地"等荣誉称号。2015年1月,园区成功申报了国家火炬计划软件产业基地——国家软件园。常信院也被确立为"国家劳动和社会保障部、信息产业部电子信息产业高技能人才培养基地""常州信息职业技术学院武进高新技术产业开发区人才培养培训基地""江苏软件园人才培养培训基地""西门子自动化联合实验室"等。

（二）校企合作成效

信息产业园的建设不仅推动了常信院办学模式、人才培养模式、校企合作体制机制的改革,也进一步优化完善了地区信息产业发展环境,引导社会资源向信息产业集聚,对于推动武进区加快新型工业化步伐、推动整个常州地区经济社会又好又快发展具有重要作用。

1. 创新了校企合作办学模式

信息产业园建设的根本出发点是培养符合行业企业需要的高级技术技能型人才。借助信息产业园这一平台,把企业引入常信院,为常信院建设生产性实训基地、组织学生企业实习、组织教师企业实践等创造了非常便利的条件，创新了"合作办学、合作育人、合作就业、合作发展"的校企合作办学模式。

2. 创新了工学结合育人模式

依托信息产业园，常信院构建了"工学交替、两轮顶岗""职业情境、项目主导""产品导向、项目递进""行业订单、项目递进、三证结合""分层递进、工学交替""分布式工学交替"等人才培养模式，软件技术专业人才培养基地被评为江苏省人才培养创新实验基地。常信院还与信息产业园入驻企业合作，按照"职业、系统、开放"双核课程体系，共同开发了十多部校本教材，开发了30多个项目教学案例。

3. 扩大了工学结合专业覆盖面

截至 2017 年，信息产业园先后入驻企业 54 家，校企共建了十余个生产性实训基地，可一次性提供 1000 多个"工学交替"实习岗位，每年可提供近万个学时的企业实习，覆盖常信院多数专业的生产性实训教学，形成了"工学交替"教学的有利条件。

4. 推进了双师素质教师队伍建设

信息产业园成为企业访问工程师的摇篮。常信院安排教师轮流到信息产业园企业当访问工程师，教师结合生产性实训教学任务，到企业实践，成为企业的技术顾问或兼职技术骨干，丰富专业知识，积累工程实践，同时为企业解决技术问题，共同参与技术研究，双师素质得到提高。

信息产业园成为学校兼职教师的人才库。入园企业派出企业工程技术人员参与常信院的专业设置和专业建设，制订教学计划，明确课程定位、教学内容、课程标准，组织生产性实训教学，成为常信院兼职教师库成员和"双栖型"工程师。

5. 提升了学院服务企业和区域经济的能力

信息产业园作为校企合作开放的综合平台，在常信院的社会服务中发挥着重要作用，构建了以企业为主的产学研合作联盟。它一方面有效整合了园区内科技创新资源，帮助企业进行技术创新，提升了企业的技术创新能力；另一方面有效解决了学校教师团队难以整合到横向课题的问题。截至 2017 年，信息产业园搭建的六大公共服务平台为常武地区服务企业 300 多家、成功申报高新技术企业 25 家，获得软件著作权 105 项，开发软件产品 67 个。

综上所述,基于产业园的校企合作模式促进了政、行、企、校四方的共同发展。对政府来说,产业园进一步优化了区域经济和产业发展环境,引导社会资源向本地区集聚,在更高层次上实现了产业结构调整和经济社会转型升级;对学校来说,政府为学院搭建了校企合作平台,推动了办学模式、人才培养模式、校企合作体制机制的改革;对企业来说,入驻产业园,既可以享受园区的优惠政策和优质服务,又可以与院校优势互补,增强核心竞争力。

三、运作机制

基于产业园的校企合作模式是一种政、行、企、校四方合作培养人才的模式,运行机制主要有四种。

(一) 政、行、企、校四方联动机制

地方政府、行业主管部门、企业、行业高职院校四方合作,共同打造产业园,构建校企合作平台,共同培养人才。政、行、企、校四方联动机制见图5-1。

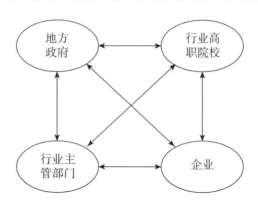

图5-1 政、行、企、校四方联动机制

1. 地方政府的职责

地方政府的职责包括组织协调、政策保障、平台建设、评估监督等。地方政府要通过制度、政策、资金等扶持,帮助高职院校建设产业园,搭建校企合作平台。在上述案例中,地方政府的几大职责得到了充分体现。

(1) 常州市政府在战略上高度重视高职教育,把发展高等职业教育作为推动地方经济和社会发展的一项重要战略措施。地方政府的高度重视,使高职教育有了较高的社会地位,从而引发社会、行业、企业对高职教育的关注和兴趣,为行业高职院校开展校企合作创设了较好的环境。

（2）提供制度保障。如把信息产业园列入江苏省"两化融合"试验区进行建设规划,同时作为常武地区"两化融合"核心区进行建设;信息产业园可享受常州市政府出台的《常州科教城"金凤凰高层次人才引进计划"实施细则（2020年修订）》中的福利,吸引了大批高层次人才到院校来兼职、任课;常州市教育局等八部门联合出台《关于加强职业教育校企合作办学的指导意见》,明确了校企合作的内容和方式等。

（3）通过财税用地、金融支持等给予政策支持。一是提供项目专项资金。建立市、区两级政府联动扶持机制,武进区政府出资6000万元,支持信息产业园建设。二是制定各项优惠政策。例如,设立财税奖励资金,地税部门每年把入驻园区企业所缴纳的税金地方留成部分按50%的比例返还给科教城,科教城管委会联合相关部门对入驻园区的校企合作企业和个人进行评审、奖励,每年奖励资金达100万元;设立产业引导资金,把促进科技创新、企业转型升级等市级产业发展资金扶持的范围扩大到园区高校,对生产性实训基地、产教合作平台、研发试验平台、科研项目等实行奖励资助,年均资助3000万元以上;设立人才补贴资金,常州市政府每年提供1000万元的"金凤凰"资金,用于补贴园区科研院所、高科技企业高层次人才,吸引高层次人才到园区高校兼职、任课。

2. 行业主管部门的职责

行业主管部门的职责主要是利用自身的资源优势,为校企合作牵线搭桥,为直属院校提供企业资源,同时给予一定的政策保障。

作为常信院的主管部门,江苏省工业和信息化厅利用其企业资源优势,举办全省范围内相关企业与学院的教产对接会,组织企业来校参观洽谈,为对口企业进园牵线搭桥,保证入园企业质量,同时给予政策支持,把信息产业园列入江苏省"两化融合"试验区、江苏省软件和信息服务产业园,入驻产业园的企业可享受省级高科技园区的若干优惠政策。

3. 企业的职责

企业入驻园区享有租金减免、税收优惠等政策,同时有义务与学院开展校企合作。（1）入驻企业可租用园区标准厂房,进行产品研发、测试、加工生产,在厂房租用、税收等方面享受减免政策。（2）按照校企合作协议,入驻企业作为学校生产性实训基地,开展工学交替实训教学,安排教师实践锻炼、学生顶岗实习相关事宜,安排技术人员充当院校的兼职教师。

4. 行业高职院校的职责

行业高职院校在校企合作中发挥主导作用,负责产业园的管理,负责校企合作的实施、监督与管理,并享有一定的权利。(1)可成立资产经营公司,作为产业园的投资方,参与控股管理,联合相关企业对园区的基础建设、环境规划、招商引资、人才培养、后勤、安全等进行管理。(2)校内成立专门机构承担园区内的校企合作工作,如高职院校与区内企业的沟通、监督和指导校企合作工作等。在权利上,行业高职院校可以利用企业的优势资源开展学生企业实习和教师企业实践,引进企业兼职教师,与企业共建专业、共同开发技术等。

(二)"官助民营、市场化运作"机制

"官助民营、市场化运作"机制是指由政府资助建设,采用市场化运作、企业化经营方式管理产业园。信息产业园校企合作管理体系见图5-2。

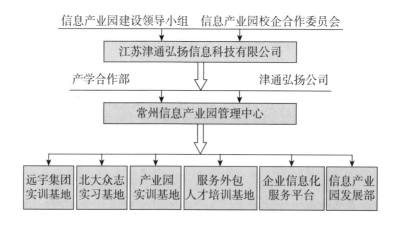

图5-2 信息产业园校企合作管理体系

1. 政府扶持

政府通过政策支持、规划设计、资金资助、引入外商、综合协调,宏观指导园区服务体系建设,发挥重要扶持作用,为信息产业园营造投资、创业、发展的良好环境。例如,常信院与武进区政府联合成立了信息产业园建设领导小组,加强对园区建设的领导。

2. 市场化动作

高职院校可成立资产经营公司,作为产业园开发经营与管理的主体,负责整个园区的基础建设、环境规划、招商引资、人才培训、产业服务以及配套管理服务,完成政府提出的产业发展与招商等目标要求。例如,常信院与江苏津通集团、弘扬集团控股有限公司共同组建江苏津通弘扬信息科技有限公司管理信息产业园。

3. 企业化经营

信息产业园成立了由政府、行业、企业、学校的专家组成的校企合作委员会,学院职能部门产学合作部在校企合作委员会指导下开展学院各系(院)与信息产业园的沟通联系工作,对信息产业园的校企合作实施与运行工作进行监督、指导、检查。

(三) 校企合作激励机制

1. 专项资金支持

为了推进常武地区"两化融合"核心区建设,信息产业园享受市、区两级政府出台的《武进"两化融合"试验区重大公共技术平台实施细则》相关政策,连续三年享受专项资金扶持,并根据企业年销售收入,按照相应比例给予资助。

2. 租金和税收减免政策

常州市制定《入驻常州信息产业园若干优惠政策意见》等,对入园企业的开发和办公用房房租按注册资本给予一定优惠,具体为第一年房租全免,第二年、第三年房租减半。园区内企业缴纳的营业税、企业所得税、个人所得税形成的区级财政留成部分,三年内全额用于园区建设和扶持信息产业发展。

3. 人才引进激励政策

常州市、武进区两级政府制定激励政策,对高新技术企业高管、主要研发人员、主要技术骨干、学科带头人以及作出一定贡献得到市场和社会认可的特殊人才,给予个人所得税地方留成部分全免,期限为五年,从而吸引优秀人员入驻园区,为校企合作创造优质资源。

(四) 规范的校企合作管理机制

1. 规范入驻产业园企业的条件

为加强信息产业园企业引进工作,加快信息产业园的建设进程,常信院制定了《信息产业园企业引进实施管理办法》,从企业资质、企业类型等方面规范了入驻企业的条件。入驻企业要为常信院学生工学结合、顶岗实习、毕业生就业提供有力支持,为专业教师参与企业项目合作、工程锻炼创造条件,主动提供兼职教师参与院校人才培养。企业入园具有严格的申报和资格审批程序。

2. 签订校企合作框架协议规范职责

由江苏津通弘扬信息科技有限公司作为乙方与甲方常信院签订校企合作框架协议。江苏津通弘扬信息科技有限公司与入驻企业签订校企合作协议，产学合作部组织二级系(院)与企业合作开展工学结合工作。

3. 制定校企合作各项规章制度

制定《信息产业园引进企业合作项目暂行办法》《信息产业园校企共建校外生产性实训基地管理条例》《信息产业园学生校企合作顶岗实习管理条例(试行)》《信息产业园工学交替实施方案(试行)》等,通过制度规范合作行为。

四、经验分析

常信院信息产业园以"政、行、企、校四方联动,教、产、学、研立体推进"建设理念为指导,采用"官助民营、市场化运作"机制,依托政府的政策与资金支持、行业的项目资助与优惠政策、企业的设备与技术支援,搭建学生实习的场所、教师科研的基地和校企合作的平台,较好地解决了高职工学结合人才培养模式改革方面的难题。该模式成功的关键在于以下几点。

(一) 院校自身能力强

1. 学院领导班子的办学理念先进

在常信院建立和实施"引企入园"校企合作模式过程中,江苏省、常州市、武进区三级政府给予了政策和资金支持,这在很大程度上确保了该模式的成功。深入分析政府支持的原因,最根本的是常信院建立信息产业园的设想符合经济、产业发展的定位和需要。及时把握地方经济和产业发展动向、提出建立信息产业园的设想并将其作为学院破解校企合作难题的突破口,体现了常信院领导班子先进的办学理念、决策力和创新力。

2. 学院对高职教育办学理念的理解与把握到位

组织理论学派认为,政策能否有效执行受执行机构的主客观条件影响。主观上要看能否理解和领会政策、是否具有执行的积极性,客观上要看是否拥有足够的资源和执行力。我国政府在举办职业教育中高度重视校企合作,并将其定位为职业教育发展的必由之路。但在落实政府文件精神和要求时,容易出现"仁者见仁,智者见智"的现象。校企合作能否在院校层面有效开展,很大程度上取决于高职院校对校企合作办学理念的理解与把握是否到位。在探索实践"引企入园"校企合作模式中,常信院始终围绕人才培养这一主线来开展合作。从入园企业的选择标准、考核标准到实训基地建设、师资队伍建设等,都围绕人才培养这一根本任务。

3. 学院对企业需求的捕捉能力和主动服务意识强

找准企业的合作需求,把握好校企合作的切入点,是校企合作成功的关键。而这些又取决于高职院校对校企合作市场的洞察力、反应力以及服务态度是否主动积极。常信院相关负责人坦言:"在校企合作中,企业追求的是利益,现阶段让企业来主动找院校合作是很难的,所以只有先了解企业的需要,然后提供相应的服务,才能赢得企业的合作。"可见,高职院校的市场洞察力和主动服务意识对校企合作成功开展具有重要影响。

(二) 地方政府大力支持

1. 重视高职教育

若地方政府把高职教育发展纳入当地国民经济和社会发展规划,从经济社会发展的战略高度规划、指导、支持高职教育发展,就会为高职院校开展校企合作创设良好的环境。政府的决策与规划极大地影响着行业企业的决策和行为方式。因此,政府对高职教育的重视可以促进校企合作。常信院"引企入园"模式的成功得益于地方政府的重视。

2. 政策支持

公共政策具有管制、引导和调控等功能,可以把社会生活中复杂的、多面的、相互冲突的、漫无目的的行为,有效地纳入统一的、明确的目标,使之按既定目标有序前进。[①] 政策可以调节和控制各种利益矛盾。江苏省政府、常州市政府提供的各种优惠政策吸引了优秀企业入驻产业园,为常信院开展校企合作提供了便利的条件和丰富的资源。此外,严格的入园企业标准,又较好地规范和约束了企业的合作行为。

3. 资金支持

为推动企业入驻信息产业园,保障产业园的合作活动效果,常州市政府和武进区政府给予了大量的资金支持,如每年提供专项资金用于信息产业园建设。这一方面可以解决高职院校的办学经费困难问题;另一方面也可向社会

---

① [美]托马斯·R.戴伊.理解公共政策[M].谢明,译.北京:中国人民大学出版社,2011:2.

传递政府对校企合作的重视,引导行业、企业积极参与高职教育发展。

(三) 行业充分发挥桥梁作用

在前文的叙述中,我们可以看到江苏省工业和信息化厅作为常信院的主管部门,在信息产业园运作和企业引进等方面发挥了重要作用。在政策上,它把常州信息产业园列入江苏省"两化融合"试验区、江苏省软件和信息服务产业园,使得该产业园可以享受省级高新科技园的优惠政策待遇,从而吸引优秀企业入园。在引进企业入园上,它利用行业优势,举办全省范围内的教产对接会,组织企业来校参观洽谈,发挥了重要的桥梁作用。这是行业高职院校开展校企合作的天然优势。

(四) 与区域经济产业发展相符

武进区是常州市主要的外资集聚区,已有多家世界 500 强企业落户,电子信息产业为园区支柱产业之一。产业的发展迫切需要技术技能型人才。常信院提出建立信息产业园恰好迎合了地方经济和支柱产业发展的需要。由此,该模式得到了地方政府的大力支持。

(五) 企业的利益诉求得到满足

基于产业园的校企合作模式成功的根本在于有优秀的且有志于职业教育的企业入驻,而吸引企业入驻的重要条件便是让企业获利。常州信息产业园吸引了众多企业的入驻,很大程度上是因为地方政府给予的一系列激励措施较好地满足了企业以低成本创造利润的现实需求,如免地租、地税留存减免等,同时企业还可从常信院获取技术研发力量。

五、启示

(一) 基于产业园的校企合作模式可较好地解决现实问题

目前,我国高职院校在技术技能型人才培养中面临着许多现实问题,如学生企业实习的质量无法保证;实训基地的生产性、真实性难以实现;教师的企业实践机会少;企业兼职教师的聘请难度大;专业与课程建设中缺少对行业企业需求的了解。如案例所述,在基于产业园的校企合作模式下,企业入驻产业园需要签订校企合作协议,承担起学生企业实习以及参与院校实训基地建设、专业建设、课程建设、师资队伍建设等职责,可以较好地解决这些现实问题。

（二）基于产业园的校企合作模式对地方政府的政策依赖性较强

要想让企业承担起培养人才的义务，就得让其享受到同等的甚至更大的利益。根据成本交易理论，企业最根本的经营目的是以最低的成本获得最高的利润。因此，基于产业园的校企合作模式要想解决人才培养的问题，就必须让企业愿意进园且愿意承担培养义务。这时，地方政府的一些优惠政策就显得非常重要。

（三）影响校企合作的因素是多方面的

从常信院的案例中，我们发现影响校企合作的因素主要有行业高职院校、企业、地方政府、行业主管部门。具体来说，又包括以下几点：(1)院校领导层的办学理念、战略决策能力和创新能力；(2)院校管理层的决策执行力；(3)院校的主动服务意识；(4)专业设置与区域经济发展的吻合度；(5)企业的利益满足；(6)地方政府对高职教育的重视程度；(7)地方政府的政策支持；(8)地方政府的资金支持；(9)行业主管部门的政策支持、资源支持和平台搭建等。

第二节　校企共建工程技术研究中心模式

一、基本内涵

（一）概念界定

工程技术研究中心是大型企业和企业集团开展关键技术和新一代产品研究开发活动的专门机构，是企业技术创新体系的重要组成部分。与企业原来的研究所和设计所不同的是，工程技术研究中心不仅关注研究成果，还关注成果的转化和经济效益，注重内外结合、产学研联合、跨部门组织课题。工程技术研究中心追求的目标和组织实施方式为高职院校开拓与企业共建技术研究中心的校企合作模式创造了很好的条件。自1991年我国提出"企业集团应建立自己的科研中心或技术中心"要求以来，越来越多的企业建立了自己的技术中心，有些已得到政府部门的认定。根据认定单位的级别，技术中心可分为国家级工程技术研究中心、省级工程技术研究中心和地市级工程技术研究中心。

校企共建工程技术研究中心模式从本质上讲是一种产学研合作模式，是一种可持续发展的校企合作模式，属于高职教育校企合作的高级阶段模式。

如果说一个采取合作策略的个体与另一个采取合作策略的个体相遇即可实现合作,那么长期的相互关系则是合作策略胜出的必要条件。科学技术是第一生产力,技术创新是企业发展的原动力。新时代的企业尤为注重技术创新、技术改造。高职院校与企业共建工程技术研究中心,可以为企业提供技术创新智力资源,满足企业的长远发展需要。在该模式下,行业高职院校依托技术研究中心,开展集教学、研发、生产于一体的人才培养,培养学生的技术应用能力和创新能力等综合职业素质,企业通过与院校合作获得创新技术与应用收益。

一般认为,在高等学校建立工程技术研究中心是从美国开始的。1984年,美国国家科学基金会提出建立25个工程研究中心的计划,于1985年开始实施。我国工程技术研究中心建设始于1993年。截至2016年底,共建成国家工程中心347个、分中心13个,合计360个。按第一依托单位性质划分,依托企业建设的189个,占工程中心总数的52.5%,其中,依托中央企业建设的76个,依托地方国企建设的42个,依托民营企业建设的60个,依托合资企业建设的11个;依托公益类单位建设的171个,占工程中心总数的47.5%,其中,依托高校建设的97个,依托科研院所建设的74个。可见在我国,校企共建工程技术研究中心模式在普通高等院校已较为普遍,但在高职院校尚处于起步阶段。这种模式将进一步提升高职教育在经济社会发展中的价值,改变人们对高职教育的传统认识。

(二) 优势

1. 有利于高职院校了解技术发展需求

与独立的科研院所和高校相比,企业技术中心具有市场信息丰富、技术人才齐全、熟悉生产全过程等特点。高职院校依托工程技术研究中心,一方面可以了解社会、行业的需求,以适时调整学校的办学思路、培养目标、专业设置和课程内容,培养适应市场需求变化的高素质技术技能型人才;另一方面可以在科研攻关和社会服务中锻炼双师队伍。专任教师可通过与合作企业的技术人员共同进行科研攻关,加速向集教学、科研、管理、生产经营实践于一体的综合型人才转变;院校也可较为方便地找到企业技术人员来校上课。这样的师资队伍能够把市场上的新技术、新工艺、新材料带进课堂,丰富教学内容,提高教学质量。

2. 有利于企业技术合作创新

从企业管理的角度讲,技术合作创新的优势主要体现在交易成本的降低和资源利用效率的提高上,通过与院校的合作,可以共担研发成本、分散风险,获得更好的研发规模优势,增长企业财富。

3. 有利于提升高职院校的社会地位和行业地位

高职院校同时具备高等性和职业性两大特征,其与中等职业院校的本质区别就在于高等性。这种高等性不仅体现在培养的人才属于高素质技术技能型人才,还体现在高职院校的研究性。作为高等教育的一种,高职院校需要承担科学研究的重大任务,而科学研究也是高职院校确立自身社会地位的重要手段。一所院校能否在行业中占据一席之地、获得一定的话语权,很大程度上取决于该校在本行业领域的学术水平。所以,产学研合作是提升高职院校社会地位和行业地位的重要途径。当然,高职院校搞科研不能照搬本科院校,尤其是研究型大学的模式,一定要从职业教育的特点和规律出发,从社会和市场需求出发,否则就只能永远跟在别人后面。

4. 有利于高职院校有效整合利用资源

工程技术研究中心的研发项目往往是跨学科的合作项目,包括项目开拓、项目研制、成果推广、售后服务等环节,需要整合各方资源,互为补充,发挥1+1>2的整体效应。借助研发项目,高职院校能够逐渐打破专业、院系、教师的界限,实现不同院系、不同项目、不同师生有机结合的无界化管理,促进教学资源的充分利用和共享,培养师生的团队合作精神,促进学校内部管理机制的创新等,进而提高院校的综合实力。

5. 有利于培养学生的创新精神和综合职业素质

在人才培养上,科学研究是"源",教学是"流"。教学中的知识与技能源于科技与社会活动,教师只有在创造性的科学研究中取得成果,才能给学生提供知识和技能。首先,教师参与技术研发可以及时掌握新技术、新工艺、新知识,革新教学内容,推动教学改革,提高教学质量。其次,教师带领学生共同参与技术研发,在实践过程中能够潜移默化地培养学生的创新意识和创新能力,同时让学生得到真实的行业环境熏陶,提升综合职业素质。

(三) 需要满足的条件

1. 院校主管部门的实力强

我国高职教育起步较晚,其综合实力特别是研发能力还有很大的提升空间。就高职院校目前的实力,单凭院校一己之力较难获批国家级、省市级等工程技术研发中心。例如,我国科技部对工程技术研究中心依托单位的审批条件之一就是在某一技术领域具有雄厚的科研实力,承担并出色完成了国家各项重点科技任务,在国内同行业中是公认的学术和技术权威。院校主管部门的研发实力在这时显得尤为重要。而这也恰恰为行业高职院校提供了充分发挥行业优势的机会。

2. 高职院校的科研实力强

科研实力强是行业、企业愿意与高职院校共建工程技术研究中心的首要条件。信任是合作的前提。因此,若要取信于行业、企业,高职院校就必须有足够的办学实力和水平。对一所院校来说,科研实力的核心体现是专业带头人的技术研发水平及其在行业中的社会声望与地位等。高职院校要向校企共建工程技术研究中心校企合作模式转型升级,必须加强师资队伍建设,提升教师的技术应用研究能力,注重专业带头人的引进和骨干教师的培养。

（四）需要处理好的关系

1. 教师研发与教学的关系

高职院校开展校企合作的根本目的是培养高素质技术技能型人才,无论采取何种合作模式,都应以这一根本目的为宗旨。产学研合作有利于教师了解新技术、新工艺,有利于提高教师的学术水平和研发能力,有利于提高教师的专业理论水平。因此,教师的研发过程如何与教学过程相结合、技术成果如何应用到教学中,是校企合作共建工程技术研究中心时必须考虑的问题。

2. 学生学习与研发的关系

工程中心的研发项目大多是一些高、新、尖的项目,学生参与其中将非常有利于其创新精神、创新能力、技术应用能力的培养。然而,学生能否参与、参与的深度和方式都需要思考。

3. 技术研发与技术应用的关系

技术研发成果在企业生产中的应用,即其市场价值实现是校企共建工程技术研究中心模式的关键,是产学研合作中的重要一环,也是需要认真思考的问题之一。

4. 权益分配与合作的关系

权益分配是组织合作解决的重要问题。处理不好工程中心各参与主体的关系容易产生权益分配不清的矛盾,最终导致参与方合作破裂,工程中心也无法生存下去。因此,权益分配问题关系到校企合作平台——工程技术研究中心的生存与发展。权益分配主要包含两方面：一是技术成果的归属问题，二是工程化成果产生的利润如何在各参与主体之间进行公平合理的分配。

二、典型案例①

（一）产生背景

山东商业职业技术学院（简称山东商职院）于 1999 年 3 月由山东商业职工大学、山东省商业干部学校、山东省商业学校合并升格而来，隶属于山东省商业集团有限公司（简称鲁商集团），办学历史可追溯到 1936 年的济南私立惠鲁工商职业学校。该校是中国特色高水平高职院校（A 档）建设单位、国家优质校、国家示范性高职院校中的优秀院校、全国职业教育先进单位、全国深化创新创业教育改革示范高校、全国高校实践育人创新创业基地、全国创新创业典型经验高校、全国毕业生就业典型经验高校、全国普通高等学校毕业生就业工作先进集体、国家产教融合发展工程规划项目学校，荣获"全国职业院校实习管理 50 强""全国职业院校教学管理 50 强""全国高职院校国际影响力 50 强""高等职业院校服务贡献 50 强、教学资源 50 强""2018、2019 亚太职业院校影响力 50 强""全国高职院校就业质量 50 强"等称号。该校是全省教育工作先进单位、山东省德育示范高校、山东省大众创业万众创新实践基地，入选山东省理论宣讲基地。②

鲁商集团是 1992 年底由山东省商业厅整建制转体组建而成的国有企业，拥有"银座股份""鲁商发展"两家上市公司和 4 所高校、6 个国家级研发平台、5 个院士工作站、4 个中国驰名商标，下属企业 307 家，从业人员 20 万人。③

多年来，鲁商集团坚持与职业院校协同发展的战略。2009 年，由鲁商集团申报的我国物流行业第一家国家级工程技术研究中心——国家农产品现代物流工程技术研究中心（以下简称国农工程中心）落户山东商职院，成为国内唯一一家建在高校的企业类工程技术研究中心。④ 国农工程中心为山东商职院开展产学研合作提供了非常重要的平台。

① 本案例根据相关文献资料整理而成。

② 山东商业职业技术学院概况［EB/OL］.（2021－7－17）［2021－9－13］. http://www.sict.edu.cn/xx/xxgk/2020/0717/1.html.

③ 山东省商业集团有限公司简介［EB/OL］.（2021－7－17）［2021－9－13］. http://www.lushang.com.cn/content/about.aspx.

④ 王延斌."鲁商模式"：产学研"零距离"，一个好平台、好模式、好机制［N］.科技日报，2012－11－22（3）.

（二）校企合作成效

国农工程中心是科技部批复的国家级工程中心，以提升优化生鲜农产品超市配送型和批发市场集散型两大流通模式的工程技术为导向，以果蔬、畜禽、水产三大品类为重点研究对象，主要开展冷链物流、物流信息、物流安全等技术设备的系统化、配套化、工程化研究开发，建立农产品物流行业技术支撑、成果转化和技术服务平台。国农工程中心依托鲁商集团在产业、资金和人才等方面的优势，开展农产品物流技术的研发、推广服务，承担国家863计划课题、国家"十一五"项目、黄河三角洲高效生态农业产业链科技示范工程项目、省级科研课题和项目等，吸引国内企业、科研院所参与课题研究，制定国家、行业技术标准等。

山东商职院以国农工程中心为纽带，围绕"农产品现代物流工程技术的研发、示范、推广三大任务和复合型人才培养基地"这一总体目标，创建"产学研结合、校企一体化"合作平台。它一方面整合校内市场营销、软件技术、食品生物技术、制冷与空调等相关专业教学资源；另一方面从行业、企业和科研院所引进资源，结成紧密的外部产学研联合体，实施基地对接、平台对接、成果对接三大对接工程，把企业建设成为学校的教学基地、顶岗实习基地、教师挂职锻炼基地、科技成果转化基地和就业基地。以国农工程中心为依托的校企合作关系见图5-3。与此同时，身兼教师职责的国农工程中心研究人员把在科技攻关中所接触的行业的最新发展趋势、科技成果源源不断地带入课堂，促进了教育教学的改革。

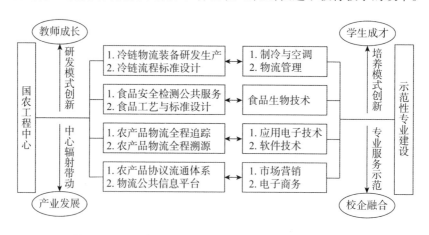

图5-3　以国农工程中心为依托的校企合作关系示意图①

①　根据山东商业职业技术学院国家示范性高职院校建设项目总结报告整理而成。

通过参与国农工程中心的研发任务,山东商职院的科研能力和社会服务能力不断提升。如山东商职院汽车与电子技术学院和企业技术研发人员联合在无线温度采集领域进行攻关,成功研发专利产品"基于 ZigBee 的无线温度采集终端",该产品已经在烟台龙大集团进行了产业化应用与推广。山东商职院机电工程学院与国农工程中心联合申报鲁台农产品冷链合作项目,进行小单元智能蓄冷箱的开发。①

三、运作机制

机制要解决的问题主要有两个:一是合作各方的责、权、利;二是运作方式。校企共建工程技术研究中心模式主要涉及院校主管部门、高职院校、企业等主体。院校主管部门的职责主要是发挥自身优势主持申报建设工程技术研究中心,提供部分建设资金和技术研发力量,与上级主管部门共同领导和管理中心的运作。高职院校主要负责技术中心的日常运行管理和项目研发,负责组建校内和校外研发团队,确保技术研发项目顺利开展,产生成果并投入应用。企业主要是提出技术研发需求,参与技术研发,提供生产条件,与高职院校和科研机构共同组成风险共担、利益共享的高技术联合体。

(一)技术中心的管理机制

工程技术研究中心由校企共同建设、共同管理。校企合作委员会可作为技术研究中心的最高管理机构,实行校企合作委员会领导下的中心主任负责制。校企合作委员会是工程技术研究中心的决策机构,委员由依托单位、高职院校和合作企业协商产生。委员会主要负责制定委员会章程;审定中心的研究开发方向、发展规划、年度计划;审定中心的经费预算、决算;聘任、考核中心主任和专家委员会成员;决策中心的有关重大事项。中心主任负责中心的日常管理工作,执行校企合作委员会的各项决策。工程技术研究中心可设立综合办公室,负责中心的日常事务管理,如档案整理、外事接待等。

(二)工程项目开发运行机制

工程技术研究中心所进行的研究以项目或课题为单位,而且往往是多个

---

① 刘红.协同发展走大型国企与职业教育互动共赢之路——"鲁商集团"职业教育办学的理念、策略及探索[J].中国职业技术教育,2011(28):61-72.

项目同时进行的,各个项目对人才、学科(或专业)、技术、设备的需求各异,运用的工作方法和程序也有所区别。同时,工程技术研究中心承担的项目往往是跨学科的工程技术研发项目,涉及多学科的专业人才。项目的学科交叉特征使得项目不仅要吸收高职院校内不同专业的人才,还要吸收企业界的工程技术人员和管理人才。这就要求工程技术研究中心随时根据情况或环境变化吸纳需要的各种人才。

工程技术研究中心的项目运行可借鉴新加坡南洋理工学院的无界化管理机制。无界化(Borderless School)是林靖东先生思考和总结各发达国家先进的管理思想与经验后创建的一种有效管理机制,它倡导学院各部门之间实现无障碍合作,充分利用集体智慧,共同完成所研发的科研项目。[①] 该机制通过临时性的专门的柔性组织,对项目进行高效率的计划、组织、指挥和控制,以实现对项目全过程的动态管理和对项目目标的综合协调与优化。

在上述案例中,山东商职院根据国农工程中心的项目研究需要,整合校内相关专业教学资源,由学院生物、机电、工商、信息和会计等二级学院交叉组成系统集成开发部、智能信息部、项目管理部、平台运营部、品控工艺部、冷链工程部、认证与检测部等团队,合理设置了校内教学院部对接工程中心的科研机构。同时,学院还联合复旦大学、中国农业大学、中国农业科学院等科研院所,建立校外产学研合作体系;利用鲁商集团所属的十余家省级科研院所和六大行业协会平台等资源,构建了内部产学研深度融合体系,满足了工程中心科研人力资源的需求。

(三) 权益分配机制

权益分配是任何合作组织或联盟首先需要解决的问题,权益分配的冲突是主要矛盾,协调分配机制是促进共同发展的关键。工程技术研究中心是一种特殊的合作组织,既是校企共建的实体形式,是校企合作最高级、最紧密的形式,也是最能产生成效、符合我国经济增长方式转变需要的校企合作形式。由于这种合作建立在实体的基础上,更加强调建立长期稳定的合作关系,来维持工程技术研究中心这个经济实体健康有序发展。为了保持这种长期的稳定性,就必须建立公平合理的权益分配方案,保证各方的利益

① 姚寿广,经贵宝.新加坡高等职业教育——以南洋理工学院为例[M].北京:高等教育出版社,2009:27.

与风险均衡。

目前,我国普通高校较为常用的解决高校产学研结合的利益分配问题的方法主要有股份合作制、股权分配制、股权激励制等。无论采用哪种方法,核心都是通过具有法律效应的契约或合作协议等来明确以下几点:合作各方应投入的人力、物力、财力等;成果的署名;技术成果应用后产生的货币收益的分配比例;知识产权的归属;合作中获得的意外奖励的分配等。如果合作各方都能从合作中受益,就能建立稳固的长期合作关系。

（四）教学与科研协调发展机制

校企共建工程技术研究中心的根本目的是培养学生,其功能应至少包括技术研发、技术成果转化和人才培养等。众所周知,我国高职院校普遍存在的问题是师资力量不足,一是师生比较低,校内专任教师承担了大量的教学工作任务,科研精力和时间投入不足;二是教师的技术开发能力还有待提高。因此,构建教学与科研协调发展机制是高职院校与行业企业共建工程技术研究中心时必须考虑的关键问题。

1. 分类设岗,科学评价

根据高职院校师资的实际情况,把教师岗位设置为教学型和科研型两类。前者以教学为主,主要由一些教学能力强但科研能力相对薄弱的教师担任;后者以科研为主,主要由科研能力较强的教师担任。两者都承担教学和科研两方面任务,只是各有侧重。其中,科研工作量可以置换一定的教学工作量,但教学工作量不能置换科研工作量。科研型教师应充分发挥其在人才培养方案制定、课程设置、教学内容改革、教学项目设计等方面的技术前沿信息指导作用。

2. 搭建平台,加强沟通

科研型教师在参与工程技术研究中心研发项目的同时,应及时把掌握的技术发展动态(工程技术研发中的涉密信息除外)反馈给同行和学生。如组织开展学术研讨会、专家报告会等,介绍前沿技术,拓宽同行的专业技术视野;开设技术前沿选修课,激发学生的学习兴趣,使他们掌握行业的最新技术;开展第二课堂活动,让部分学有余力的学生参与科研活动,使他们能够从实践中了解技术发展趋势,掌握一些基本的发现问题和解决问题的方法,促进其创新思维的形成。

（五）技术链、产业链、利益链三链共赢机制①

产学研合作中,学校、企业和工程技术研究中心三方都会进行绩效评价,企业是成本标准,学校是素质标准,科研是转化标准。要想真正实现产学研合作,关键是在项目实施中探索和寻求产、教、研结合的平衡点,使得科研成果转化为生产力,提高学生的素质,降低企业的成本,最终通过效益这个总线,实现三方共赢。由于各个组织都倾向于从自己的角度来处理问题,强调自己的重要性且要求资源倾斜,从而忽略其他组织的需求和作用,使得三方利益难以达到平衡。这种不平衡比较突出地表现在技术研发标准与专业教学标准的对接、技术成果研发与技术成果转化的对接上。

解决上述问题的重要途径之一便是加强学校、企业和工程技术研究中心的信息沟通。例如,充分利用各种工作例会交流信息,使三方充分了解工作进展情况、发展方向、工作中的阻力和困难,随时提出意见,提供相关信息,调整工作偏差;组织定期的报告会和经常性的小型学术研讨会,由中心研发人员向学校教师介绍相关技术的最新发展动态、标准和应用情况等;通过经常性走访,了解企业对技术成果转化成本和利益的诉求,提高技术成果的转化率,满足企业需求;利用各种非组织形式加强信息沟通,如在高职院校的校园网络发布研究信息、开设相关论坛,进行研讨、交流,建立线上信息传递机制,提高信息传递的速度。

四、经验分析

（一）中心的功能定位符合地方的发展定位

山东省是我国农产品生产和出口大省。由鲁商集团申报成功、坐落于山东商职院的国农工程中心旨在实现"农产品现代物流工程技术的研发、示范、推广三大任务和复合型人才培养基地"的总体目标,中心的功能定位符合山东省的发展定位,较大程度上促成了中心的落户和发展。

（二）院校主管部门在本行业中的龙头地位

国农工程中心之所以能够落户鲁商集团,除了地方优势,还有一个重要因素,即鲁商集团在山东省现代物流业中的领军地位。据介绍,鲁商集团的主业

① 李功毅,李文军,宋全政,魏海政.一所地方高职何以屡获"科研大单"[N].中国教育报,2011 -12 - 24(1).

为零售业,作为山东省零售龙头企业,物流中心是其零售业的众多业态之一。此外,鲁商集团还是山东商会会长单位,是山东省物流与采购协会、山东省商业经济研究所、山东省商业经济学会的主管单位。领先的行业地位为鲁商集团建立工程中心奠定了坚实的基础。

（三）集团公司对职业教育的重视

集团公司对职业教育的重视,促进了山东商职院的快速发展和办学实力的提升,为其承担工程中心的研发任务和日常管理任务打下了良好的基础。20 世纪 90 年代,在国有企业社会职能剥离时期,鲁商集团没有割裂职业教育,而是选择耗费大量精力,投入大量资金,整合院校资源,为所属院校谋求新的发展。如设立专门部门进行宏观管理、内部协调,为学校发展提供组织保障;利用集团调配所属单位资源的权力,为所属院校发展提供制度保障;发挥自身的资金、管理优势和社会影响力,对外协调,为学校发展创造良好的外部环境。集团公司对所属院校的重视和支持密切了行、企、校三方的合作关系,为校企合作搭建了很好的平台。

（四）学院的科技研发能力强

山东商职院的研发实力强是工程中心这一产学研合作平台落户的关键。据介绍,在研发中心落户商职院前,该校就建有由山东省科技厅批准成立的"山东省农产品物流工程技术研究中心",这为中心的落户奠定了很好的基础。商职院也曾承担"农产品冷链物流新型保鲜箱合作研发""蔬菜发酵食品的安全关键技术研究"等多项省级科技攻关项目。

（五）集团公司和学院拥有丰富的行业优势资源

工程中心自成立以来承担了众多国家级研发项目。如此重大的研发任务仅靠鲁商集团和商职院的力量是远远不够的。在运作中,中心借助挂靠在商职院的山东省商会、山东省物流与采购协会、山东省商业会计学会、山东省商业经济研究所、山东省商业经济学会等多个行业协会和科研机构的研发力量,实现技术研发。作为众多行业协会和科研机构的日常管理部门,商职院可以非常便利地整合众多的优势资源。

（六）院校领导敏锐的市场意识

作为一所行业高职院校,山东商职院的研发成果是引人注目的。究其原因,与该校的市场意识是分不开的。据介绍,该校一直崇尚围绕社会需求办学,充分发挥自身的办学优势,致力于与行业企业合作,解决实际应用难题。开放办学的理念,使得该校能够及时跟踪社会、行业、企业的需求,掌握产业、技术发展的动态,从而做出正确的判断,采取正确的行动。在回答"国内知名高校为何愿意与学院联合开展技术研发"这一问题时,学院领导指出,这些合作单位之所以积极与我校合作,看中的主要还是我校与市场的紧密关系和落地能力,院校办学最重要的是发现需求。[1] 市场需求为本,始终是鲁商模式的核心和优势。[2]

（七）找准校企合作的利益共同点

利益趋同是有效合作的保证。企业、学校和研究中心作为产学研的三类主体,各有利益诉求,在效益实现的路径上也是不同的。企业的最终目的是获得经济效益;学校的最终目的是培养符合市场需求的高质量人才;工程中心的研发成果,最终要实现工程化和产业化。但三者同处一个价值链,它们追求价值链上利益最大化的目标是相同的。由于价值链上每类主体的专长不同,合作的协同效应会给各方带来更多的利益,三者合作可以带来共赢的结果。

五、启示

（一）校企共建工程技术研究中心是大型国有企业集团直属院校的优势

工程技术研究中心是国家科技发展计划的重要组成部分,中心主要依托行业及相关领域科技实力雄厚的重点科研机构、科技型企业或高校。对大型国有企业集团主办的高职院校来说,实力雄厚、在行业中享有一定地位的企业集团,会为其赢取这一优势资源提供坚实的后盾。类似的资源优势在上海电子信息职业技术学院也得到体现。该校依托原行业主管部门,被上海市人力资源和社会保障局批准为上海市高技能人才培训基地,而该类基地只有行业、企业才有资格申报。

（二）从"研"出发开展合作是高职院校校企合作的高级阶段

注重技术研发的校企合作是具有生命力的、可持续发展的合作,也是高职院校校企合作区别于中职校的关键。科研是高校立身之本,是衡量高校综合

① 李功毅,李文军,宋全政,魏海政.一所地方高职何以屡获"科研大单"[N].中国教育报,2011 - 12 - 24(1).
② 王延斌."鲁商模式":产学研"零距离",一个好平台、好模式、好机制[N].科技日报,2012 - 11 - 22(3).

实力的重要指标之一。高职院校要想体现高等性特征,应注重科研,主动为行业、企业解决技术应用难题,同时提升教师的科研水平,确立学院在行业中的地位和发言权,从而获取更广阔的合作资源。要使校企合作深入持久,形成良性循环,职业院校必须尽快补齐科研这块短板。

(三) 院校的主体专业应符合企业经营业务发展需要

如前文所述,鲁商集团当初之所以把国家级工程技术研究中心放在山东商职院,委托商职院管理,某种程度上是因为山东商职院的很多专业资源与工程中心的研发任务相关。因此,院校的主体专业与企业经营业务相符是集团内合作的基本条件。

(四) 校企合作项目应符合当地经济社会发展的需要

校企合作离不开地方政府的政策支持。当校企合作项目恰好符合地方社会经济发展需要时,地方政府就会给予大力支持,包括政策、资金等。这就要求院校主管部门和行业高职院校具备跟踪了解当地经济社会发展趋势的能力,具备洞察社会需求的能力,具备快速应对社会、市场需求变化的能力,具备科学决策的能力。

(五) 影响校企合作的因素是多方面的

案例分析得出的校企合作影响因素主要包括院校主管部门、行业高职院校和地方政府。具体来说,又包括院校主管部门在本行业中的地位、院校主管部门的经营理念、行业高职院校自身的实力、院校领导的办学理念、专业带头人和骨干教师的水平、地方政府的经济发展需要等。院校主管部门的经营理念和行业地位会影响校企合作资源的获取。行业高职院校的办学理念和实力会影响企业的合作兴趣和合作成效。地方政府的经济发展需要影响其支持力度。

第三节　集团公司主导的双师团队共建模式

一、基本内涵

(一) 概念界定

集团公司主导的双师团队共建模式是一种在大型国有企业集团内行、企、校相互联动的模式,集团公司利用对子公司战略、人事、财务、股权、制度的控制权利,出台规章制度,主导所属企业与院校之间开展双师双向交流。可以说,该模式是一种非常具有行业高职院校特色的校企合作模式,能够有效解决我国行业高职院校师资队伍双师素质较弱、双师结构不合理的现状。

在此模式下,集团公司的主要职责是搭建校企合作平台,发挥一定的行政管理权力,把院校发展纳入集团发展规划统筹考虑,制定相关制度和政策,以年度目标任务的形式把校企合作指标下达给所属企业和职业院校,并把校企合作成效作为年度绩效考核指标之一,以督促所属企业与所属院校开展广泛合作。集团公司下属企业和院校根据集团公司下达的目标任务和自身的发展需要开展合作。

该模式带有一定的计划经济色彩,运用的是一种集团公司主导与市场需求导向相结合的机制,对政府的依赖性较小。也就是说,外部的政策环境对该模式的影响较小,合作的动力主要是集团公司、企业和学校达成共识。这也是行业高职院校在开展校企合作时独具的优势。

该模式与计划经济体制下行政命令式的校企合作的根本区别是:在计划经济体制下,校企合作是服从命令式的,主管部门下达的指标各企业无条件服从,同时企业也不用考虑经济效益,只要完成上级下达的指标即可。这种行政命令式的合作机制在当下是不可能完全照搬的。市场经济体制下,企业集团是现代企业的高级组织形式,是以一个或多个实力强大、具有投资中心功能的大型企业为核心,以若干在资产、资本、技术上有密切联系的企业、单位为外围层,以产权安排、人事控制、商务协作等为纽带的稳定的多层次经济组织。企业集团的整体权益主要通过明确的产权关系和集团内部的契约关系来维系,核心是实力雄厚的大企业,且集团内的经济实体无产权控制与被控制关系。企业集团的这种性质决定了其可以通过资源的统筹规划、政策引导、平台搭建来主导业内校企合作。但是,校企双方能否真正实现合作主要取决于双方的需求和利益是否一致。上海仪电控股(集团)公司相关负责人指出:"仪电控股新的战略发展需要信息学院的人才智力支撑,集团公司非常支持学院与子公司的合作。但在校企合作中,集团公司的主导作用不是一成不变的。如果学校不能为企业提供服务,这种合作是不会长久的。长久的合作要靠学校为企业做好服务来实现。"

集团公司主导的双师团队共建模式的组成要素主要有集团公司、集团所属企业和院校。集团公司在合作中发挥家长式的引领作用,而企业和学校的职责主要是落实集团公司的统筹规划。

(二) 优势

1. 在合作初期或启动期,集团公司能发挥较大的主导作用

企业集团包括股权式和契约式两大类型,两者的管理体制不同。目前我国主管行业高职院校的企业集团大多为股权式企业集团。这种集团借助资本对内部成员进行统一管理。集团母公司对子公司和关联公司的纵向控股和持股特性,决定了集团母公司的核心地位。一般来说,集团核心企业主要通过对成员企业的资本和人事参与来实现对集团经营业务的控制和协调。集团公司的这种核心地位给予其统一制订校企合作计划、统筹安排校企合作资源的权利。从遗传亲缘理论来说,高职院校与集团公司及子公司的亲缘关系也可在合作初期发挥重要作用。

2. 便于整合校企的合作资源

资源整合是企业战略调整的手段,也是企业经营管理的日常工作。从系统论的观点来看,资源整合就是要通过组织和协调,把企业内部彼此相关但却彼此分离的职能整合成一个系统,取得 1+1>2 的效果。对于企业集团直属的高职院校来说,一旦其办学得到所属企业集团在战略上的重视和支持,便可以非常便捷地获得集团内的企业合作资源。集团首先会在战略规划上进行资源的统筹规划,明确高职院校与产业集团或子公司的合作关系、合作职责,让集团内的资源得到协同发展,从而增强企业集团的综合竞争力。

3. 不易受到外部环境的影响

如前文所述,集团公司主导的双师团队共建模式不易受外部环境的影响。合作模式首先取决于集团公司的态度,任务和目标明确后,施予内部激励和约束政策合作便可产生。

4. 可节约校企的合作交易成本

根据交易费用理论,完全通过市场进行交易的主体由于市场机制本身存在信息不完备等情况,在寻找交易伙伴、避免相互欺骗和投机行为过程中,需要付出大量交易费用。集团公司主导的校企合作可以通过集团内部的行政组织来协调成员企业和成员学校的交易行为,可以节约市场交易成本,但其代价

是增加了企业集团内部的组织成本、成员企业和成员学校的交易成本。只有当增加的组织成本和内部交易成本之和小于或等于节约的市场交易成本时，校企之间的合作才能产生。因此，在集团公司的主导下，行业高职院校也应积极努力，让集团成员企业看到集团内的合作收益要高于集团外的合作收益，真正建立合作关系。

5. 企业集团内的校企合作各方容易沟通

情感是信息沟通的纽带。企业集团各成员单位经过若干年的共同发展，形成了天然的血缘关系。这种关系是成员相互沟通的润滑剂。一方面，集团内部的工作会议、集团简讯、网站等可以促进校企之间的信息沟通；另一方面，由于历史渊源，行业高职院校的不少教师甚至是院校领导都来自集团下属企业，与原企业单位建立了一定的感情基础，拥有较好的人际关系，可为院校与企业的合作开拓资源、提供便利。

（三）需要满足的条件

1. 集团公司领导的管理理念和人才发展理念先进

集团公司主导的双师团队共建模式首先需要得到集团公司的大力支持。集团公司的支持程度受集团公司领导的经营理念影响。

2. 院校专业设置符合企业集团主营业务的发展需要

优势互补是合作的前提条件之一。企业与高职院校合作的出发点主要包括能够从高职院校得到需要的人才、能够得到高职院校的技术支持、能够通过高职院校扩大产品或技术的市场占有率等。因此，只有当行业高职院校的专业优势符合企业集团主营业务的发展需要，才能获得支持。然而，在现有的经济形势下，企业集团特别是那些行业技术应用领域广泛的集团，难以一次性吸收高职院校的所有毕业生。因此，院校的专业主要是根据相关行业的发展需要来设置和调整。高职院校可通过开设相关专业等方式来满足企业集团的需求。

3. 集团子公司有合作发展的需求

目前我国主管行业高职院校的企业集团大多为股权式企业集团。这种集团往往通过股权控制、人事控制和财务控制等形式来参与子公司的管理，不具备完全的行政命令权利。各子公司均为独立法人组织，具有独立的经营权，自主经营，自负盈亏。在此环境中，高职院校要想与集团内部的企业合作，不仅要依靠集团公司的主导和规划，还需要想企业之所想、急企业之所急，主动为企业做好服务。

二、典型案例[①]

山东商职院在办学中得到了鲁商集团的大力支持。除了校企共建技术研究中心,鲁商集团还通过组织和制度保障,在集团内部破解了"双师型"师资缺乏的职业教育发展瓶颈问题。一是出台多项制度,规范和激励各单位参与双师团队建设。从 2006 年起,先后出台了《山东省商业集团总公司"百千人才工程"实施意见》《关于开展集团内部校企合作有关工作的通知》《关于建立所属院校教师到企业实践制度的意见》《关于进一步做好集团校企合作工作的意见》《关于进一步加强"双师型"专业教师队伍建设的实施意见》等制度和文件。二是建立"战略规划—年度计划—计划实施—考核监督"体系。在《鲁商集团 2010—2020 年教育事业发展规划》中,"双师型"师资队伍建设作为集团的重点工作,列入集团的长远发展规划。鲁商集团对学校专业教师到企业挂职、企业员工到学校授课、学校专业教师参与企业技术服务等做出了明确规定。同时加强监督和考核,在《集团直属学校工作目标责任考核办法》中,把双师素质建设、专业带头人和名师培养列为院校工作重要考核指标。

在鲁商集团的推动下,包括集团董事长、总经理在内的一大批高层管理人员和专业技术人员都受聘成为客座教授或兼职教师,为院校学生授课。2006年至 2011 年,鲁商集团共安排 10 期 200 多名教师到所属企业进行半年以上的挂职实践;安排 3 期 100 多人次集团高管和高级技术人员到校开办讲座或授课。

三、运行机制

从上述典型案例中,我们可以分析出集团公司主导的双师团队共建模式具有两个显著特征:一是集团公司主导,如搭建校企合作平台、出台相关规章制度、制定相关激励政策;二是校企双方的需求导向。在市场经济体制下,只有校企双方交融在一起,才能真正发挥集团公司的主导作用。

(一) 集团公司、集团所属企业、集团所属院校三方协同运作机制

1. 集团公司的主要职责

集团公司在双师团队共建中的主导作用主要体现在以下几方面:统筹规

[①] 案例根据相关资料整理而成。

划校企双方的合作资源,把校企双方发展纳入集团的发展规划;搭建集团内校企合作交流平台;制定集团内共建双师团队的管理办法和激励政策。

（1）集团内部的统筹规划。对集团所属高职院校来说,学院发展和校企合作计划纳入集团的发展规划是其最大的校企合作优势。如学校发展被集团公司纳入集团整体战略发展规划,集团公司明确规定校企合作是"集团工程"。集团公司的统筹规划确定了校企合作在集团发展中的地位,有效地整合了集团内资源,实现了校企的协同发展。

（2）集团内部的监督与考核机制。一是构建年度目标任务考核机制。集团公司借助其对子公司的资本和人事运作权利,把双师双向交流计划作为年度指标任务下发给所属企业和院校,并把合作成效作为它们的年度业绩考核指标之一。二是建立双师双向交流运行监督机制,如成立专门的校企合作管理部门,或者由集团公司人力资源部负责制定具体措施,协调、指导和监督校企双方的合作行为。

（3）集团内部的激励机制。一是针对子公司的集体激励机制,如对合作贡献较大的子公司给予适当的投资成本倾斜,把合作贡献作为子公司高管的人事任免参考依据之一。二是校企合作个人激励机制,如对积极参与院校教学改革和课程教学的企业员工给予一定的物质奖励和精神奖励,如年度考核优先评优、优先安排出国考察学习等。

2. 集团所属企业的主要职责

集团所属企业的职责主要包括:负责派遣能工巧匠和工程技术人员到高职院校兼职授课;优先接受并安排院校教师企业实践;优先接受并安排院校教师参与企业技术应用、技术开发等;及时跟踪了解公司能工巧匠和工程技术人员在院校的兼职授课情况。

3. 集团所属院校的主要职责

集团所属院校的职责主要包括:制订双师双向交流计划;提升兼职教师专业技术能力和教育教学能力;及时跟踪了解双师双向交流实施情况;对企业兼职教师的授课情况进行考核评价;组织召开双师双向交流研讨会;为各产业集团技术应用、技术开发等提供智力支撑。

（二）合作项目运作机制

集团公司主导的双师团队共建模式一般遵循"战略规划—年度计划—计

划实施—考核监督"的运作规程。集团可成立由集团公司、各企业和院校领导组成的校企合作管理委员会,领导并协调校企合作工作,定期召开会议,研究制定校企合作有关政策,解决合作中出现的问题。

1. 战略规划

战略规划是指把高职院校的发展和集团内的校企合作发展纳入企业集团的战略规划,使之成为企业集团的发展目标之一,从战略的高度明确集团教育发展和校企合作的重要性。只有让企业集团认识到院校在集团发展中不可或缺的作用,校企合作才能引起集团公司领导的高度重视,才能被纳入集团的发展规划。在战略规划中需要思考院校的发展目标、3—5 年或 5—10 年校企合作目标、院校与企业在合作中的权利与义务等。

2. 年度计划

年度计划是指高职院校与企业根据企业集团的战略目标和要求共同制订双师双向交流实施年度计划,确定本年度的合作目标、合作内容、合作方式、合作步骤等,使得规划执行具有可操作性。制订年度计划前需要校企双方进行充分的沟通,了解各自的需求、资源优势和可能存在的问题。

3. 计划实施

计划实施是指校企双方组织相关人员实施双师双向交流合作计划,指派负责人分别负责管理、指导在院校内开展的教育教学活动和在企业内进行的企业实践与技术开发等,负责校企之间的沟通协调以及合作情况的上报等。

4. 考核监督

考核监督是指成立"集团内校企合作联席会议秘书处""校企合作管理委员会办公室"等专门工作小组,负责实时监督、考核校企双方的合作行为和合作成效等,并将考核结果上报集团公司。由集团公司根据年初各单位制定的双师双向交流目标,给予相应的奖励与惩罚,保证那些在合作发展中做出较大投入或利益让渡的单位的利益,同时督促合作欠佳的单位予以整改。

(三) 信息沟通与反馈机制

调查发现,分别有 70.8% 的院校和 53.0% 的企业认为"校企之间信息沟通不畅"是制约校企合作的首要因素。可见,信息沟通与交流在校企合作中具有重要作用。

1. 建立集团内的校企合作平台，真正发挥桥梁、指导和协调作用

目前，我国不少行业高职院校都搭建了学院理事会、校企合作委员会等校企合作平台，但多流于形式，没有发挥实质性的作用。笔者曾对多家企业人士进行访谈，他们大多认为，"现在高职院校都很重视校企合作，建立了各种各样的校企合作组织机构，但这些组织机构真正发挥作用的很少，大多只是开开会，没有实质性的内容，企业其实并不想去，浪费时间，但碍于情面，又不得不去，这让企业感到非常为难"。

因此，如何让这些靠利益捆绑在一起的机构正常运行，真正发挥桥梁作用，是解决问题的关键。从组织管理学的角度来看，约束组织行为的方式包括法律约束、行政约束、利益约束、情感约束、激励约束等。显然，法律约束对这些松散型的非独立法人的校企合作组织来说是不可取的。来自集团公司的行政约束可以发挥一定的作用，但企业集团的组织性质决定了这种作用是短效的。因此，笔者认为比较可行的方法是后三者，即利益约束、情感约束、激励约束，其中，情感约束往往是通过经常性的沟通与交流形成的。

2. 建立多样化的信息沟通渠道

信息沟通渠道可分为正式沟通渠道和非正式沟通渠道。正式沟通渠道包括工作例会、研讨会等。各组织应形成定期交流制度。每次会议的主题应非常明确。在经济快速发展的当下，时间对企业来说就是生命。因此，高职院校在组织召开会议前，一定要做好充分的调研和策划，有针对性地确定会议的研讨主题、与会人员名单、会议组织形式等，确保会议的有效性。非正式沟通渠道是正式沟通渠道的有机补充，包括走访、电话沟通、电子邮件沟通等。非正式沟通是一个组织获取决策时所需情报的重要手段，也是建立校企之间情感机制的重要途径。如果高职院校在校企合作中并不占有绝对优势甚至处于不对等的状况，要想让行业、企业参与校企合作，并维持这种合作关系，就必须经常主动与行业、企业联系。

3. 建立校企合作信息反馈机制

集团公司主导的校企合作信息反馈机制大致可以分为三方面：(1)高职院校、企业、集团校企合作管理部门、集团公司之间的信息反馈机制，我们称之为大反馈；(2)高职院校与企业之间的信息反馈机制，我们称之为小反馈一；(3)高职院校内部组织之间的信息反馈机制，我们称之为小反馈二。我们可以

根据反馈信息类型的不同来建构相应的反馈机制。一般来说,校企双方对校企合作实施情况的互评结果、年度计划以及需要集团公司协调解决的问题等,可通过集团校企合作管理部门进行沟通、协调。学校与企业的需求信息、合作项目实施人员的工作表现等,学校和企业可直接相互沟通。此外,学校内部组织之间的信息沟通与反馈也是非常重要的,这是学校比较容易忽视的地方。

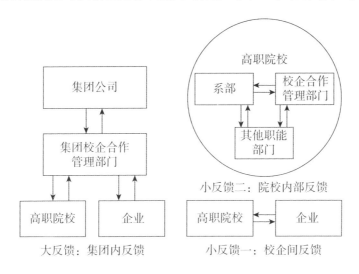

图5-4　集团公司主导的校企合作信息反馈机制

四、经验分析

集团公司主导的双师团队共建模式有效运行的关键在于集团公司从战略高度上予以重视和支持。该模式需要企业集团在资源使用、计划实施、考核监督上统筹规划,因此,企业集团的协同发展理念尤为重要。在上述案例中,院校的主管部门把校企合作确定为集团的重大工程,把院校的发展纳入集团发展统一规划,制定校企合作双师双向交流办法或双师型教师共建共管办法,促进了集团内企业工程师等技术人员与学校专业教师的互换交流,提高了院校的师资质量。

五、启示

（一）企业集团直属高职院校在共建双师教学团队上有较大的优势

双师教学团队建设是当前我国高职院校内涵建设的核心任务。师资质量决定人才培养质量,从而决定学校的行业地位和社会形象,影响学校能否获得企业的合作以及合作的成效。企业集团直属高职院校在双师教学团队建设上，一方面，可以利用企业集团的天然条件和集团公司的统筹安排，使院校教师获得到企业集团挂职锻炼的机会，提高其专业技能；另一方面，可以吸引企业集团的技术人员、能工巧匠和管理人员到校兼职授课，参与院校的专业建设、人才培养方案制定、课程设计等，解决企业兼职教师聘请难的问题。因此，企业集团的天然资源可以很好地解决高职院校师资队伍建设难题。

（二）院校要主动服务好企业，赢得长久的合作

企业集团往往是以资本为纽带相互连接起来的企业群落，核心企业（母公司）与各资本关联企业（子公司）之间关系有紧有松、错综复杂。在法律上子公司与母公司都是平等的企业法人，子公司的业务是相对独立的，母公司在很多问题上并不能直接插手管理子公司的事务。因此，虽然在合作中院校主管部门可以发挥主导作用，但高职院校不能过分依赖集团公司，而应注重自身发展，利用自身优势满足集团企业的需求，赢得企业的合作。正所谓"希望利用企业的资源，首先要考虑企业的利益"。①

（三）企业集团的发展定位和发展理念会影响校企合作的成效

对企业集团直属高职院校来说，企业集团的发展定位和发展理念决定其对校企合作的决策态度和重视程度。例如，上海仪电控股（集团）公司自1999年体制改革后，转向以不动产业为主的发展方向，而直属院校信息学院的专业以电子信息类为主，由此，这一时期信息学院与仪电控股下属企业的合作多为建立在双方多年来的感情基础上的合作。2009年，仪电控股再次确立以电子信息制造业为核心的战略目标，战略发展需要大量电子信息类人才，信息学院与仪电控股所属企业的合作日益受到重视。仪电控股从战略高度上给予肯定和支持，搭建校企合作平台，制定相应的规章制度，促进了集团内企业与院校的资源共享。

①　刘红.协同发展走大型国企与职业教育互动共赢之路——"鲁商集团"职业教育办学的理念、策略及探索［J］.中国职业技术教育，2011（28）：61－72.

第四节　校企共建二级学院模式

一、基本内涵

（一）概念界定

校企共建二级学院模式是一种双主体合作模式,是目前行业高职院校普遍采用的一种模式。本书所讨论的二级学院是指依托高职院校已有专业,校企共同投资、共同建设、共同管理的股份制二级学院。它由高职院校与企业共同投资创建,一般由企业集团、大型企业或具有一定实力、资金雄厚的中型企业提供巨额资金,负责办学所需硬件,包括校园设施建设、后勤设施建设、后勤服务等。高职院校主要提供软件建设,包括教师聘任、人员聘任、教学计划制订、从招生到毕业的整个过程管理等。该办学模式使得有远见卓识的企业投资主体能够获得长期的教育投资回报;而高职院校也因此可以解决建设资金不足的问题,丰富教育资源,获得发展。

依据合作内容的不同,我国行业高职院校目前校企共建二级学院模式大致可以分为三种类型:一是以全日制学生培养为主的二级学院;二是全日制学生培养和企业员工培训并重的二级学院;三是以企业员工学历进修和培训为主的二级学院。在投资形式上,不同的二级学院也有所不同。

（二）优势

1. 投资主体的社会性

校企共建二级学院是我国高职教育领域内投资主体多元化和混合所有制经营管理模式的一种表现形式。它的投资主体主要是企事业单位以及其他有合作能力的社会机构等,高职院校多以专项经费给予支持。

2. 办学主体的多元性

举办者通常是两个或两个以上的法人主体。高职院校和合作企业共同拥有二级学院的管理权与支配权。高职院校主要是投入成熟的教学管理经验等无形教育资产、高水平的教师和教育管理人员。合作企业不仅要提供二级学院办学所需的各种设施,还要提供实践教学的实训场所等,参与学院的管理、监督和领导。

3. 相对的独立性

校企共建的二级学院与母体高职院校之间不是简单的上下级关系,也不是高职院校与其下属的一般二级学院的领导与被领导的关系,而是一种托管与被托管的关系。校企共建的二级学院一般实行理事会或董事会领导下的院长负责制。院长一般由合作企业的高层领导担任,执行副院长由熟知高职教育教学管理的专业人士担任,校企双方各派人员且同时吸收外部知名人士共同成立理事会,负责二级学院的发展规划制定、教育教学改革、人力资源配置、实训实习环境建设、收益分配等重大事项的讨论与决定。这种独立性可以弥补高职院校对市场把握不够的缺陷,开拓高职院校的办学思路。

4. 合作的全程性

如果把我国高职院校的校企合作分为初级、中级、高级三个层次,那么校企共建二级学院模式就属于中级层次的合作,是一种较深层次的合作。校企双方借助二级学院这一载体实现招生、人才培养方案制定、课程开发、教学评价、师资队伍建设、实训实习基地建设、学生就业等人才培养的全过程合作。

5. 合作的针对性

校企共建二级学院模式一般因企业的需求而产生,其人才培养目标、培养内容等都要满足企业的需求。因此,该模式具有很强的针对性。

(三) 需要解决的问题

校企共建二级学院模式是一种较深层次的校企合作模式,企业参与人才培养的全过程。然而,这种合作模式也带来了一些新的问题。

1. 合作企业的选择标准问题

选择什么样的企业来共建二级学院,是高职院校应该考虑的首要问题,这将决定其人才培养水平。

2. 合作的长效性问题

企业与高职院校共建二级学院培养人才的初始原因大多是企业发展需要高技能人才。随着人才的不断培养和企业发展的不断成熟,人才需求将逐渐趋于平稳,对人才需求的数量将有所减少。此时,校企共建的二级学院该何去何从? 二级学院所设的专业又该如何发展? 这些问题都会影响二级学院的可持续发展和校企合作的可持续发展。

3. 合同生的可持续发展问题

校企共建二级学院的目的主要是满足合作企业的人才需求,人才培养具有较强的针对性。在此模式下培养出来的人才该如何满足自身再就业的需要,获得可持续发展? 如果选择的合作企业本身在行业中处于领先地位,那么这一问题就能够得到较好的解决;如果不是,那么在满足企业个性需求的同时还要满足学生的职业发展需要。

4. 二级学院办学目标被异化为职业培训的问题

校企共建二级学院在人才培养目标上具有非常强的定向性、针对性,如果把握不好,很容易把职业教育办成企业的职业培训。有研究者认为,职业技术教育并不是"营业教育"(Trade Education),不是做专门的行业教育;在学校里实施职业技术教育并不是为某种职业训练一些工人,也不是要学生专门钻研一种工作或职业,而是要使学生获得与普通教育结合的职业训练,并逐渐明白现代工业的基础,养成一种对他的工作或职业以及社会的明智态度。①

5. 企业、学校、学生的利益平衡问题

校企共建二级学院的利益相关者包括企业、学校、学生,三者之间的利益诉求有所不同。企业以盈利为目的,希望培养适合自己的毕业生。学校以提高就业率、扩大社会影响为目的。学生以获得就业机会和今后的发展(这种需求可能是隐性存在的)为目的。企业以盈利为目的,投资者会根据盈利状况决定增投或撤回资本,或转让其所持有的资产。企业的投资决策会影响二级学院的发展走向,因此,三者的利益平衡至关重要。

基于上述思考,笔者认为校企共建二级学院是一种较为成功且可推广的校企合作模式。但是,在应用该模式时,一定要注意两点。一是要注意选择合作企业,合作企业的技术发展水平、工艺发展水平等一定要在本行业中处于领先水平,代表着行业的发展方向。二是要加强我国行业组织建设,强化它们的地位和功能,赋予它们充分的行业标准制定、资源统筹规划、评价监督权利,由行业组织牵头高职院校与全行业开展合作,把学校与企业之间点对点的合作行为转变为学校与行业之间点对面的合作行为。如此,可能会较好地解决企业个性需求与学生可持续发展之间的矛盾。

———————————

① 翟海魂.发达国家职业技术教育历史演进[M].上海:上海教育出版社,2008:103.

二、典型案例

案例一：上海工艺美术职业学院 WPP 学院①

上海工艺美术职业学院（以下简称工艺美院）是经上海市人民政府批准，由上海第二轻工业职工大学转型，与上海工艺美术学校联合组建而成的艺术类高等职业院校，原隶属于上海国盛（集团）有限公司（以下简称国盛集团），2013 年，经上海市人民政府批准，划归上海市教育委员会管理。学院是中国特色高水平高职学校建设单位、国家高职教育艺术设计（工业设计）教学资源库建设牵头院校，曾承担国家教育体制改革试点"创新政府、行业、企业、高职院校办学体制机制"课题。国盛集团是经上海市人民政府批准设立的国有独资的大型投资控股和资本经营公司，拥有丰富的社会资源、强大的资本优势和投资运作功能。

2011 年，国盛集团引进全球广告业界顶级公司 WPP 集团，与工艺美院共建 WPP 学院，培养传播设计与营销高端应用型人才。WPP 学院实行双主体办学体制，院长、执行副院长均由合作企业（公司）派出人员担任。WPP 学院成立理事会，学院和 WPP 学院是托管的关系。WPP 学院从英、美、德等国际一流公司聘请资深创意总监任教，按照业界最新要求改革教学内容、教学方法，实行专业课英文教学，课程与教学由企业主导。企业专家委员会先确定课程，再从公司里挑选教师，按照其工作经验分配相应的课程。此外，WPP 旗下的公司也为学生提供了很好的实践机会，用世界一流的内部培训经验来指导学生。学业优秀者经推荐可到 WPP 集团下属公司进行三个月左右的项目训练和企业实习。毕业生在跨国 4A 公司就业者超过 50%，最好的一届达到 75%。

案例二：山东商业职业技术学院②

生物工程的知识更新、技术更新、工艺更新异常迅速，仅靠高职院校的力量无法使教学内容、设施和师资及时适应其发展需要，因此，开展校企合作共同培养生物工程领域高技能人才成为必然趋势。基于上述认识，山东商业职

①　案例由上海工艺美术职业学院提供。
②　案例根据相关资料整理而成。

业技术学院(以下简称山东商职院)与山东省生物药物研究院、鲁商集团下属企业———山东福瑞达医药集团有限公司合作共建了福瑞达生物工程学院。在办学上,山东福瑞达医药集团投资 680 万元,同时每年提供奖(助)学金 20 万元,连续 10 年。福瑞达生物工程学院成立之初,根据生物医药产业发展情况和福瑞达人才需求情况开设生物技术、生物制药、医药贸易三个专业,办学规模 600 人,其师资队伍中山东商职院占 1/2,福瑞达占 1/2,学生在福瑞达相关岗位上顶岗实习 10 个月。毕业时学生与福瑞达双向选择就业。[①]

学院实行股份合作制,山东商职院占 50% 股份,福瑞达占 50% 股份,福瑞达可从办学净收益中按股份比例回报其投资。校企双方成立理事会,确定办学规划和办学章程,设立教育教学管理机构,二级学院院长由山东福瑞达医药集团公司总裁、博士生导师担任,学校专业带头人担任执行院长。校企共同制定培养方案、共建课程体系、共建教学团队、共建实训基地、共同教育管理学生、共同开展就业服务指导、共享技术与产品研发等。主干专业课由企业派一线高级技术人员讲授,企业的实验室全部对教师和学生开放。[②] 实行"准员工2+1"培养模式,校内学习 2 年,在专业教学中引入行业标准、企业文化、产品及工艺,同时借助企业介绍、参观见习、专家讲座等多种教育形式,让学生了解企业;企业顶岗实习 1 年,校企共同制订学生顶岗实习年度培训计划,组织学生参加培训,包括岗前培训、岗中培训、转岗培训等,确保学生能够独立顶岗操作。

三、运作机制

从上述案例来看,无论是哪种合作目的,校企共建二级学院普遍采用的都是校企共同投资、管理的合作机制。校企双方是建立在股权关系上的联盟关系,较之以往的契约式合作关系,这种合作更加紧密和稳定。

(一) 合作企业的选择机制

校企共建二级学院实现了人才培养全过程的校企共同参与,体现了"合作办学、合作育人、合作发展、合作就业"的校企合作理念,是一种校企深度融合

① 中华人民共和国教育部高等教育司.第二次全国高职高专教育产学研结合经验交流会论文集[C].北京:高等教育出版社,2004:20.
② 佚名.山东商业职业技术学院校企合作创办二级学院[J].职业技术教育,2004(6):54.

的合作模式,有利于学生职业技能和职业综合素质的培养。然而,正如前文所述,该模式的首要问题是合作企业的选择问题。合作企业的选择标准关系到合作培养的学生质量能否达到行业先进水平,关系到学生的就业以及今后的发展问题。

因此,在选择合作企业时,应综合考虑其利益诉求、成长性、规模、资源、能力等。合作企业应符合以下标准:(1)该企业(集团)具有较大的规模和较强的实力,内部已形成了较为完整的生产链,行业市场份额高;(2)该企业(集团)在行业中处于领先地位,在行业中具有一定的话语权;(3)该企业(集团)具有注重企业可持续发展的理念,注重人才培养;(4)该企业(集团)具有服务大众、回馈社会的价值观,具有较高的社会责任感;(5)该企业(集团)负责人要有广阔的视野,具有校企合作育人理念。

第一个标准可以较好地保证毕业生的首岗就业率,解决学生的后顾之忧。因为校企共建二级学院具有针对性培养的特征,对此类学生来说,最理想的就业去处应是合作企业。第二个标准可以保证人才培养目标和标准的先进性,使学生具备在其他企业就业或再就业的能力。后三个标准从某种程度上可以反映出合作企业不以营利为唯一合作目的,在人才培养和办学上较容易与高职院校达成一致,减少利益冲突。

（二）二级学院的产权归属机制

产权归属是校企共建二级学院在运行中需要解决的另一个机制问题。市场经济中的交换实质上是产权的交换。因此,产权界定是交换的条件和基础,产权界定中的权利和义务范围界定明确规定了经济主体的权利和义务范围。校企共建二级学院由校企双方共同投入经费、设备、人员和教学用地等。经费、设备和实习岗位投入等一般以企业为主,院校以提供教学场地、部分专项经费和管理为主,师资等由校企双方共同提供。因此,产权归属问题主要包括两方面:一是已投入的设备、场地等的归属问题,一般是谁投入的产权就归谁;二是合作办学中新增设备的产权归属问题。解决产权归属问题最简单、最直接、最有效的方法就是在合作协议中予以明确规定。通过产权的界定,明确校企双方在合作办学中的义务和权利,以及违约会受到的惩罚等。

（三）二级学院的利益分配机制

校企共建二级学院普遍实行的是股份制,而企业又是以营利为目的的。

现代职业教育研究丛书

校企合作机制研究 行业高职院校

这种盈利至少体现在两方面：一是企业通过合作可以得到自己需要的技术技能型人才；二是企业的投入（包括人、财、物等）应产生一定的收益，虽然合作中企业不能以经济收益为根本目的，但至少应该保证企业的投入是保值增值的。企业只有看到合作带来的收益后，才会保持或扩大合作。

因此，高职院校在与企业共建二级学院的过程中，首先应意识到并牢记盈利是企业行为方式的原始动机，合作中一定要让企业看到利益，并能够坦然接受企业从中获取一定的经济利益。当然，前提条件是合作办学获得了一定的利润。其次，在校企合作协议中应明确规定企业在哪些方面可以获得利益、在何种情况下可以提取一定比例的经济利润、提取的比例是多少。最后，解决校企共建二级学院利益分配问题的根本途径是在国家层面制定相关政策，明确规定企业在合作办学中的利润提成比例和条件等，保障企业合作办学利益。

（四）二级学院的运行管理机制

在总体管理模式上，校企共建二级学院实行双主体管理模式，并借鉴现代企业经营管理机制，实施二级学院理事会或董事会领导下的院长负责制。理事会由校企双方人员共同组成。二级学院既是学校的教学单位，也是合作企业的组成单位，院长一般由合作企业高层管理者担任，执行院长一般由专业带头人或分管教学的学院领导担任。二级学院领导班子由校企双方共同组成。理事会为二级学院的决策机构，负责指导二级学院的发展，理顺校企合作办学利益相关方的关系，对二级学院的重大发展规划、专业建设、教育教学改革等重点工程进行决策。

教学运行管理和学生管理按照高职院校与上级教育主管部门的有关规定由高职院校统一进行，企业共同参与。在财务管理上，由高职院校统一管理，但可实行内部独立核算制度，即二级学院的办学经费独立列账、独立使用，并配有专门的出纳负责账务管理。在人员的薪酬管理上，企业聘请的人员工资和奖金由企业负责，高职院校派出的专任教师在奖金分配上有相应的制度，即把二级学院专任教师奖励与二级学院的收益挂钩，由此可以更好地激发教师的潜能，保障合作办学成效。

四、经验分析

（一）合作企业的高标准选择

上述案例无一例外都选择了在本行业中处于国际领先或区域领先地位的

大型企业。一般来说，大型企业具有跨区域性、高科技性、高专业性和高战略性等特征。这些特征决定了企业岗位需求量较大，高度重视人才和技术，对产业链和行业发展方向的控制能力也较强。因此，与快速发展的大型企业合作共建二级学院，既可保证学生所学习的技术、知识等的先进性，保证学生的就业质量，又可借助企业优势资源培养教师的实践应用能力，帮助教师掌握新技术、新工艺、新知识等，提高院校的整体师资水平。

（二）校企间的权益分配合理

企业投资办学不仅是为了培养所需人才，还希望得到一定的经济利益回报，这是由企业的经营性质所决定的。合作中既保障企业能够"投有所报"，又保障学校培养人才的公益性目标不受损害，成为校企共建二级学院模式成功的关键。因此，高职院校领导是否具备市场经济意识、能否运用市场机制满足企业的利益需求，将直接影响企业持续合作的兴趣和意愿。

五、启示

（一）利益需求是企业与高职院校开展合作的根本动力

资源依赖理论认为，组织需要从周围环境中吸取资源，需要与周围环境相互依存、相互作用才能达到生存目的。相对于企业不断提升的发展目标来讲，任何企业都不可能完全拥有所需要的一切资源，在资源与目标之间总存在着某种战略差距。因此，为了获得这些资源，企业就会与它所处的环境内控制着这些资源的其他组织化的实体进行互动。企业为实现战略发展目标，需要提升员工素质，而当企业自身没有条件满足这一需求时，就会寻求其他组织的合作，如高职院校。因此，利益需求是企业与高职院校开展合作的根本动力。

上述案例中二级学院的成立均源于企业的用人需求或开拓市场所需。据案例所在院校介绍，WPP 集团之所以选择与一所高职院校合作，是为了进一步打开在中国的市场；而山东商职院的校企合作则是因为山东福瑞达医药集团可获得所需的人才，并能得到较好的投资回报。

（二）高职院校的市场经营理念影响企业在投资办学中能否得到保障

对于企业这一经营性组织来说，保持资本的增值是其投资行为的底线，这是由社会主义市场经济体制所决定的。众所周知，教育的发展往往滞后于市场经济的发展。以往,我国高职教育一直是在政府的直接领导下进行的,高职院校通过政府与社会发生联系,或者说,高职院校本身并不直接与社会进行资源交换,没有真正形成高职院校面向社会自主办学的体制。因此,在市场经济体制下,高职院校应树立市场意识,以市场机制来保障企业的合法权益,从而促使企业以主人的身份积极参与校企合作,调动企业合作的积极性和主动性。

（三）高职院校要有以满足企业需求为先导的校企合作理念

合作是个人与个人、群体与群体之间为达到共同目的,相互配合的一种联合行动、双向行动。高职院校应敏锐地捕捉到企业的需求。目前,我国高职教育校企合作虽然在各方努力下有所发展,政策环境也有了很大的改善,但总体上企业的合作意愿还不够强烈。在此环境中,高职院校要把"我可以从企业那里得到什么合作"的合作理念转变为"我能为企业提供什么样的服务",要有敏锐的市场意识,注重开拓校企合作市场。这种主动服务意识将使高职院校从企业那里获得更多的合作。

（四）高职院校的内部管理机制影响校企共建二级学院的发展成效

校企共建二级学院是一种股份制的合作行为,应遵循市场化的运作机制。这对高职院校来说,是管理上的一种挑战。教育是一种公益性事业,不以营利为目的,而高职院校又不可回避企业在办学中的收益问题。因此,高职院校必须创新管理体制,既要保障合作企业的收益,又要维护教育的公益性;既要施以特殊政策保障合作办学成效,又要平衡学校内部的利益关系。

第五节　校企共建学生工作室模式

一、基本内涵

（一）概念界定

校企共建学生工作室模式是一种以工作室为载体的校企合作教学手段,是校企合作人才培养过程中的一个环节,旨在通过企业真实项目培养学生的专业技能、技术综合应用能力、项目管理与设计能力、团队合作能力、创新创业能力等。该模式早期主要应用于艺术设计类专业。

校企共建学生工作室模式以项目为载体培养人才,企业与学院在工作室的合作中资源共享、风险共担、利益双赢,各负其责,各出其力,共同负责项目教学。一般来说,企业负责提供项目和生产经验,创设环境;学校负责把企业的生产项目变成学习项目,构建项目教学体系,管理教学过程。项目教学体系设计的逻辑起点不仅包括岗位或职业的需求,还包括培养学生的需求,以使学生具备一定的技术消化、吸收、改良、创新能力。实践教学载体采用合作公司的真实项目,既强调真刀真枪的技能训练,又强调真刀真枪的技术开发训练。通过真实的训练,既让学生掌握职业岗位的理论和实践内容,又体现了高职教育"高"的属性,培养"既有很强的专业技能,又具有一定技术应用能力的复合型、创新型、发展型高级技术技能型人才"。[①]

（二）优势

一是成本低,易于操作推广。相比前述几种校企合作模式,校企共建学生工作室的成本较低,规模较小,操作灵活,易于推广。因此,合作较为容易,管理也较为简单,可成为积极推进产学研相结合培养模式的实践基地,成为教师和学生创业的孵化基地。

二是比较适合设计类、商贸类、经济管理类等对生产设备成本要求较低的专业,如计算机多媒体设计、工艺设计、环境设计、动漫设计、影视制作、软件开发、小型电子产品设计与试制、小型控制系统设计与试制等。商贸类和经济管理类专业也可采用与企业共建技术咨询工作室的模式来开展项目开发与教学。

三是有利于培养教师和学生的创业精神、创新意识、资源获取能力、企业运作和项目管理能力,培养学生的专业技能和技术应用能力。学生工作室开发的都是企业真实项目,要完成项目承接、项目开发、项目制作、项目成果转化等整个过程的实战作业,有利于培养学生的专业技能、技术应用能力、创新创业能力等,也有利于教师社会服务能力和创业能力的提升。

（三）需要满足的条件

1. 学生工作室的项目一定是来自企业的真实项目

围绕校企共建学生工作室的培养目标,学生在工作室开发的项目一定是

① 俞仲文.时代呼唤高职教育3.0版[N].中国青年报,2013-1-14(11).

来自企业的真实项目。通过真实项目完整开发过程的实战训练,学生的技术应用能力和创新创业能力才能得到很好的培养。

2. 项目开发要以学生为主,以教师为辅

学生工作室的教育目的主要是培养学生的技术应用能力和创新创业能力。因此,在项目开发和教学过程中,教师一定要坚持"以学生为主体"的理念,明确自身的辅助地位,通过放手、放权等,让学生自主开发、自主管理,以实现共建学生工作室的最终目标。

3. 企业要全程参与项目指导和管理

工作室项目的真实性,决定了企业的全程参与。从项目的转让到开发、验收,再到项目成果的转化,企业都会参与其中。企业会在项目开发中委派专人予以指导,在项目验收中按照相关标准予以鉴定,同时负责项目成果的转化。

（四）需要处理好的关系

校企共建学生工作室模式非常有利于学生综合能力的培养,但该模式最大的缺点是受益面窄,不能满足所有学生的综合发展需求。应用该模式时,有几个问题是需要认真对待的。

1. 精英化教育与大众化教育的平衡

基于企业真实项目的教学非常有利于学生综合职业能力和素质的培养。然而,因工作室规模有限,该模式仅能面向少数专业拔尖的特长生开放,可以说这是一种精英化的教育模式。从教育机会均等的角度来看,教育资源投入应尽可能保证所有学生都能享受到其带来的利益。因此,高职院校在与企业共建工作室进行特长生培养的同时,需要认真考虑如何挖掘学生工作室在专业课程与教学改革方面的潜在作用,让更多的学生受益。

2. 学生工作室的有效运作与管理

与教师工作室不同,学生工作室更强调学生的自我管理和自我开发能力,更强调学生的主体性。对学生来说,这是非常具有挑战性的创新工作。因此,工作室应有完善的规章制度和科学的管理方式,安排专业教师指导。

二、典型案例[①]

上海景格汽车科技有限公司是一家专业开展多媒体仿真系统、教学软件开

---

① 案例由上海电子信息职业技术学院提供。

发和汽车培训、教学设备研发等业务的高科技企业。2011年,该公司在前期与上海电子信息职业技术学院合作基础上,开始校企共建学生工作室的合作模式探索。校企双方从该校计算机多媒体技术专业中选取了部分大二和大三学生,共同组建学生工作室,借助企业真实项目,培养企业所需人才。企业通过工作室获取所需的技术技能型人才和稳定的人力资源储备;学院通过合作获取最新的技术支持和可靠的兼职教师队伍,专任教师团队的社会服务能力得到增强;学生的专业技术应用能力增强,专业对口就业率提高,团队合作能力和职业素养也得到提升;工作室成为学院获取企业实际工作项目的蓄水池,这些工作项目通过教师转化为新鲜的教学项目进入课堂,专业教学的指向性和实用性得到强化。

目前,部分毕业生已成为企业的项目经理、技术骨干,部分学生在实习期就已成为合作公司常驻工作室的负责人,还有部分学生在全国性技能大赛中获得佳绩,如第二届"全国普通高校信息技术创新与实践活动"一等奖、第六届"全国信息技术应用水平大赛"一等奖。此外,校企双方还依托学生工作室共同开发和实施专业课程,建成1门市级精品课程、2门院级精品课程;完成两届"技师学院"的教学工作,合作培养50余名多媒体高级制作员;每年学生承接企业外包项目收入10万元左右。

三、运作机制①

（一）明确企业、院校、学生三方的职责和义务

通过共同签订校企合作共建学生工作室协议来明确企业、院校、学生三方职责。企业主要负责提供真实项目;选派有经验的技术人员和能工巧匠承担项目指导工作,指导项目实施过程;参与工作室学生的成绩评价和考核;为工作室提供活动经费;根据学生综合表现和素质,优先选择优秀毕业生在本单位就业。院校主要负责提供工作室场地以及所需设备;负责学生在校期间的生活和学习管理;选派工作室指导教师参与项目开发、指导和验收评价;为企业选派的指导教师提供补贴。学生的主要职责是在校企双方指导教师的指导下开发项目,负责工作室的项目管理和跟踪。

（二）构建完善的校企合作管理机构

学生工作室可采用管办分离的公司化运作模式,成立由学校代表、企业代

---

① 根据上海电子信息职业技术学院学生工作室运行方案整理而成。

表和校外职教专家共同组成的工作室董事会,下设工作室管理团队,由校企双方委派人员共同管理,同时依据项目类型设置相应的项目组,项目组成员由工作室管理团队负责选拔,由此形成校企合作三级管理体系,见图5-5。工作室董事会主要负责制定工作室学生人才培养方案;引进工作室项目;判定项目学分;组建与管理工作室管理团队。工作室管理团队主要负责制定学生工作室的发展规划、建设方案和运行制度;确定学生工作室辅导教师人选;部署教学或研发任务;制定学生工作室成员的选拔与考评方案;掌握工作室学生工作学习状态和心理预期;管理工作室相关经费、设施设备;负责校企双方的协调与沟通;协助工作室辅导教师完成真实工作项目向教学项目的转化工作。项目组的主要职责是在辅导教师的指导下完成项目开发与制作。

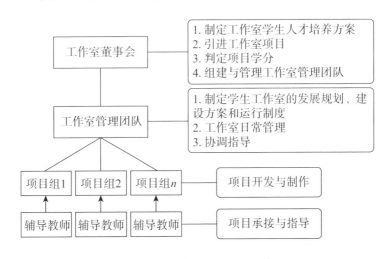

图 5-5　学生工作室组织机构

（三）实施项目化运作机制

　　工作室实施项目化运作机制,以项目为载体,实行项目负责人负责的无界化运作。项目组成员可依据项目开发需要从相关的专业中选拔。项目运作过程包括项目承接、项目开发、项目跟踪管理、项目验收、项目成果转化等,见图5-6。项目实施过程中,应明确任务分工,加强过程管理,总结项目成果,凸显合作价值,由此形成良性运行机制。

图 5-6　学生工作室项目化运作机制

一是项目承接。工作室项目一般由辅导教师承接,包括新技术学习项目与研发实战项目。新技术学习项目需要完成培训项目说明,明确项目范围、项目目标、项目时限、项目学分。研发实战项目需要签订项目委托协议,明确项目范围、项目目标、项目时限、项目学分、开发成本。

二是项目开发。新技术学习项目由工作室教师和企业指导教师共同设计培训目标和培训方案。双发协商指派学校教师或企业专家负责培训项目的开发,工作室成员执行并获得相应学分。研发实战项目由工作室教师和企业指导教师指派工作室成员组成项目小组开发完成,在获得相应学分的同时获得项目补贴。

三是项目跟踪管理。新技术学习项目由双方协商指派专人负责管理与跟踪。研发实战项目在工作室教师和企业指导教师监督、指导下,由工作室学生负责人完成管理与跟踪。

四是项目验收。由工作室教师协助企业指导教师完成项目的验收、项目组学生的项目成绩评定与项目补贴发放。

五是项目成果转化。项目成果转化工作由合作企业负责。

(四)健全学生工作室管理制度

一是工作室成员选拔制度。选拔标准一般为品学兼优且具有专业技术特长的学生。选拔程序和方式一般为学生自愿报名、校企双方共同考核确定。

二是工作室日常运行管理制度。首先,执行严格的作息制度和考勤管理制度,实行全程的企业化管理模式。学生在项目开发期间不得迟到早退,不得随意离岗,不得旷工。考勤可由工作室辅导教师委派学生负责,考勤员按时提交考勤文档。考勤文档包括考勤记录和考勤报表。考勤记录为考勤员逐日登记的员工考勤情况(附相关证明文件)。考勤报表为考勤员月末编写的统计表。其次,执行例会制度和定期团队活动制度。例如,每周召开一次工作室全体会议,把每周工作小结作为工作室绩效考核的重要依据;定期进行所有工作室成员参加的团队拓展训练,培养学生的团队合作精神。

三是工作室教学改革研究制度。相关专业教学团队收集项目文件、工作室成员反馈信息等资料,与企业人员共同分析常规教学的不足,及时调整常规教学形式、内容或者侧重点,扩大工作室的辐射范围,提高专业的整体培养水平。同时,工作室成员以教师或项目组组长的身份参与相关课程的课堂教学,辅助项目教学的实施。这在一定程度上提高了常规教学的师生配比,保障了教学项目的完成质量,同时也可锻炼学生的组织和管理能力。

四是工作室项目考核与成员退出制度。工作室项目完成情况由合作企业依据项目开发协议书的指标进行验收。同时,为确保学生工作室的项目开发质量,确保工作室的机会公平,让学生真正接受企业真实环境的实战训练,工作室可执行严格的考核退出机制。例如,根据学生的日常考勤结果以及工作表现,对迟到、早退、旷工等行为进行严格的惩罚,首次违规可给予口头警告,严重违规者则勒令其退出工作室,由此提升学生的职业素养。

四、经验分析

(一) 严格的工作室进入和退出机制

学生工作室承接的是企业的真实项目,而且以学生为主体进行开发,开发的质量需要得到保证。因此,进入工作室的学生必须经过严格的选拔,校企要制定严格的考核评价与退出机制,进行严格的日常管理。

(二) 工作室项目开发与专业教学改革的有机结合

学生工作室成功的关键是项目开发与专业教学改革有机结合起来,不是为了项目开发而开发。这取决于校企共建学生工作室的根本目的——培养学生的技术应用能力。为实现这一目的,院校要把工作室承接的企业真实项目及其成果有效转化为相关专业的教学项目,同时利用项目开发中所掌握的新技术、新知识,改革课程内容和教学内容,甚至适当调整专业培养方向等。

五、启示

(一) 相互信任是校企合作的重要前提

该项合作是建立在校企双方相互信任的基础上的。首先,企业相信学校有优质稳定的生源和良好的教育环境及基础,稍加辅助就能培养出符合企业需求的工程师。其次,学校认定企业有良好的社会声誉、技术实力和发展前景,能够为学校提供先进的技术、管理工艺和真实的工作项目或案例,从而提高培养质量。因此,相互信任是校企合作的重要前提。

(二) 需求信息沟通是校企合作的基础

据了解,上海景格汽车科技有限公司和上海电子信息职业技术学院在共建学生工作室之前,就已了解到彼此的合作需求,信息学院需要专业技术强的企业协助培养人才,而企业又对专业型的人才具有持续的需求。双方的合作需求构成了本次校企合作的基础。

(三)人才培养质量是赢得企业合作的关键

高职院校向社会、企业输送的人才质量决定其行业地位和社会形象,进而影响企业的合作意愿。据了解,上海景格汽车科技有限公司之所以与上海电子信息职业技术学院共建学生工作室,是因为在此之前信息学院在该企业实习的学生表现出极强的工作能力和良好的职业素养,而企业又急需人才。可见,学校的人才培养质量对开发校企合作项目至关重要。

通过校企合作模式及其典型案例分析,我们发现,影响校企合作的主要因素包括行业高职院校、企业、院校主管部门、地方政府。具体又可细分为院校领导的办学理念和创新决策能力、院校实施层的执行能力、院校的内部管理机制、院校专业设置与地方主导产业的吻合度、院校的人才培养质量、企业的利益能否得到满足、企业的经营理念、企业的人才和技术发展需求、院校主管部门的发展战略与定位、院校主管部门的发展理念、院校主管部门在本行业中的地位、地方政府部门的重视与支持、地方经济发展和产业发展规划等。

第六章

行业高职院校校企合作的
影响因素及其模型建构

本章运用德尔菲法和模糊综合评价法，确定了影响校企合作的五大因素及其指标权重，构建了校企合作影响因素综合评价模型，分析了各因素对校企合作的影响方式以及因素之间的耦合关系。

通过历史研究、调查研究、实证研究和国内外文献资料分析,我们初步确定了影响行业高职院校校企合作的因素,并进行了归纳整理,对各影响因素的重要性、影响方式、相互关系等进行了综合评价和理论分析,构建了相应的校企合作机制模型。

第一节 影响因素评价与模型建构

综合评价又称多元决策,是系统工程的必要环节。行业高职院校校企合作影响因素是一个复杂的系统,主要表现在因素的相互影响,各因素之间有的是并列关系,有的则是因果关系,而且随着系统复杂性的增加,描述系统的不确定性和不精确性也在增加。因此,必须综合考虑多个相关因素,运用模糊综合评价法来评价校企合作机制。我们先在前期历史研究、调查研究、五种校企合作模式及其典型案例的实证研究、国内外文献资料分析的基础上,确定了行业高职院校校企合作所涉及的因素和相应的二级指标体系,再运用多层次多算子二级模糊数学模型,构建了影响因素综合评价模型。

一、影响因素确定及指标体系设计

在前期研究的基础上,依据市场机制理论,研究者确定了影响行业高职院校校企合作的九大因素,分别为行业高职院校、企业、院校主管部门、中央政府、地方政府、经济、区域、产业行业、学生和家长,并将其分解为43个二级指标。为进一步了解校企合作主要影响因素及其相互关系,研究者对来自企业、行业高职院校、教育行政部门、行业协会、高职教育理论界、院校主管部门的专家进行了问卷调查和深度访谈。通过专家访谈和因素重要性评价,结合前期历史研究和典型案例研究的结论,研究者对前期设计的九大因素和 43 个二级指标进行了删减和合并,删除了专家普遍认为不重要的因素和二级指标,合并了相似或属于同一类的因素和二级指标,最终确定了五大因素和 19 个二级指标。在运用数学公式对调查数据进行处理后,最终得到的专家评价结果见表 6-1 和表 6-2。

表 6-1　行业高职院校校企合作五大因素的专家评价统计

一级指标	非常重要	重要	比较重要	不太重要	不重要
行业高职院校	11.0	2.0	0	0	0
企业	10.0	2.0	1.0	0	0
中央政府	6.0	3.3	2.0	1.0	0.5
地方政府	4.7	4.1	2.6	1.0	0
院校主管部门	3.0	2.0	6.0	0	1.0

表 6-2　行业高职院校校企合作二级指标的专家评价统计

一级指标	二级指标	非常重要	重要	比较重要	不太重要	不重要
行业高职院校	院校领导的办学理念和创新决策能力	8.0	2.7	2.0	0	0
	院校的执行力	5.0	5.0	2.0	1.0	0
	师资队伍水平	5.5	6.0	1.5	0	0
	专业设置	6.0	3.0	4.0	0	0
	人才培养质量	5.0	5.0	2.0	0	0
	专业建设的硬件条件	4.0	4.0	3.0	2.0	0
企业	经营理念与价值观	4.7	4.3	2.7	1.0	0
	生命周期和对人才与技术的需求	5.0	4.5	2.5	1.0	0
	合作成本收益与风险管理	5.5	3.0	2.5	1.5	0
	对一线技能型人才的层次要求	4.0	5.0	3.0	0	0
中央政府	对高职教育校企合作办学的顶层设计	7.0	2.0	2.0	1.0	1.0
	政策法规及实施细则	6.5	3.5	1.0	1.0	0.5
	职业资格证书体系	4.0	3.0	4.0	2.0	0

一级指标	二级指标	非常重要	重要	比较重要	不太重要	不重要
地方政府	对高职教育的重视程度	3.7	5.0	3.0	1.0	0
	对中央政府政策法规的落实情况	5.0	4.0	1.0	3.0	0
	区域经济中长期发展规划及产业结构调整	2.0	7.0	1.0	1.0	0
院校主管部门	行业特征	4.3	5.0	3.0	0.7	0
	发展战略和经营理念	4.5	2.0	3.0	0.5	0.5
	在本行业中的地位	1.5	3.0	3.5	1.5	1.0

二、各级指标权重计算

研究者运用集值统计法来计算每一个因素的权重。根据冯保成（1991）集值统计法[①]，研究者把影响行业高职院校校企合作的 n 个子因素设为 $u_1, u_2, \cdots u_n$，在不同的一级指标下，n 有不同的取值（$n=6,4,3,3,3$）。研究者请 13 位有经验的专家确认每一个因素和二级指标的重要性并完成原始问卷。数据处理时，研究者按照非常重要、重要、比较重要、不太重要、不重要，分别赋予 1、0.85、0.75、0.6、0.3 的分值，进而统计结果。

分别计算每 i 个一级指标下每一个因素所得的总分数 k_i 和第 j 个因素 u_j 所得的分数 k_{ij}，则 $a_{ij}=k_{ij}/k_i$，这便是第 j 个因素的权重，权数分配为

$$A_i = (a_{i1}, a_{i2}, \cdots a_{in}) = (k_{i1}/k_i, k_{i2}/k_i, \cdots k_{in}/k_i), i=1,2,\cdots,5$$

这样确定出来的 A，一般来说不是一个概率分布，而是一个可能性分布，$\sum_1^n a_i \neq 1$。经过归一化处理后，A 矩阵见表 6-3。

三、影响因素综合评价

研究者使用了加权平均型模糊分析算子，它依权重的大小均衡兼顾了所有因素，比较适用于要求整体指标优化的情况。影响行业高职院校校企合作的五大因素、19 个二级指标以及相应的权重分配见表 6-3。

① 冯保成.模糊数学实用集粹[M].北京:中国建筑工业出版社,1991:457.

表6-3　行业高职院校校企合作各级影响因素的权重

一级指标	二级指标	归一化处理后的权重 a_{ij}
行业高职院校 A_1（33.45%）	院校领导的办学理念和创新决策能力 a_{11}	0.173
	院校的执行力 a_{12}	0.167
	师资队伍水平 a_{13}	0.172
	专业设置 a_{14}	0.170
	人才培养质量 a_{15}	0.158
	专业建设的硬件条件 a_{16}	0.160
企业 A_2（21.45%）	经营理念与价值观 a_{21}	0.259
	生命周期和对人才与技术的需求 a_{22}	0.252
	合作成本收益与风险管理 a_{23}	0.248
	对一线技能型人才的层次要求 a_{24}	0.241
中央政府 A_3（16.05%）	对高职教育校企合作办学的顶层设计 a_{31}	0.338
	政策法规及实施细则 a_{32}	0.334
	职业资格证书体系 a_{33}	0.327
地方政府 A_4（15.27%）	对高职教育的重视程度 a_{41}	0.348
	对中央政府政策法规的落实情况 a_{42}	0.353
	区域经济中长期发展规划及产业结构调整 a_{43}	0.300
院校主管部门 A_5（13.78%）	行业特征 a_{51}	0.401
	发展战略和经营理念 a_{52}	0.318
	在本行业中的地位 a_{53}	0.281

下面运用多层次多算子二级模糊数学模型进行综合评价。参与评价的专家为 13 人。以行业高职院校因素的综合评价计算为例,说明如下:

子因素评价的权数分配 A_1 为 0.173、0.167、0.172、0.170、0.158、0.160。

统计相关数据,根据不同重要程度出现的可能性确定模糊关系矩阵 R_1。

$$R_1 = \begin{bmatrix} 8.0/12.7 & 2.7/12.7 & 2.0/12.7 & 0 & 0 \\ 5.0/13.0 & 5.0/13.0 & 2.0/13.0 & 1.0/13.0 & 0 \\ 5.5/13.0 & 6.0/13.0 & 1.5/13.0 & 0 & 0 \\ 6.0/13.0 & 3.0/13.0 & 4.0/13.0 & 0 & 0 \\ 5.0/12.0 & 5.0/12.0 & 2.0/12.0 & 0 & 0 \\ 4.0/13.0 & 4.0/13.0 & 3.0/13.0 & 2.0/13.0 & 0 \end{bmatrix} = \begin{bmatrix} 0.6299 & 0.2126 & 0.1575 & 0 & 0 \\ 0.3846 & 0.3846 & 0.1538 & 0.0769 & 0 \\ 0.4231 & 0.4615 & 0.1154 & 0 & 0 \\ 0.4615 & 0.2308 & 0.3077 & 0 & 0 \\ 0.4167 & 0.4167 & 0.1667 & 0 & 0 \\ 0.3077 & 0.3077 & 0.2308 & 0.1538 & 0 \end{bmatrix}$$

$$B_1 = A_1 \cdot R_1$$

$$= (0.173 \quad 0.167 \quad 0.172 \quad 0.170 \quad 0.158 \quad 0.160) \cdot \begin{bmatrix} 0.6299 & 0.2126 & 0.1575 & 0 & 0 \\ 0.3846 & 0.3846 & 0.1538 & 0.0769 & 0 \\ 0.4231 & 0.4615 & 0.1154 & 0 & 0 \\ 0.4615 & 0.2308 & 0.3077 & 0 & 0 \\ 0.4167 & 0.4167 & 0.1667 & 0 & 0 \\ 0.3077 & 0.3077 & 0.2308 & 0.1538 & 0 \end{bmatrix}$$

$$= (44.0\% \quad 33.5\% \quad 18.8\% \quad 3.7\% \quad 0)$$

由 B_1 可知,专家认为行业高职院校因素非常重要、重要、比较重要、不太重要、不重要的比例分别为 44.0%、33.5%、18.8%、3.7% 和 0。

根据以上方法可以求得其他四大因素包含的二级指标的综合评价结果,从而得到五大因素的综合评价结果,见表 6-4。

表 6-4　行业高职院校校企合作五大因素的综合评价结果

B_{ij}综合评价	非常重要	重要	比较重要	不太重要	不重要
行业高职院校	44.0%	33.5%	18.8%	3.7%	0
企业	38.2%	33.6%	21.2%	7.0%	0
中央政府	45.7%	22.1%	18.0%	10.3%	3.9%
地方政府	29.1%	43.6%	13.7%	13.6%	0
院校主管部门	31.0%	29.5%	27.7%	7.6%	4.2%

根据模糊综合评价理论中的最高隶属度原则①,从表 6-4 中可以看出,中央政府、行业高职院校、企业和院校主管部门都是校企合作中非常重要的因素,其"非常重要"所占比例分别为 45.7%、44.0%、38.2%、31.0%;地方政府因素中"重要"的隶属度最高,为 43.6%,因此在校企合作中属于重要等级。综合考虑"重要"的隶属度,又可得出以下结论:虽然行业高职院校、企业、中央政府和院校主管部门在校企合作中都非常重要,但它们的重要程度是不一样的,依次为行业高职院校、企业、中央政府和院校主管部门,"非常重要"和"重要"所占比例总和分别为 77.5%、71.8%、67.8%、60.5%。由此,我们最终得到以下结论:影响校企合

---

① 隶属度函数是由美国加利福尼亚大学控制论教授扎得(L.A.Zadeh)经过多年研究提出的。他在《模糊集》一文中指出:若对论域(研究的范围)U 中的任一元素 x,都有一个数 $A(x) \in [0,1]$ 与之对应,则称 A 为 U 上的模糊集,$A(x)$ 为 x 对 A 的隶属度。当 x 在 U 中变动时,$A(x)$ 就是一个函数,称为 A 的隶属函数。隶属度 $A(x)$ 越接近于 1,表示 x 属于 A 的程度越高;$A(x)$ 越接近于 0,表示 x 属于 A 的程度越低。因此,可用取值于区间 $[0,1]$ 的隶属函数 $A(x)$ 来表征 x 属于 A 的程度。

作的五大因素按其重要程度依次为行业高职院校、企业、中央政府、院校主管部门、地方政府;此外,在中央政府既定的顶层设计、法律法规和政策环境下,行业高职院校、企业、院校主管部门、地方政府又分别为影响校企合作的第一因素、第二因素、第三因素、第四因素。

四、综合评价模型的应用

研究者借助综合评价模型,综合评价了影响校企合作的五大因素和19个二级指标的重要性,找到了影响校企合作的重要因素和解决校企合作机制问题的关键。在对该模型各大因素二级指标内涵进行一定修改后,运用上述方法,可以评价一所高职院校校企合作的整体情况,并诊断出校企合作中哪些因素没有发挥实效、可能存在哪些问题,以便采取相应的整改措施,提升校企合作成效。用于评价、诊断行业高职院校校企合作整体情况的五大因素和若干二级指标见表6-5。

表6-5 行业高职院校校企合作整体情况评价指标体系

一级指标 ＼ 内容与权重	二级指标	二级指标的详细项目	模糊关系矩阵					权重
			很好	好	较好	一般	不好	
行业高职院校	院校领导的办学理念和创新决策能力	1. 在校企合作中体现出来的办学理念 2. 对国家宏观政策、战略规划、校企合作的认识和理解 3. 院校领导捕捉市场信息的能力 4. 院校领导的决策能力 5. 院校领导的创新意识和创新能力 6. 院校领导承担责任的态度						
	院校的执行力	1. 校企合作决策的执行情况 2. 管理干部对校企合作的认识和理解 3. 管理干部在组织实施和管理校企合作项目中发挥的作用 4. 院校内部管理机制为校企合作提供的保障						
	师资队伍水平	1. 院校专业带头人在行业中的影响力 2. 院校骨干教师的教育教学能力、专业水平、社会服务能力						

一级指标	内容与权重 二级指标	二级指标的详细项目	模糊关系矩阵					权重
			很好	好	较好	一般	不好	
行业高职院校	专业设置	院校设置的专业与地方经济发展和重点产业发展的吻合度						
	人才培养质量	1. 毕业生的就业率 2. 毕业生的就业对口率 3. 毕业生的就业稳定率 4. 毕业生的职业发展状况						
	专业建设的硬件条件	1. 院校的实训条件 2. 院校的技能培训和鉴定条件 3. 院校的信息化水平						
企业	经营理念与价值观	1. 企业领导对人才培养的重视 2. 企业领导对企业长远发展的重视 3. 企业领导为行业培养人才的社会责任意识 4. 企业领导对校企合作的支持力度						
	生命周期和对人才与技术的需求	1. 企业的发展状况 2. 企业对技术技能型人才的需求状况 3. 企业对技术合作的需求状况						
	合作成本收益与风险管理	1. 企业对资金、设备、技术、人员等的投入情况 2. 企业对合作风险的判断和应对能力 3. 企业成本投入的回报收益状况						
中央政府	对高职教育校企合作办学的顶层设计	1. 中央政府对高职教育校企合作办学规划的战略高度 2. 中央政府对政府、行业、企业、学校在办学中的责、权、利的定位清晰度						
	政策法规及实施细则	1. 政策法规的权威性 2. 政策法规的系统性 3. 优惠政策的吸引力 4. 政策法规的可操作性 5. 政策法规的执行情况						
	职业资格证书体系	1. 职业资格证书体系是否完善、先进 2. 行业准入制度的执行情况						

现代职业教育研究丛书

行业高职院校校企合作机制研究

一级指标 内容与权重	二级指标	二级指标的详细项目	模糊关系矩阵					权重
			很好	好	较好	一般	不好	
地方政府	对高职教育的重视程度	1. 高职教育是否很好地纳入地方经济社会发展规划 2. 校企合作的优惠政策 3. 校企合作的经费支持力度 4. 地方政府平台等作用发挥情况 5. 地方政府管理监督校企合作的情况						
	对中央政府政策法规的落实情况	对中央政府政策法规的执行情况						
院校主管部门	发展战略和经营理念	1. 统筹规划系统内资源的能力 2. 对职业院校发展的重视程度 3. 对人才培养和技术创新的重视程度						
	在本行业中的地位	在本行业中的权威性和引领性						

运用德尔菲法（即专家意见法）对此表各级指标进行评价后，运用上述计算方法和评价方法，评价某行业高职院校校企合作的整体开展情况，诊断出行业高职院校、企业、中央政府、院校主管部门和地方政府等各因素在校企合作中有无发挥作用、发挥的作用大小、哪些方面还不够完善，从而指导行业高职院校采取相应的措施，积极应对。

第二节　行业高职院校影响因素分析

由表6－6可知，行业高职院校因素中影响校企合作最重要的指标是院校领导的办学理念和创新决策能力，其他依次为师资队伍水平、专业设置、院校的执行力、专业建设的硬件条件、人才培养质量。各因素的综合权重系数虽有差异，但不是十分明显。可见，这六个因素对校企合作来说都非常重要，缺一不可。

表 6 - 6   行业高职院校因素二级指标的权重

一级指标	二级指标	指标内涵	权重 a_{ij}
行业高职院校 A_1	院校领导的办学理念和创新决策能力 a_{11}	院校领导的办学理念,对国家宏观政策、战略规划、校企合作的认识和理解,对市场信息的捕捉、快速判断和响应能力等,会影响校企合作项目达成和实施成效	0.173
	师资队伍水平 a_{13}	院校教师的教育教学能力、专业水平、社会服务能力等,特别是专业带头人的行业影响力和骨干教师的能力,对企业的合作意愿和校企合作成效有一定影响	0.172
	专业设置 a_{14}	院校设置(或合作)的专业是否符合地方经济发展和重点产业发展的需要,会对地方政府的支持力度和合作资源获取产生影响	0.170
	院校的执行力 a_{12}	院校管理干部的校企合作理念,对校企合作的认识和理解、组织实施和管理校企合作项目的能力以及院校内部管理机制等,会对校企合作实施成效和持续发展产生影响	0.167
	专业建设的硬件条件 a_{16}	专业拥有的实训条件、教学条件、信息化手段等会影响行业企业的合作意愿和校企合作成效	0.160
	人才培养质量 a_{15}	毕业生是否符合行业企业的需要会影响行业企业参与合作的兴趣和意愿	0.158

一、院校领导的办学理念和创新决策能力

在我国经济快速发展、产业结构不断调整升级、行业企业人才需求和规格要求不断变化的背景下,如何快速响应,找到与企业合作的利益结合点,真正走出一条产教融合、校企合作的办学之路,是每一所高职院校都面临的问题。在此环境中,院校领导的决策能力、判断能力、创造能力变得尤为重要。日本理论家曾把企业领导者的能力归纳为十项,即思维决策能力、规划能力、判断能力、创造能力、调查能力、劝说能力、理解能力、问题解决能力、下级培养能力、积极性调动能力。其中,思维决策能力排在第一位。对于组织而言,决策的质量是其成败的关键;对于领导者而言,决策的质量是其领导水平的标志。院校领导的办学理念和创新决策能力对校企合作的影响具体表现在三方面。

1. 影响校企合作市场信息的捕捉。行业高职院校是否具备开放办学的理

念,是否具备社会主义市场经济意识,能否关注并领悟国家和地方的经济社会发展规划、教育发展规划、法律法规政策等,都会影响其对校企合作市场信息的捕捉能力。

2.影响企业的合作积极性。高职院校领导的办学理念、视野格局、决策能力、管理能力会影响学校的发展水平,决定学校现在或未来在行业、在社会上的地位和形象,直接影响企业与院校合作的意愿。而在具体的合作沟通中,院校领导对校企合作的重视程度也会直接影响企业合作的意愿和未来合作的可能性。

3.影响校企合作的实施成效。价值观可以成为一种控制机制。[①] 在某种程度上,院校领导的办学理念代表整个学校的办学理念和办学思路,影响全体教职工对待校企合作的态度,影响学校校企合作制度和内部管理机制等的创新,从而影响校企合作的实施成效。

因此,院校领导在校企合作中具有至关重要的作用。他们一方面直接影响企业的校企合作意愿;另一方面间接影响校企合作项目实施中的其他因素,如院校的管理水平、专业结构、师资水平、人才培养质量。前文所述的常信院把握住常州市武进区经济发展的需要,提出建设"信息产业园"的设想,并将其作为校企共育人才的基地。山东商职院依托主管部门,校企共建国家级工程技术研究中心,借助研发,提升学院的社会地位和声誉,培养创新型人才。这些案例都体现了院校领导先进的办学理念和较强的创新能力,这些院校领导都在校企合作中发挥了引领作用。

二、师资队伍水平

高职院校师资队伍水平参差不齐。在访谈中,企业相关人员指出:"一些高职院校缺乏骨干教师、专业带头人,很难把企业培训内容转变为教学内容、教学案例,带领学生动手实训、操作;教师的热情和敬业精神不够;高职院校人才培养与社会需求脱节的主要原因是学校软硬件跟不上技术发展,与企业需求不匹配,个别教师能力不强,特别是动手能力较差,对企业的人才需求也不了解。"可见,师资队伍水平对校企合作具有重要影响。

1.影响校企合作项目的获取。教师的专业能力、社会服务能力、教育教学

① [美]爱德华·弗里曼.战略管理——利益相关者方法[M].王彦华,梁豪,译.上海:上海译文出版社,2006:290.

能力和学术水平等都会影响行业企业对院校合作能力的评价,从而影响企业的合作意愿。师资力量薄弱会使企业不信任高职院校,而缺乏信任的合作是难以建立的。

2. 影响校企合作项目的实施成效和可持续发展。校企合作的根本目的是培养人才。因此,合作项目的实施主体必然是教师,教师的质量决定人才培养质量,教师的研究能力和技术服务能力决定学校能为企业提供什么质量的服务。这些都会影响企业合作利益诉求的满足,从而影响企业的投入意愿和投入力度。

如果说校企合作项目的产生取决于院校领导,那么校企合作的成败则在于教师,特别是专业带头人和骨干教师。一所学校的师资水平决定校企合作项目的层次,决定校企合作项目的实施成效,决定校企合作关系的可持续性。在山东商职院的案例中,该校教师承担了多项省级科技攻关项目,积累了一定的研究基础,为国家农产品现代物流工程技术研究中心的落户奠定了较好的基础。在上海电子信息职业技术学院的案例中,计算机多媒体技术专业的教师曾带领学生在多个全国性、市级职业技能竞赛中获奖,并为某些企业提供了较好的技术服务,赢得了合作企业的信任。

三、专业设置

院校的专业设置与区域经济发展和重点产业发展的吻合度影响校企合作资源的获取和地方政府的支持力度。例如,电子信息产业是常州市武进区的两大支柱产业之一,常信院的电子信息类专业优势为其向地方政府申请获批"信息产业园"创造了天然优势。

1. 影响校企合作资源的获取。从成本收益理论来看,校企合作的范围越聚焦,合作收益就越高。也就是说,若某校设置的专业正是本地区行业企业发展所需要的,那么企业首选的合作对象肯定是这所院校。另外,若地方政府因经济发展需要,将重点扶持某个支柱产业的发展,该领域的企业也会得到快速发展和重点支持,这为行业高职院校获取行业企业的合作资源提供了可能性。

2. 影响地方政府的支持力度。为促进区域经济发展,地方政府会非常重视本区域主导产业的人才培养。若院校设置的专业能够培养地方主导产业所需人才,地方政府必然会给予一定的政策支持或为其校企合作牵线搭桥。

当然,行业高职院校能否开设出符合地方产业发展需要的专业、能否根据地方产业结构变化适时调整专业结构或专业方向,关键在于院校领导对市场、对地方经济发展形势等信息的掌控、洞察判断能力和实际决策能力。

四、院校的执行力

在现代管理中,决策与执行是相辅相成的两个环节。正确决策需要落实,如果束之高阁,那么决策再好也是没有意义的。抓落实是由决策向执行转换的一个创造性领导过程。做正确的事与正确地做事是针对领导的决策与部下的执行情况而言的。院校的执行力强主要表现为:院校管理层对校企合作的认识和理解深入;院校管理层的创新能力和组织管理能力强;院校教师的能力水平高;院校内部管理机制的健全。院校的执行力对校企合作的影响方式具体表现在三方面。

1. 院校管理层对校企合作的认识和理解影响校企合作的实施成效。理念决定行动。管理者能否正确认识校企合作,决定其能否为教学一线开展校企合作共育人才提供合理的保障,从而影响校企合作的实施成效。

2. 院校管理层的创新能力也会影响校企合作的实施成效。新的校企合作模式必然会引发教学、学生、人事、财务、设备、后勤等管理制度的改革。此时,相关职能部门的管理者拥有开放的、勇于创新的管理理念显得尤为重要。如果管理者的理念陈旧落后,就会影响专业院系与企业合作的积极性,为校企合作增加难度。

3. 院校的内部管理机制健全会使其内部资源得到有效整合、形成合力,从而提升校企合作的成效。内部管理机制健全主要体现在院校的管理部门具备服务教学一线的理念、制度设计系统、能根据市场和教学的变化迅速调整相关制度等。内部管理机制会影响院校内部资源的有效整合,影响校企合作项目的实施成效,甚至影响校企合作项目的达成。

因此,院校的执行力决定校企合作的成败,决定校企合作的可持续性。例如,常信院在实行"引企入园"模式时,及时调整了内部机制,组建了校企合作委员会,调整了院内职能部门结构,对功能重叠的部门进行合并,实行大部制,保障了校企之间的信息沟通和学院内部的信息沟通等。山东商职院实行校企共建国家级技术研究中心模式时,根据技术中心的工作任务和承接的研发项目特点,创新学院内部管理体制,实行无界化管理,依据项目组建研发团队和管理团队,有效地整合了学院的内部资源,实现了资源的最大化利用。

五、专业建设的硬件条件

专业建设的硬件条件包括校内实训条件、校外实习条件、教学仪器设备条件、职业技能鉴定条件、信息化条件等,是反映学院综合实力的指标之一。这些硬件条件与师资水平共同影响专业人才的培养质量,影响校企合作的实施成效,影响院校获取合作项目的可能性和持续性。相比师资水平,硬件条件对校企合作的影响更为直观。因此,为促进与企业的合作,高职院校在加强自身能力建设的过程中应重视硬件条件建设。

六、人才培养质量

人才培养质量是企业在与院校开展合作时非常看重的指标,在校企合作中极为重要,但它会受前面五大因素影响。因此,人才培养质量是维系校企合作和产生新的校企合作的关键因素,但不是最为重要的因素。该因素是通过前面五大因素来间接影响校企合作的。

综上所述,行业高职院校是校企合作中最关键的因素。正如企业相关人员所说的那样,"如果非要归纳最关键的因素,我觉得应该还是院校的体制与一把手的观念"。来自行业高职院校的六大影响因素又是相互影响、相互制约的。院校领导的办学理念和创新决策能力决定院校的专业设置市场吻合度、师资水平、执行力、专业建设硬件条件,而院校的师资等办学条件又影响人才培养质量,见图6-1。此外,改善校企合作现状的关键在于院校,可从院校领导能力建设、专业建设、师资队伍建设、执行力建设、内部管理机制创新、办学条件改善等方面入手。

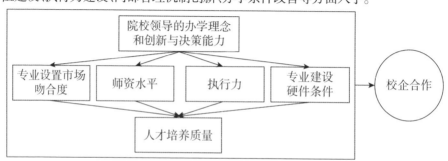

图6-1 行业高职院校影响因素的相互关系

第三节 企业影响因素分析

企业影响因素按其重要性排序依次为经营理念与价值观、生命周期和对人才与技术的需求、合作成本收益与风险管理、对技术技能型人才的层次要求。企业因素二级指标的权重见表6－7。

表6－7 企业因素二级指标的权重

一级指标	二级指标	指标内涵	权重 a_{ij}
企业 A_2	经营理念与价值观 a_{21}	企业对人力资源开发的重视程度、长远发展规划、为行业培养人才促进社会发展的担当精神，以及企业对利益的诉求方式等给校企合作带来的影响	0.259
	生命周期和对人才与技术的需求 a_{22}	企业在不同生命周期（创业期、成长期、成熟期、衰退期）对技术和人才的需求不同，这会影响企业的合作需求、合作对象、合作方式选择	0.252
	合作成本收益与风险管理 a_{23}	企业投入合作办学的成本（包括资金、设备、技术、人员等）能否产生收益，以及合作带来的风险，会对校企合作可持续发展产生影响；企业对合作风险的预判对其合作意愿产生影响	0.248
	对技术技能型人才的层次要求 a_{24}	人才层次要求会影响企业的合作对象和合作方式选择	0.241

一、经营理念与价值观

企业的经营理念与价值观决定了企业的合作意愿、合作目的和合作方式。需求是合作产生的根本条件。有了需求，若没有合作育人的理念，校企合作仍然无法达成。经营理念是企业管理者追求企业绩效的根据。企业追求的是短期利益还是长期利益将决定企业合作需求能否产生以及合作的内容。有研究者认为，"只追求短期利益就不可能有创新"，一家没有创新动力的企业也不可能获得长久发展，相反，以追求长期利益为目的的企业，将追求市场地位、创新、生产力增长、吸引人才的能力、流动性、利润，有了前五点，利润才可以做到长期持久。①

因此,追求短期利益的企业很难有合作需求,合作动机也不强,若有合作动机,也多半是为了寻找廉价的劳动力,不利于学生职业技能的培养;追求长期利益的企业因为注重技术创新和人才培养,技术合作和人才培养合作的需求动机自然产生,合作也会持续深入。企业的经营理念往往反映了企业领导层的价值观或理念。虽然参与校企合作是企业与学校之间的组织关系行为,但合作是由具体的人来完成或实现的。研究者曾询问一位以代加工生产为主的企业的总经理"是否愿意与学校合作共同培养现有员工或未来员工",他非常坦白地说:"我们招聘员工是为了让他们干活,把他们培训好了,结果只有两个——要么向我要钱,要么向别人要钱。"由此可见企业领导或决策层的价值观与公司利益一样重要,直接影响着企业是否参与校企合作以及参与合作的方式。

二、生命周期和对人才与技术的需求

企业的生命周期及合作需求决定了企业有无合作动机。企业生命周期分为创业期、成长期、成熟期和衰退期。每个阶段所依赖的资源类型是不同的。一般来说,企业在创业期会把大量资金用于开发具有更好质量和大众化价格的产品,此时将注重技术合作,对技术型、工艺型、销售型、管理型等一线人才需求较少。随着发展规模的不断扩大,企业对一线人才的需求量会逐渐提高,到成熟期达到顶峰,此时极有可能对高职院校产生合作需求。所以,企业的生命周期决定企业的需求类型和数量,而企业的需求又决定其合作动机、合作内容和合作方式。反过来,企业的需求变化又对院校的市场信息捕捉能力、判断能力和决策能力提出了很高的要求。

例如,WPP集团为进一步扩大在中国的市场占有率,与上海工艺美院合作共建二级学院。山东福瑞达生物科技有限公司因公司发展需要一线的技术技能型人才,与山东商职院共建二级学院。上海景格科技有限公司为保持业务的快速增长、实现企业转型发展,与上海电子信息职业技术学院共建学生工作室开发所需软件。

① 石丹.企业经营:追求长期利益需注意六个关键点[EB/OL].(2007 - 11 - 26)[2021 - 9 - 13].http://www.techweb.com.cn/manage/2007-11-26/273971.shtml.

三、合作成本收益与风险管理

企业的合作成本收益决定了企业的合作意愿。市场经济条件下,企业一切经济活动的出发点都是利益。企业参与高职教育也是一种投资行为,在投资之前,会对市场收益、投入风险进行充分的评估,据此来决定自己的经济活动。风险评估结果将影响企业参与合作的积极性,校企合作收益大于成本时,企业参与高职教育的积极性便高。对已开展的合作来说,企业从合作中获得的利益能否满足企业发展需要,将直接影响企业合作的可持续性。对企业来说,投资办学的目的主要有三个:一是获得满意的人才,储备合格人才;二是获得高职院校的技术支持和技术培训服务等;三是扩大自身的社会影响力和产品的市场占有率。合作产生的产品质量和服务质量又取决于双方的人员、精力和时间投入以及有效的管理。这一方面对院校的师资能力和水平以及院校内部的管理制度提出了更高的要求;另一方面也促使企业投入更多的人力、物力、财力。

例如,山东福瑞达生物科技有限公司与山东商职院共建二级学院,既可按其所占比例获得相应的投资回报,又可获得所需的技术技能型人才,合作得以延续。常信院"引企入园"模式中,企业既可享受园区内的各项税收优惠和地租减免政策,又可获得人才和技术支持,企业因而愿意入驻并为常信院提供学生企业实习岗位、教师企业实践机会和企业兼职教师等。

四、对技术技能型人才的层次要求

企业对技术技能型人才的层次要求决定了企业的合作对象和合作方式。具体来说,若企业对技术技能型人才的专业理论和技术含量有较高要求,企业就会主动与高职院校合作;若空缺岗位属于劳动密集型的、对技术含量要求不高,企业可能就会通过其他途径(如从劳动力市场招聘务工人员)来满足需求。企业的人才层次要求受制于企业的生产方式,而企业的生产方式又会受到区域经济发展方式和企业经营理念的影响。

总之,企业的需求和利益是其参与合作的根本动因。作为服务方的行业高职院校,应增强自身能力,最大化地满足企业的需要。同时,来自企业的几大影响因素也是相互制约、相互影响的,并形成合力对校企合作产生影响,见

图6-2。企业的经营理念与价值观决定了企业的生命周期和生产方式,从而决定企业对人才发展和技术创新的合作需求;同时,企业的经营理念也将直接决定企业对校企合作的人员投入、资金投入、时间投入、管理投入等,从而影响校企合作成本收益。

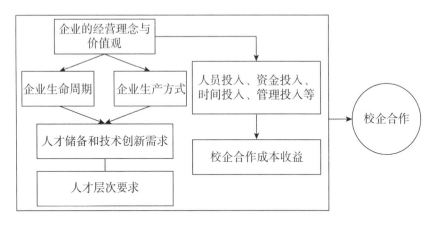

图6-2 企业影响因素的相互关系

第四节 中央政府影响因素分析

中央政府影响因素按其重要性排序依次为对高职教育校企合作办学的顶层设计、政策法规及其实施细则、职业资格证书体系。三者的权重相差不大,这表明三者都对校企合作有重要影响。中央政府因素二级指标的权重见表6-8。

表6-8 中央政府因素二级指标的权重

一级指标	二级指标	指标内涵	权重 a_{ij}
中央政府 A_3	对高职教育校企合作办学的顶层设计 a_{31}	中央政府对职业教育办学中政府、行业、企业和学校的责、权、利的界定,对高职教育校企合作办学的整体设计和规划,对高职教育在国民经济发展中的定位等,给校企合作带来的影响	0.338
	政策法规及其实施细则 a_{32}	中央政府出台的政策法规的权威性、系统性、规范性、可操作性和实效性等对校企合作的影响	0.334
	职业资格证书体系 a_{33}	行业准入制度健全与否对企业开展合作、共同培养人才意愿的影响	0.327

一、对高职教育校企合作办学的顶层设计

中央政府对高职教育校企合作办学的顶层设计指导和规范着高职教育的校企合作。政府作为国家组织的具体形式,负责调整社会成员之间的关系。有研究者认为,当国家规定了其他合作者的角色时,建立在社会合作关系原则基础上的体系才能运转起来。也就是说,虽然校企合作是源于需求,但仍需要国家从顶层设计角度明确合作各方的权利和义务,规范合作行为,从而建立一个合作各方各司其职、各负其责的有序运转的良性循环系统。从这一点来看,中央政府的顶层设计尤为重要。

行业高职院校是计划经济时代的产物。20 世纪五六十年代,党中央和国家领导人高度重视行业企业举办职业教育,曾多次发文,明确规定了行业部门、教育部门在职业教育办学中的职责和义务,为双方合作办学指出了明确的方向,规范了双方的合作行为,保障了合作办学的成效。虽然计划经济体制下的计划机制无法复制,但当时职业教育在国家层面的顶层设计理念是值得借鉴的。而大多数西方发达国家校企合作成功办学的经验都显示出国家顶层设计的重要性。如德国职业教育法明确而详细地规定了职业教育利益相关者的责、权、利,涉及联邦政府、州政府、职业学校、行业协会、企业、联邦职业教育研究所等。

二、政策法规及其实施细则

成熟的政策法规是校企合作有效开展的重要保障。法律是统治阶级意志的体现,是政府控制和干预社会组织与个体行为的重要途径。首先,高职教育校企合作的规范有序开展离不开国家的法律法规管控和约束。其次,行业企业参与校企合作的利益补偿需要政府的政策法规来规范,以激发企业的合作积极性。最后,在当前高职院校难以开展校企合作的情况下,需要政府出台一些强制性的措施来推进校企合作。因此,政府是沟通高职院校与企业的桥梁和纽带,政府的支持、引导、监督、管理是校企合作培养人才得以实现的有效途径和保障。如前文所述,20 世纪五六十年代,我国政府明确规定行业企业具有举办职业教育的社会职能,极大地提高了行业企业办学的积极性和主动性。

三、职业资格证书体系

完善的职业资格证书体系能够促进校企合作。职业资格证书体系将规范行业的准入制度,统一的行业标准将促使企业加大员工的职业技能培训以及员工入职前的培训,进而促使企业提前介入高职院校人才培养,以此来节约人力资源开发成本。澳大利亚、英国、瑞士、德国等都制定有严格的职业资格证书体系或行业准入制度,规范了企业的用工制度及其参与职业教育的行为。

总之,中央政府在校企合作中的作用主要是规范和引导。这些作用有效发挥的前提条件是:(1)政府应明确自身的职责定位,即顶层设计规划高职教育校企合作办学;(2)政策法规应是合理的、科学的、规范的、可操作的,各项政策法规是相互配套的;(3)政策法规执行者要有较强的能力,充分理解相关政策;(4)有完善的政策执行机制,包括传播机制和执行监督机制等。中央政府影响因素的相互关系见图 6 - 3。因此,中央政府一方面要做好顶层设计;另一方面要形成科学合理的政策法规体系,确保地方政府、院校主管部门、企业、高职院校有效执行。

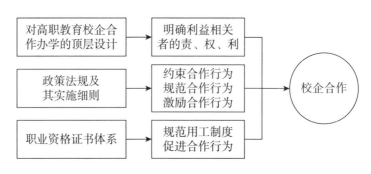

图 6 - 3   中央政府影响因素的相互关系

第五节   地方政府影响因素分析

地方政府影响因素按其重要性排序依次为对高职教育的重视程度、对中央政府政策法规的落实情况、区域经济中长期发展规划及产业结构调整。地方政府因素二级指标的权重见表 6 - 9。

表 6 - 9　地方政府因素二级指标的权重

一级指标	二级指标	指标内涵	权重 a_{ij}
地方政府 A_4	对高职教育的重视程度 a_{41}	地方政府是否把高职教育纳入区域经济社会发展规划,是否给予校企合作地方税收优惠、专项经费支持,是否建有完善的校企合作管理机构与运行机制,对校企合作产生的影响	0.348
	对中央政府政策法规的落实情况 a_{42}	中央政府出台的政策法规是否在地方得到有效执行,对校企合作产生的影响	0.353
	区域经济中长期发展规划及产业结构调整 a_{43}	地方经济发展规划和产业结构调整,带动院校主管部门战略决策、企业发展战略和发展方式等的调整,由此对校企合作产生的影响	0.300

一、对高职教育的重视程度

政府支持是企业参与校企合作的一大推动力。纵观各国高职教育校企合作的发展历程,早期的校企合作基本都属于政府驱动型。从常信院校企合作典型案例中,我们可以看到常州市政府和武进区政府在整个校企合作过程中发挥了重要的舆论导向、政策导向作用。常州市政府重视高等职业教育的发展,把建设"国家高等职业教育实验区"写入常州市国民经济和社会发展第十二个五年发展纲要。武进区政府给予信息产业园一系列优惠政策,确保了优秀企业的入驻,为常信院提供了优质的合作资源。因此,高职院校开展校企合作既需要国家的宏观政策指导,更需要地方政策来推行。地方政府的重视和政策支持是落实中央文件精神的关键,它直接影响企业参与合作的积极性。

政府对高职教育的重视与支持主要体现在:把高职教育纳入地方经济社会发展战略规划;制定地方税收优惠政策;提供资金支持;搭建合作平台等。地方政府战略上的高度重视,能够确保高职教育和技术技能型人才的社会地位和社会认可度,激发企业参与技术技能型人才培养的积极性。政策的可行性强、吸引力大、资金的支持力度大会促进企业与学校的合作。校企合作管理机构可以协调、指导、监督、评价校企双方的合作行为和合作成效,规范校企合作。校企沟通平台的搭建能够为校企的信息共享提供方便,并促成校企合作。

二、对中央政府政策法规的落实情况

政策法规一般包括中共中央、国务院及相关部门制定的规定、办法、准则以及行业的规范和条例规章等。这些政策法规要靠地方政府来执行落实。现实中,不同的地方政府对中央政策法规的落实情况是不同的:有的重视,能够很好地执行;有的在理解上存在偏差,执行效度较低。因此,地方政府能否根据地方的实际情况,制定有效的实施细则,采取有效的落实措施,决定着地方企业的合作行为能否得到约束、合作利益能否得到保障,影响校企合作的实施成效。

三、区域经济中长期发展规划及产业结构调整

区域经济中长期发展规划及产业结构调整会影响地方政府对高职院校的支持力度,影响企业的发展战略,从而影响企业参与合作的可能性。一般来说,地方政府出于地方经济社会发展的需要,会支持与地方重点产业发展一致的院校的校企合作,以培养符合重点行业企业发展需要的人才。职业院校能否获得企业的合作在某种程度上受其所处区域的产业结构和经济发展情况的制约。一般来说,若所处区域的产业结构与学院专业相关且发展较好,则合作企业较多。

例如,德国卡尔斯鲁厄地区的合作教育拥有大量的优秀合作企业,在一定程度上是由于卡尔斯鲁厄以高新技术企业闻名,拥有大量的高新技术企业。常州信息产业园的建立顺应了常州市特别是武进区的经济发展和产业转型升级需要。武进区政府明确提出"要建成以高新技术产业为主导、先进制造业为主体、现代服务业为支撑、现代农业为基础的现代产业体系"。而山东商职院国家农产品现代物流技术工程研究中心的落户也符合山东省农业大省的发展定位。

从职业教育与社会经济的关系来看,社会经济影响职业技术教育的发展,影响职业技术教育的规模、速度及质量,影响职业技术教育结构,包括专

业结构、层次结构和程度结构。[①] 由此,地方的经济结构和经济发展规划将影响地方的产业结构、人才层次结构,影响地方政府对高职教育的投入和支持。而职业技术教育要想有效促进经济的发展,必须具备以下条件:(1)职业技术教育发展的规模、速度、结构应与经济发展的要求相适应;(2)职业技术学校必须培养出合格的技术人才;(3)已受过职业技术教育的人才有合适的工作岗位,实现人力资本与物质资本相结合。因此,高职院校在办学过程中要想得到地方政府的支持,必须根据地方的经济发展和产业结构办学,开设地方经济发展所需的专业,培养其所需人才。

综上所述,来自地方政府的三大因素也是相互联系、相互制约的,见图6-4。地方经济发展和产业发展的中长期规划影响地方政府的人才发展规划,影响其所关注的人才培养层次及投入,从而影响其对当地高职院校校企合作办学的重视与投入。而地方政府的重视程度也影响其落实中央政策法规的积极性。

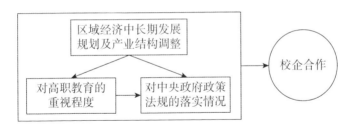

图6-4　地方政府影响因素的相互关系

第六节　院校主管部门影响因素分析

院校主管部门影响因素按其重要性排序依次为行业特征、发展战略和经营理念、在本行业中的地位。院校主管部门因素二级指标的权重见表6-10。有趣的是,研究者在访谈中发现,行业高职院校普遍认为院校主管部门对校企合作具有极为重要的作用,而企业则普遍认为合作是学校和企业双方的事,只要双方有需求、有能力、有投入即可达成。

① 张家祥,钱景舫.职业技术教育学[M].上海:华东师范大学出版社,2001:17-21,30.

表 6 - 10　院校主管部门因素二级指标的权重

一级指标	二级指标	指标内涵	权重 a_{ij}
院校主管 部门 A_5	行业特征 a_{51}	院校主管部门所处的行业是劳动密集型行业还是技术密集型行业,对行业系统内部校企合作目的、方式等产生的影响	0.401
	发展战略和经营理念 a_{52}	院校主管部门对本系统发展的战略决策、规划、目标和经营管理理念,对其支持内部校企合作的力度以及内部企业参与合作的意愿、方式、利益诉求等产生的影响	0.318
	在本行业中的地位 a_{53}	院校主管部门在本行业中的权威性、先进性、引领性和经营状况等对校企合作产生的影响	0.281

一、行业特征

行业特征决定企业的生产方式,而企业的生产方式或其追求的生产方式又决定企业参与高职教育的积极性。技术密集型企业无疑比劳动密集型企业更关注人力资源的开发,前者参与职业教育的积极性也比后者要高。随着科技进步,企业的生产方式发生了重大转变,以增加物质财富为主要目的的工业社会大批量的生产方式逐渐转变为灵活多变、适应性强、个性化的柔性生产方式,这就要求劳动者具有一定的知识、智慧并掌握多项技能,从客观上增加了企业对于人力资源开发的需求。可以说,企业生产方式的转变加速了校企合作的进程。

在分析行业高职院校校企合作现状问卷调查结果时,研究者发现行业特征对其合作方式是以系统内为主还是以系统外为主会产生一定的影响。调查结果显示,系统内合作占绝对优势的一般是国家政策调控力度较大、行业资源相对集中的行业,如交通、建筑、卫生,占比均在 70% 以上,有的甚至高达100%。相比较而言,在一些应用领域相对宽泛的行业,如电子信息,主要表现为在系统内和系统外同步开展合作。

二、发展战略和经营理念

院校主管部门的发展战略、经营理念会影响其对下属院校办学和行业内部校企合作的支持。若院校主管部门注重行业或集团的长远发展,则会加大对下属企业人员培训、技术创新等的支持力度,从而促进校企合作的开展。院

现代职业教育研究丛书

行业高职院校校企合作机制研究

158

校主管部门愿意为社会、行业培养人才的社会责任感也会促使其注重下属院校的发展。院校主管部门注重协同发展的理念,会使内部资源得到有效配置,实现1+1>2的整体效应,从而促进全行业的共同发展。

常信院"引企入园"和山东商职院"校企共建国家技术研究中心""集团公司主导共建双师团队"的典型案例中,院校主管部门都注重行业协同发展,促进了校企合作。

三、在本行业中的地位

院校主管部门在本行业中的地位会影响其对行业高职院校与下属企业合作的支持力度,以及可以给予的合作资源,同时也会影响行业高职院校的合作意愿。若行业经济效益不好,行业高职院校便会转向外部的合作,以培养出符合全行业需要的高质量人才,确保自身的办学质量和社会声誉。一般来说,行业地位越高,经济效益越好,系统内的合作比例就越高;反之,则越低。

例如,山东商职院能够获批国家农产品现代物流技术研究中心,并以此为平台开展产学研合作教育,便得益于其院校主管部门鲁商集团在山东省乃至全国商业界的领先地位。该集团作为山东商会会长单位和山东省物流与采购协会、山东省商业经济研究所、山东省商业经济学会等的主管单位,掌握了山东省重要的商业资源,为院校提供了丰富的校企合作资源和便利条件。

总之,院校主管部门所属的行业特征决定了下属企业的生产方式,决定了其对人才层次和技术发展的需求,从而影响行业内校企合作行为的产生。而院校主管部门的发展理念也会影响下属企业的经营理念和经营方式,影响其对院校的支持以及系统内优势资源的协同发展,并影响全行业或整个企业集团的经济效益。所有这些都会影响系统内校企合作的发展。院校主管部门影响因素的相互关系见图6-5。

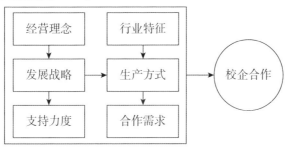

图6-5 院校主管部门影响因素的相互关系

第七节 影响因素的耦合关系分析

通过分析,我们可以看到,行业高职院校校企合作是受行业高职院校、企业、院校主管部门、地方政府和中央政府等因素影响的庞大系统,各因素既自成系统,有特定的运行机制,又存在交叉耦合关系。

一、行业高职院校与企业的关系

行业高职院校与企业是一种供需关系。企业提出人才需求和技术需求,行业高职院校为其提供服务。校企关系是校企合作系统中最紧密和重要的关系,其他几组关系的组建和完善都是为校企关系服务的,因此,这些关系不仅会影响校企关系的发展,也会因校企关系变化而发生相应变化。同时,行业高职院校与企业的供需关系受利益机制影响,只有利益诉求得到满足,才能平衡这种供需关系。

二、行业高职院校与院校主管部门的关系

两者是行政隶属关系,是被领导与领导的关系,行业高职院校的发展在很大程度上依赖于院校主管部门。院校主管部门的发展战略和管理理念会影响行业高职院校的发展,特别是影响其与系统内企业的合作。而院校主管部门的发展也离不开高职院校的人才和智力资源支撑。因此,行业高职院校与院校主管部门的关系会影响校企关系的发展,院校主管部门特别是大型国有企业集团可通过行政手段、统筹规划等方式来促成系统内的校企合作,发挥中介桥梁作用。

三、行业高职院校与政府部门的关系

两者是行政上的上下级关系。这种上下级关系主要是通过院校主管部门来传递的。同时,作为独立的法人,行业高职院校的行动又直接受到政府部门出台的规章制度、政策法规、发展规划等的指引和约束。行业高职院校与政府部门的这种关系使得政府可以通过政策引导、法律约束、监督考核等途径来影响校企合作。

四、企业与院校主管部门的关系

对大型国有企业集团来说,这两者既有行政隶属关系,又是一个利益共同

体。相较行业高职院校,企业与院校主管部门之间的关系更为密切、直接,因为两者都以经济利益为目的。对行业部门来说,它与企业是一种资源相互依赖的关系。行业部门规划和引领行业内企业的发展,而各企业的发展又会影响行业的整体发展水平。因此,对两类院校主管部门来说,他们关注的实质都是本行业的经济收益,由此也会关注本行业的企业发展和利益需求。企业和院校主管部门的关系决定院校主管部门在面对校企合作时多从所属企业的发展需求来考虑。

五、企业与政府的关系

企业与政府是相互影响、相互渗透的关系。在市场经济条件下,政企关系具体地表现为政府干预和市场调节关系。企业是政府活动中一个极为重要的利益相关者,政府的决策和活动要充分考虑企业的需求。同时,企业的生存和兴旺又与政府决策之间有着较大的联系。[①] 因此,虽然在市场经济条件下,企业以追求利益最大化为根本目的,但其实施商业行为和获取利润的权利是以遵守法律和公共政策为前提的。企业与政府的关系决定政府可通过各种政策法规来间接引导企业参与校企合作,间接影响校企关系。

六、院校主管部门与政府的关系

院校主管部门之一——行业主管部门(如某些部、委、局、署),是国务院或地方政府的直属机构,是基本的行政管理职能机关,代表政府行使本行业的规划和管理职责,主要负责政策的制定以及宏观规划与指导。因此,行业主管部门直接接受政府的领导,其工作职责等由政府直接赋予,行动方针受到政府决策和规划的制约。而院校主管部门之二——大型国有企业集团,是由中央政府或地方政府投资并参与控制的企业,对政府的政策依赖性较强。政府的意志和利益决定了国有企业的行为。由于两者之间的这种关系,中央政府或地方政府一方面可以通过行政手段命令行业主管部门大力支持或开展校企合作;另一方面可以通过规划、引导、监督等手段影响校企合作。

---

① [美]詹姆斯·E.波斯特,安妮·T.劳伦斯,詹姆斯·韦伯.企业与社会:公司战略、公共政策与伦理[M].张志强,等译.北京:中国人民大学出版社,2005:6.

七、中央政府与地方政府的关系

此处所指的中央政府与地方政府之间的关系是中央与省级辖区政府之间的关系,是一种政府体系的垂直结构的层级节制。两者之间是权利分配关系。中央政策的执行依赖于地方政府,通过"中央—省—市—县—乡镇"这种金字塔式的层级逐级向下执行。而地方政府在执行中央政策时也会考虑地方的利益。因此,在校企合作关系中,中央政府主要发挥宏观调控和指导职能、监督职能;地方政府在贯彻落实中央政府政策法规的同时,根据地方经济、产业的发展需求制定适合本地区的政策。

综上所述,行业高职院校校企合作是一个交叉耦合系统,是由若干关系要素组成的矛盾统一体,各因素相互影响、相互制约。其中最核心、最基础的关系是院校与企业之间的供需关系,其他所有因素及关系都应围绕这个供需关系来设计,推动学校与企业之间的合作。校企之间的供需关系及其核心地位决定了合作中的利益主导机制,而其他因素的影响和制约又使院校主管部门的行政指令、统筹规划、平台搭建以及政府部门的政策引导、法律约束、监督考核具有重要作用。作为产品和服务的提供方,行业高职院校成为这个矛盾统一体中的关键。因此,行业高职院校必须提升自身核心竞争力,以优质的服务满足企业需求,从而赢得企业的长久合作。行业高职院校校企合作各因素的交叉耦合关系见图6-6。

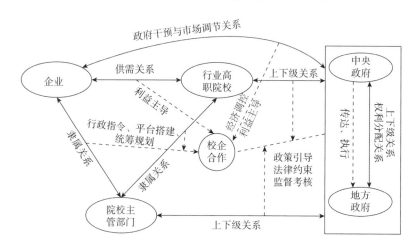

图6-6 行业高职院校校企合作各因素的交叉耦合关系

注:图中的"企业"是指院校主管部门下属企业。此外,因为在社会主义市场经济体制下,行业高职院校还要与行业系统以外的企业开展合作,院校主管部门与企业的关系还应包括与非下属企业的关系。此时,两者的关系不再是行政隶属关系,而是经济利益关系,院校主管部门仅发挥中介桥梁作用。而其他几组关系不变,影响校企合作的方式和功能也不变。

需要说明的是,我们也可以根据行业高职院校、企业、地方政府、院校主管部门四大因素所占的权重(见表6-11)建构相应的机制,四大因素的交叉耦合关系与前文所述相同。此外,行业高职院校因其由行业主管部门或大型国有企业集团主管的特征,校企合作方式具有独特性,可利用与院校主管部门的行政隶属关系,在行业系统内开展校企合作,此时校企合作机制建构涉及的要素主要包括行业高职院校、企业、院校主管部门,三个要素的权重分配及综合评价结果见表6-12,交叉耦合关系见图6-7。

表6-11 行业高职院校校企合作四大因素的模糊关系矩阵及综合评价结果

一级指标	归一化后的权重A	综合评价矩阵				
		非常重要	重要	比较重要	不太重要	不重要
行业高职院校	0.398	17.52%	13.32%	7.50%	1.49%	0
企业	0.256	9.77%	8.57%	5.43%	1.78%	0
地方政府	0.182	5.30%	7.93%	2.48%	2.47%	0
院校主管部门	0.164	5.09%	4.84%	4.55%	1.25%	0.69%

表6-12 行业高职院校校企合作三大因素的模糊关系矩阵及综合评价结果

一级指标	归一化后的权重A	综合评价矩阵				
		非常重要	重要	比较重要	不太重要	不重要
行业高职院校	0.487	21.42%	16.29%	9.17%	1.82%	0
企业	0.312	11.94%	10.48%	6.64%	2.17%	0
院校主管部门	0.201	6.22%	5.92%	5.56%	1.52%	0.84%

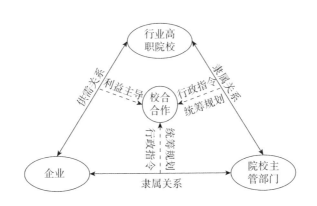

图6-7 行业高职院校校企合作三大因素的交叉耦合关系

第七章

行业高职院校校企合作机制的理性分析与建构

本章在校企合作影响因素分析的基础上，运用市场经济理论、系统论等理论，对行业高职院校校企合作机制及其内涵进行了应然分析，构建了校企合作机制变化模型。

校企合作是一项系统工程,受到各方面因素的影响。这些影响因素是复杂多样且相互交叉、相互制约的,对校企合作的影响程度和方式也有所不同。首先,各因素对校企合作的影响力是不同的。其次,各因素之间形成的关系对校企合作也有影响。此外,这些因素会随着环境的变化而变化,对校企合作的影响作用也会随之变化。

第一节　行业高职院校校企合作机制的应然分析

通过前文的历史研究、调查研究和五种合作模式及其典型案例的实证研究,笔者认为在社会主义市场经济体制下,虽然行业高职院校有多种校企合作模式,但究其核心,都离不开"以市场机制为本"的运行机制,同时也少不了院校主管部门的支持和指导。行业高职院校校企合作应"以市场机制为本、以计划调控为辅"。"以市场机制为本"是指行业高职院校开展校企合作应以市场机制为根本机制,要求合作各方关注市场的供求关系变化,树立风险防范意识,采用恰当的方式、途径来实现资源的有效配置,实现政、行、企、校共同办学、共同育人、共同发展的合作目的,以培养真正符合行业企业需要的高素质技术技能型人才。"以计划调控为辅"是指行业高职院校充分发挥行业优势,在遵循市场机制的前提条件下,依托院校主管部门的计划手段或行政手段,如下达指标任务、搭建平台,发挥计划机制作用,以促进校企合作。行业部门应利用其统筹规划行业资源的优势,发挥中介桥梁的作用。大型国有企业集团不仅要发挥中介桥梁作用,还应利用其对所属企业的行政、人事、资本等的控股权,发挥行政指令作用。这是行业高职院校在校企合作机制上与非行业高职院校的最大区别。此外,高职教育是一项公益性事业,政府应通过顶层设计和政策法规来促进校企合作,保障校企合作规范有序开展。

"以市场机制为本、以计划调控为辅"的校企合作机制是由社会主义市场经济体制下企业的经营目的、行业高职院校的本质属性和办学特征决定的。

一、社会主义市场经济体制决定以市场机制为本

校企合作是一种战略联盟的方式,是一种共同投资办学的行为,是一种联合投资、合作生产、相互交换、共同交付成果的经济活动。这种投资既包括货币形式的资本投入,也包括非货币形式的资源投入,如设备投资、技术投资、劳动力投资、信息投资。这种办学实质上也是一种生产产品的过程,与其他经济活动不同的是,教育的产品不是标准化的物品,而是具有思想和灵魂的人。因此,我们可以把校企合作办学理解为一种经济活动。

根据市场经济理论,在市场经济中,一切生产要素都是商品化的,不仅包括一般消费品和生产资料,还包括劳动力、资本、科技、信息等;一切经济关系、经济活动都是市场化的,都要以市场为中心,服从市场这只"看不见的手"的指挥。因此,在社会主义市场经济体制下,市场机制也必然成为校企合作的内在机制,通过资源的有效配置来调节校企双方的合作行为、合作利益。

二、企业的经营目的决定以市场机制为本

市场经济以利益为中心,以市场为导向。作为市场经济的主体,企业在社会主义市场经济体制改革中已完全适应了社会主义市场经济环境和规则,开展自主经营、自负盈亏的经营活动。根据新古典微观经济学的理论假设,在市场经济体制下,企业以利润最大化为目标,实现利润最大化是影响企业决策的主导性因素。换句话说,企业开展一切内外部活动的基本机制都是市场机制。在一般性的校企合作决策中,企业会对其投入、收益进行风险评估,若收益大于成本或与成本持平,企业将继续投入生产(即合作);反之,合作则可能终止。对企业来说,参与高职院校办学投入的成本主要有资金、设备、人员、技术,其收益是人力资源(即获得的技术技能型人才)、技术创造(即合作中可获得的技术服务)。作为校企合作的服务方,行业高职院校与企业开展合作必然要遵循市场机制,适应企业的经营理念和方式,准确把握企业的需求,尽量满足企业的利益需求。

这一思想在本书所列举的校企合作模式及其典型案例中都得到了体现。虽然不同模式成功的原因有所不同,但核心因素都是较好地满足了企业的利

益需求。例如,常信院"引企入园"模式成功的关键在于企业入驻产业园可以获得丰厚的利润,一方面可以享受地方政府给予的租金减免、地税留存返还、专项资金支持、人才引进支持等优惠政策;另一方面可以从常信院获得人力支持和智力支持,促进生产力的提升,以较低的成本投入获得较高的利润收益。山东商职院校企共建技术研究中心模式成功的关键在于能够为企业解决技术难题,从而增强企业的核心竞争力。上海工艺美院 WPP 学院成立的关键在于通过合作扩大了 WPP 集团在中国的市场占有率。上海电子信息学院学生工作室共建模式成功的关键在于以较低的成本为企业开发了实用且可转化的技术成果。

从这些案例的关键因素分析中,我们可以看到,无论是哪种校企合作模式,要想获得成功,都要摸清企业的合作需求,并采取恰当的方式予以满足。因此,在社会主义市场经济体制下,开展校企合作必须以市场机制为本,关注市场,了解市场,满足市场的需求。

三、行业高职院校的行业特征决定以市场机制为本

行业高职院校和普通院校从事的都是公益性事业,但两者的显著差异是:前者直接为行业企业服务,与产业部门、物质生产领域有着直接的联系,其教育成果和所提供的教育劳务具有明显的针对性。从本质上来说,行业高职院校办学是一种生产性服务劳动,是生产性服务业[①]不可或缺的重要环节。行业高职院校通过提供专业化的人力资本——高素质技术技能型人才来服务于生产,进而提高企业的生产质量和生产效率。在人才培养和输送上,行业高职院校和行业企业之间存在供求关系,前者提供的人才是否受欢迎,取决于行业企业的需求。作为服务方,行业高职院校要把握产业发展动态、技术发展趋势,了解市场对人才的需求,有针对性地开设专业、调整专业布局结构和人才培养计划。从这一点来说,行业高职院校的校企合作也应以市场机制为本。

---

① 生产性服务业(Producer Services)由美国经济学家 H.Greenfield 在 1966 年研究服务业及其分类时提出,是指为保持工业生产过程的连续性、促进工业技术进步、产业升级和提高生产效率提供保障服务的服务行业。它是与制造业直接相关的配套服务业,是从制造业内部生产服务部门独立发展起来的新兴产业,本身并不向消费者提供直接、独立的服务,依附于制造业企业,贯穿企业生产的上游、中游和下游,把日益专业化的人力资本和知识资本引进制造业,是第二、三产业加速融合的关键环节。通俗来讲,生产性服务业是直接服务于生产或制造业的服务业。

四、行业高职院校的办学特征决定以计划调控为辅

如前文所述,我国行业高职院校的办学主体主要包括主管行业的政府部门和大型国有企业集团。首先,行业主管部门是代表政府管理某个行业的政府组织部门,负责研究拟订并组织实施行业发展规划和产业政策,监测分析行业运行态势,负责行业人力资源的合理配置,会同有关部门拟订人才队伍建设规划和采取有关政策措施,组织相关人才培训。这些职能赋予了行业主管部门调控所属院校与本行业企业合作的权利。其次,企业集团是多法人联合体,以一个或多个实力强大、具有投资中心功能的大型企业为核心。这些大型企业作为集团母公司,在企业集团中发挥主导作用,参与成员企业的投资决策、人事安排、发展规划以及生产、开发、市场营销等经营活动,维持成员企业行为的一致性和协调性,实现集团整体的发展战略。集团母公司的这种战略规划权同样赋予其运用计划手段调控集团内校企合作的权利。与行业主管部门不同的是,大型国有企业集团还可以通过年度目标任务和年度绩效考核等手段,来促使所属企业与高职院校开展合作。

因此,从行业高职院校的办学特征来看,其校企合作在遵循市场机制的同时,还可辅助性地施以行政和计划手段。但如果行政命令干预过多或干预不当,也会产生负面效果。所以,校企间的持续合作应以市场机制为本、以计划调控为辅。

第二节 "以市场机制为本、以计划调控为辅"的校企合作机制分析

市场机制是市场经济社会的组织方式,是市场经济社会各要素的内在关联,是市场经济规律的实现方式。换言之,市场机制就是以追求效用最大化为动力、通过竞争的方式配置稀缺资源(包括人力资源和自然资源等)的关系整合范畴。[①] 具体地说,市场机制就是市场主体在市场上开展相互联系和相互作

---

① 杨生平,张阳升.市场机制本质论[J].华北电力大学学报(社会科学版),1998(1):24-28.

用的经济活动时形成的价格、利率、竞争、供求、信息、风险等要素的内在联系和互动方式,市场上任何基本要素的变动都会引起其他要素相应的变动。①

一、市场机制追求经济利益的特征决定校企合作机制建构应注重利益机制建构

市场机制作为一个中介性的关系范畴,得以旋转的轴心是市场主体对自身利益的追求和满足。换句话说,市场机制运转循环的动力是市场活动参与者的经济利益。有研究者指出,每个人都在努力为他所能支配的资本找到最有利的用途。② 一方面,从人类行为的动力机制角度看,作为原始驱动力,人类行为受市场主体利益的驱使,只要市场机制存在一天,运转一天,追求利益的行为动机就不会消失;另一方面,从人类行为的价值评价标准角度看,自利作为人们在市场活动中产生的一种必然性的行为倾向,是支配每个市场主体一切行动的原则。③

因此,以市场机制为基调的校企合作机制,首先要建构的机制之一就是利益机制。建构利益机制的根本目的在于解决合作利益相关者的利益冲突问题,实现利益协调、利益共享。校企合作是一个由学校、企业、院校主管部门、政府等利益相关者组成的矛盾统一体,主要由学校与企业、学校与主管部门、学校与政府、企业与主管部门、企业与政府等矛盾关系组成。其中,最根本的矛盾存在于学校与企业之间。

政府举办高职教育的目的是为社会提供高素质技术技能型人才,高职院校接受政府的委托,代表政府发挥人才培养的功能。作为学校和企业的共同管理者,主管部门与两者都是上下级的关系,与两者的利益基本上是一致的。因此,在校企合作这一矛盾统一体中,首要的矛盾就是学校与企业之间的矛盾,这一矛盾的解决因而成为校企合作机制建构的核心问题。作为人才供给方和技术服务方的学校,自然成为这对矛盾体的主要方面,需要承担起首要责任,在合作中应主动研究行业企业的真实需求、市场的供需状况以及满足需求的路径等。

① 韩颂善.市场机制概论[M].济南:山东大学出版社,1997:10.
② [英]亚当·斯密.国民财富的性质和原因的研究(下卷)[M].郭大力,王亚南,译.北京:商务印书馆,1974:25.
③ 杨生平,张阳升.析市场机制的本质规定[J].江汉论坛,1997(9):55-58.

二、供求机制决定行业高职院校核心能力建设是校企合作机制建构的关键

供求机制是主要的市场机制之一,是构成市场机制的核心,其主要功能是灵敏、及时地反映社会经济运行的内在矛盾,为生产者的生产行为和消费者的消费行为提供信号、指示方向,并通过其他市场机制的交互作用,来实现社会资源的有效配置。[①] 企业和学校分别是人才需求方和人才供给方。作为人才供给方,学校应采取措施提高人才质量和服务质量,以获取企业的合作,从而向市场提供更好的人才和服务,形成良性循环的校企合作体系。

根据市场经济理论,消费者(需求方)在选择商品时,都倾向于选择质量好、价格适中、服务好的商品。企业选择合作院校时也会综合考虑这几方面因素。因此,提高人才质量和服务质量是高职院校获取企业合作资源的重要途径。如何提高院校的核心竞争力、提高人才质量和服务质量,成为院校开展校企合作时需要认真思考的关键问题。

三、竞争机制决定行业高职院校应注重核心能力建设

竞争机制是市场机制的一个基本要素。市场竞争的最终结果是优胜劣汰,实现市场资源的优化配置。产品质量竞争是市场竞争的核心内容。同一类产品在相同价格条件下,其竞争力与质量成正比。市场中的竞争关系又受供求关系的制约。在供大于求的市场环境下,竞争往往存在于供给方与供给方之间。目前我国行业高职院校开展校企合作的大环境主要是学校供给意愿强而企业合作需求低,也就是说,在校企合作资源配置上处于供大于求的状态。

因此,高职院校开展校企合作必然要承受同类高职院校的竞争压力。虽然这种压力因同一地区同一行业一般只设有一所该行业领域的高职院校而有所减小,但它仍使得高职院校要想在竞争中取胜,必须深刻洞察行业企业人才需求的动向,深入了解竞争学校的办学实力、人才培养数量及质量,及时掌握企业对竞争学校提供的人才的综合评价,以便有针对性地规划自己的办学策

---

① 韩颂善.市场机制概论[M].济南:山东大学出版社,1997:65.

略及发展规划等,加强自身能力建设,切实提高人才质量和服务质量。因此,行业高职院校开展校企合作时应注重核心能力建设。

四、信息机制决定行业高职院校应建构信息沟通机制,提升决策能力和市场信息捕捉能力

信息机制也是市场机制的基本要素之一,是其他机制发挥作用的基础。对校企合作来说,正确的校企合作方案是实现合作利益共赢的关键。正确的校企合作方案是指选择适宜的合作项目,在适当的时间和地点,以适当的形式开展合作。什么样的项目是适宜的?如何才能做到适时、适地、适当?这就需要高职院校及时掌握市场信息。可见,信息是开展校企合作的前提和基础。高职院校做出校企合作决策前必须深入调查研究、掌握情况、分析形势、制定方案、比较方案、优中选优。而这些工作的进行都要以信息为依据。因此,信息采集与沟通机制、战略决策机制等也成为校企合作机制的重要内容。这两大机制的建构有助于高职院校搭建信息沟通平台、完善院校内部管理体制、增强市场信息捕捉和市场变化适应能力、完善决策能力和决策机构等。

五、市场风险决定行业高职院校应建构风险防范机制

经济主体进入市场,参与市场竞争,往往承担着不同程度的风险。风险的存在促使经济主体的经济行为尽可能符合客观实际,从而降低风险,减少利益损失。因此,不同层次的经济活动主体都以经济利益为主要动机,在风险和机会之间进行权衡。对校企合作来说,风险的存在首先会影响企业的合作行为,其次会影响院校主管部门和高职院校的合作行为。

首先,对企业来说,为了降低风险,它会全面考量合作院校的综合实力以及社会声誉。因此,为增强企业对学校的信任,高职院校应加强自身能力建设。其次,对院校主管部门来说,作为一个经济实体,其经营目的也是追求利益最大化,与一般企业不同的是,它会站在全局的角度思考集团内或地方经济的发展方向。因此,在院校主管部门看来,校企合作只是实现集团利益最大化的一种手段,它更关注合作给企业发展带来的利益,学校的服务能力也就自然成为院校主管部门的考量指标。最后,对高职院校来说,合作时也应认真分析可能的风险。这种风险主要在于企业是否真正愿意、真正有实力与院校共同

培养高质量的人才。因此,院校也应树立风险防范意识,制定较为科学的合作企业选择标准,完善校企合作制度和内部管理体制,保障校企合作的成效,尽可能把风险降到最低。

此外,风险防范的关键在于规范的市场规则,即规范、严格的市场准入和退出机制。因此,应在国家层面制定科学合理的校企合作企业准入标准,建立严格的监督考核机制,优胜劣汰,保障校企合作(市场)的规范有序,全面提高校企合作质量。总之,从市场的风险要素来看,校企合作机制建构中应注重院校的能力建设、校企合作市场准入机制建构、监督考核淘汰机制建构。

六、市场机制的局限性决定了计划和行政手段是行业高职院校校企合作机制建构的有益补充

市场能够及时、准确、灵活地反映供求关系变化,实现资源配置,但市场调节不是万能的,存在自发性、盲目性、滞后性、局部性等弊端。如果仅由市场调节,会导致资源配置效率低下、资源浪费。[①] 因此,在实行市场机制的同时,还需要通过国家的宏观调控和院校主管部门的计划和行政手段来补充完善。行业高职院校开展校企合作时还需要考虑以下几个因素:院校主管部门的计划调控作用、有关校企合作的经济政策和法律法规、国家层面的校企合作统筹规划、校企合作信息沟通与传递机制等。只有当计划机制与市场机制相互补充,才能产生更好的调节效果。但应注意,市场机制是主导机制,计划机制只能发挥辅助性或指导性作用。

总而言之,在社会主义市场经济体制下,无论是从市场机制的供求、竞争、信息、风险等要素来看,还是从市场经济以利益为核心的本质特征来看,摆脱校企合作现有困境的关键都在于学校。从机制上,行业高职院校校企合作需要解决的问题主要有:(1)校企之间的利益分配问题;(2)行业高职院校自身能力建设问题;(3)校企之间的信息沟通问题;(4)院校主管部门的作用发挥问题;(5)校企合作的规范性问题,涉及政府的顶层设计、法律制度、经济政策等。

173

---

① 韩颂善.市场机制概论[M].济南:山东大学出版社,1997:14.

第三节　时变系统下的行业高职院校校企合作机制变化

众所周知,任何一种机制都有可能随着时间推移、主体和客体关系的变化而发生变化,此时便需要重新设计机制。

校企合作形成的系统是一个时变系统。时变系统(time-varying system)是指其中一个或一个以上的参数值随时间而变化,从而整个特性也随时间而变化的系统。[①] 根据系统本身的实际运行情况,时变系统可分为参数时变、结构时变、扰动不确定(即系统外部因素)时变三类。根据市场机制理论,校企之间的合作关系是校企合作机制建构的核心和基础,而两者的关系又受到经济增长方式的制约。因此,本研究把校企合作关系和外部的经济增长方式作为时变因素,对不同经济增长方式下、建立在不同合作关系基础上的校企合作机制进行分析。

一、初级阶段:"院校主体,政府主导"机制

经济增长方式是指生产要素的分配、投入、组合、使用方式。按照马克思的观点,经济增长方式可归结为扩大再生产的两种类型,即外延扩大再生产和内涵扩大再生产。外延扩大再生产主要通过增加生产要素的投入来实现生产规模的扩大和经济的增长。而内涵扩大再生产主要通过技术进步、科学管理来提高生产要素的质量和使用效益,进而实现生产规模的扩大和生产水平的提高。现代经济学从不同的角度把经济增长方式分成粗放型和集约型两类。粗放型经济增长方式主要依靠增加资金、资源的投入来增加产品的数量,推动经济增长。集约型经济增长方式主要依靠科技进步、提高劳动者的素质来增加产品的数量和提高产品的质量,从而推动经济增长。

由此可见,在外延扩大再生产或粗放型经济增长方式下,企业普遍希望通过增加生产要素的数量来获取经济效益,对劳动力的技术水平和学历水平要求相对较低,较少关注技术的创新和发展。此时,企业更倾向于采用短、平、快

① 此定义由全国科学技术名词审定委员会审定公布。

的方式获取劳动力,如从劳动力市场招聘大量的务工人员,对其进行短期的针对性培训后迅速派往工作岗位,投入生产;从职业院校应届毕业生中招收部分学生开展订单式培养;利用职业院校解决学生顶岗实习问题的契机,引进大量学生作为廉价劳动力使用。总之,在粗放型经济增长方式下,企业与高职院校合作的意愿普遍较低,即使有合作,也往往是为了满足其用工需求,对于学生技术技能培养的作用不大。而行业高职院校直接服务行业企业的属性,决定其培养的人才必须符合行业企业的需要。这种本质属性促使行业高职院校走向市场,寻求与行业企业的合作,弥补校内资源的不足,培养出真正符合行业企业需要的人才。

可以说,在这样的环境中,行业高职院校与企业之间是一种主动与被动的关系,院校迫于生存与发展需要与企业合作,而企业的合作行为却受其生产方式和经营理念的影响。这种关系的改变除了需要院校自身努力外,往往还需要借助外界的力量,如主管部门、政府部门的支持以及经济增长方式的转变。高职院校为改变困境,会向上级单位(如主管部门、政府部门)提出政策保障诉求,甚至提出一些约束性、强制性的政策需求。而企业作为市场经济活动的主体,在外界压力的影响下,一方面会勉强接受合作的要求;另一方面也会向政府部门和主管部门提出利益诉求,如政策激励措施。据此,研究者认为,在粗放型经济增长方式下、在校企双方尚未处于对等地位的情况下,校企合作应以政府(外部合作)或院校主管部门(内部合作)为主导,通过政府出台的强制性的法律措施、激励性的利益保障措施或院校主管部门的行政手段等来促进学校与企业的合作,同时促进经济增长方式的转变。当然,这种行政主导力量很难长久发挥作用,作为人才供给方,行业高职院校一定要增强自身实力,改变合作中的被动地位。

二、中级阶段:"双方主体,利益主导"机制

随着经济增长方式的转变以及校企关系的改善,原来以政府为主导的校企合作机制也会发生变化。与粗放型经济增长方式相比较,集约型经济增长方式注重劳动者素质提升、技术创新和应用等,通过提升生产要素的质量和使用效益来扩大生产规模、提高生产水平。这种经济增长方式下,企业会注重劳动者的能力和素质培养,注重生产技术的创新与改造等。此时,企业为节约劳动力培训成

本和技术开发成本,提高生产效益,会主动寻求与包括高职院校在内的外界的合作。校企之间的合作关系将逐渐改善,双方将努力寻找合作利益上的均衡与协调。合作双方一方面需要上级单位的协调、指导和监督等;另一方面将借助法律途径来保护各自的利益。因此,契约式、股权式的合作关系开始建立,并逐渐形成以利益为主导的校企合作机制。同时,合作双方也要清醒地认识到,捆绑式的合作难以达到理想的效果,合作利益的达成才是根本。

三、高级阶段:"融为一体,价值观主导"机制

随着校企合作的不断推进,校企双方的关系不断完善,逐渐形成相互融合、相互促进、共同发展的一体化关系。此时的合作将进入常态化、以社会共同利益为追求的高级阶段,对外界的力量要求逐渐淡化。如果说,契约式的校企合作模式下,学校和企业因各自的利益诉求走到一起,那么融为一体的校企合作模式下,双方已把合作育人视为自己理应承担的社会责任和义务,合作不仅是为了满足自己的利益诉求,更是为了满足全行业、全社会的人才培养需求,促进整个行业、整个社会的共同发展。此时,院校主管部门和政府的强制、命令和激励作用逐渐弱化,取而代之的是以"人人尊重技能、崇尚技能、参与技能培养"价值观为主导的合作机制。在此机制下,校企合作各方职责明确清晰,各司其职。校企合作将保持一种有组织、有秩序、规范化、平稳的运作态势。校企合作这个大系统就像一台各个零部件自动化运转的大机器,只是偶尔需要添加一点润滑剂。政府的作用主要是根据机制的发展需要对政策进行相应的调整。时变系统下的行业高职院校校企合作机制变化模型见图7-1。

对照校企合作机制变化模型,现阶段我国行业高职院校与企业的合作关系总体上处于由初级向中级转变的阶段。首先,我国经济增长方式的转变促使企业不断重视生产水平的提高和生产技术的创新,对高端技术技能型人才和新技术、新工艺提出了大量需求,合作积极性和主动性有所增强。其次,近几年通过政府的大力推动,行业高职院校的校企合作取得了不错的成绩,合作关系有所改善,部分企业特别是一些注重可持续发展的企业已开始主动寻求与高职院校的合作。这对行业高职院校来说是一个有利时机。与此同时,行业高职院校以就业为导向培养行业企业需要的高素质技术技能型人才的宗旨

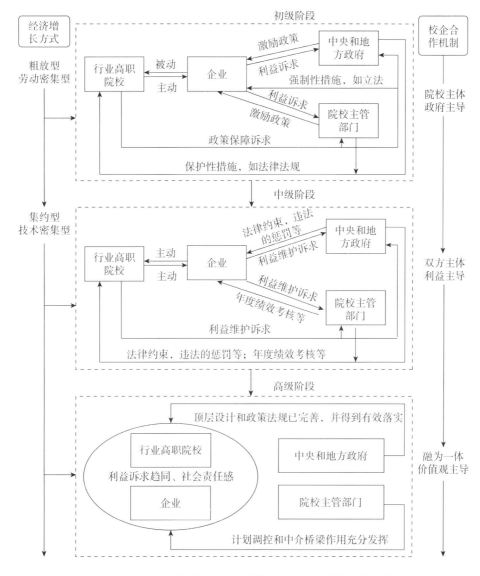

图 7-1 时变系统下的行业高职院校校企合作机制变化模型

一直没有改变,但其师资、课程设置等仍显不足,仍需要通过与企业的合作来改善办学条件,提高人才培养质量。

因此,现阶段行业高职院校与企业的合作关系更为密切。行业高职院校自发与企业开展了形式多样的校企合作,形成了订单式培养、员工培训与鉴定、共建实训室或生产性实训基地、共建二级学院等合作模式。一方面,这种合作更多建立在各自利益需求的基础上,是自由的、自发的、自我检验评价的,尚不具备规范性和可持续性,学校的人才培养对企业的依赖性较强,一旦企业人力资源处于饱和状态,合作随即终止。另外,合作的针对性较强,也不利于学生的职业生涯发展,不利于整个社会的良性发展。另一方面,我们仍然要看到,大部分企业对校企合作持消极态度,尚不具备为行业、社会培养人才的责任感,合作各方的职责仍不清晰,利益诉求各异。因此,从整体上来说,行业高职院校校企合作正处于由初级向中级转变的阶段。在这一阶段,校企合作既要以市场机制为根本机制,满足企业的利益诉求,同时也要辅以政府的政策、法律、法规等制度约束以及院校主管部门的计划和行政手段。

第八章

行业高职院校校企合作
机制建构若干问题研究

本章针对行业高职院校校企合作机制建构的三个核心因素,即院校能力建设、政府宏观调控机制建构、院校主管部门计划调控机制建构,提出了建构方略和对策建议。

借助市场经济理论,通过对行业高职院校校企合作机制建构总体指导思想、各要素的影响作用及其对校企合作的综合影响、因各因素变化而产生的机制变化规律等的分析,我们可以看到,现阶段行业高职院校校企合作机制建构迫切需要解决的核心问题主要来自行业高职院校、政府部门和院校主管部门。行业高职院校应加强自身能力建设,强化社会主义市场经济意识,建构信息沟通机制、决策机制和执行机制等。政府部门应尽快完善职业教育顶层设计、校企合作政策法规,加强制度建设和宏观调控。院校主管部门应在适当的时机辅以计划调控或行政命令手段,充分发挥桥梁和督促作用。

第一节　行业高职院校能力建设

在社会主义市场经济体制下,行业高职院校开展校企合作应以市场机制为根本机制。在我国政策法规尚不完善的情况下,行业高职院校要想在校企合作市场竞争中取胜,就应加强能力建设,完善市场运作机制,提高人才质量和服务质量。院校自身能力建设是解决所有问题的根本出发点。一是要有较强的社会主义市场经济意识。二是要转变办学思路,实现与区域经济的融合发展。三是要准确把握市场需求,完善信息采集与沟通机制。四是要具备科学决策能力和较强的执行力,加强校企合作决策机制和执行机制建设。

一、强化市场经济意识

强化行业高职院校的市场经济意识主要包括两方面:一是要有主动服务企业的意识,坦然接受企业的合作利益诉求;二是要合理选择合作企业,确保合作质量。

在校企合作中,企业是核心。第一,合作对企业来说不确定性较大,面临的投资收益风险也较大。第二,社会主义市场经济体制决定企业作为重要的经济活动体,是以追求经济利益最大化为目的的。因此,作为人才供给方,行业高职院校要牢固树立为企业服务的观念,坦然接受企业的合作利益诉求,紧跟市场办学,切实为企业解决生产、研发中碰到的问题,主动融入企业发展的产业价值链,为企业提供优质的服务,进而赢得合作。正如前文所述,价值观是一种控制机制,在一个组织内,领导者的价值观将控制和引领整个组织的集体价值观和行为。因此,院校领导必须具备市场经济意识。

通过研究,阿克塞尔罗德发现在囚徒困境博弈中简单平直的"一报还一报"策略是最优的,也就是说,好的策略的标准是永远不先背叛。[①] 由此可见,在校企合作中,高职院校要想获得企业的合作,好的策略就是永远不要先对企业失信。在现有环境中,高职院校主动服务好企业尤为重要。但在合作中,高职院校也应维护学生的正当利益,而不是无条件地满足企业不合理的要求。在合作中,高职院校要始终明确合作的根本目的是培养人才。因此,高职院校应设立一定的标准,有选择地与企业开展合作。第一,企业的主营业务要与行业高职院校的专业相关联。第二,企业要具备良好的经营状况和较强的合作能力。第三,企业要具备以追求长远利益为目的的经营理念和乐于为行业社会培养人才的社会责任感。

二、与区域经济融合发展

(一) 与区域经济融合发展的必要性

教育与经济密不可分。经济发展是教育发展的前提,教育发展又促进经济发展。作为与经济发展联系最为紧密、与产业发展直接相关的一种教育类型,职业教育的发展更是离不开现代化经济体系提供的外部环境,其发展对现代化经济体系建设也具有至关重要的作用。现代化经济体系由七个部分组成,其中最重要的就是现代产业体系。而支撑现代产业体系最有力的支柱是现代教育体系,其中的现代职业教育体系则是现代产业体系的重要支撑点。2019 年政府工作报告中提出"推动传统产业改造提升""促进先进制造业和现代服务业融合发展""促进新兴产业加快发展""深化大数据、人工智能等研发应用""支持新业态新模式发展"等工作任务,这些都迫切要求加快实现教育

① [美]罗伯特·阿克塞尔罗德.合作的复杂性:基于参与者竞争与合作的模型[M].梁捷,高笑梅,等译.上海:上海人民出版社,2016:9.

现代化。以往,现代产业体系和现代教育体系作为支撑现代化经济体系的两大支柱联系不够紧密,需要有一种机制来使两者沟通协调、形成合力。

随着学习型社会、终身教育体系的逐渐形成,以及高职扩招,会有越来越多的非应届高中毕业生进入高职院校学习。高职院校的生源结构也会由目前以适龄青年(应届高中毕业生和三校生)为主的单一结构转变为适龄青年和超龄青年、无社会工作经验和有社会工作经验的生源共存的二元结构。这些群体的加入将促使高职院校由原来的间接面对产业转变为直接面对产业,由原来的通过培养学生为经济发展间接提供服务转变为间接服务与直接服务并存的方式。这就要求高职院校认真思考学校的未来走向,包括办学功能、办学形态、运行模式等。

(二) 与区域经济融合发展的具体要求

1. 从单一取向的对接转向多元取向的融合

2019 年,在政府工作报告提出高职扩招后不久,全国深化职业教育改革电视电话会议上提出结合完成扩招 100 万人的任务来推动产教融合,让更多有志青年成长为能工巧匠,在创造社会财富中实现人生价值。其实质是一种职业教育价值取向的转变,由以往仅关注行业、企业需求,对接市场需求塑造人才的经济取向转变为不仅关注行业企业需求、国家发展需要,还关注人的自我价值实现和可持续发展的经济取向、社会取向、人本取向的多元融合。未来高职院校的发展不仅要考虑国家战略需求,也要考虑产业发展需求,还要考虑个人发展需求,在"有教无类""因材施教"等教育理念的指导下,开发出适合不同学生群体的教育项目,使每个学生都可以随时随地选择适合自己的教育[①],在为国家和社会创造价值的过程中实现自身价值。

2. 从单一环节的对接转向更加全面的融合

融合在物理意义上是指几种不同的事物合成一体;在心理意义上则是指不同个体或群体在碰撞或接触后,认知、情感、态度倾向融为一体。据此,可以把产教融合理解为产业界与教育界各种要素的互相转化、互相支撑,从而形成一个产业与教育良性互动、融为一体的生态体系。其内涵早已超越了过去简单化要求校企对接的产教结合,不再局限于职业教育,也不再局限于教育界和

① 匡瑛,石伟平.论高职百万扩招的政策意图、内涵实质与实现路径[J].中国高教研究,2019(5):92－96.

产业界,而是黄炎培先生大职业教育思想在新时代背景下的发展。[①] 高职院校要想改变功能定位,全面融入产业发展,不能仅在招聘、员工培训、技术服务、实训基地建设等具体环节上与企业对接,也不能局限在微观教学层面上与工作岗位对接(即工学结合)或中观办学层面上与企业生产对接(即校企合作),而应与产业全面融合。

3. 从单一功能的对接转向多元功能的融合

在以往的社会认知中,高职院校作为学校,应该是纯粹的教书育人的地方。在现代化经济体系建设中,职业教育作为现代产业体系的重要支柱,不仅要教书育人,还要全方位服务于产业发展。高职院校也不仅仅是学生与教师共同生活、学习的地方,而应发挥人才、知识、资源高地的作用,全面服务社会进步。1999 年,联合国教科文组织召开世界职业技术教育大会,主题为"全民的终身学习与培训——通往未来的桥梁",提出现代职业教育 TVET(Technical and Vocational Education and Training)的综合性概念[②]。未来高职院校的办学功能需要向两个"T"延伸。前一个"T"是技术(Technical)延伸的要求,即在培养高素质技术技能型专门人才的基础上,培养更多高端的技术应用型专门人才。后一个"T"是培训(Training)延伸的要求,即承担更多的社会培训功能,需要尽快完善"1 + X 证书"制度,提供多样化的职业资格证书供培养对象选择。[③] 在此基础上,学校的办学功能会越来越多样。

(三) 与区域经济融合发展的对策

1. 全面融合,转变办学理念和形态

(1) 高职院校要转变办学理念,从对接企业需求转变为融入区域经济发展。改革开放以来,特别是自我国高职教育迈入内涵建设期以来,高职院校在办学理念、办学模式等方面进行了诸多的改革探索,并取得了丰硕的实践成果,校企合作理念已深入人心,校企合作模式层出不穷,学校与企业之间的合作关系越来越密切,合作形式越来越多样,合作内容越来越丰富。然而,从合作形式上来看,现有的合作主要是学校与企业之间点对点的对接合作,学校尚

①　郭扬.完善体系的关键在于提升产教融合的高度——兼谈基于"大职业教育"观整合部门资源的地方实践[J].中国职业技术教育,2018(7):59 - 61.
②　赵文平.美国职业教育体系的开放性特征分析[J].职教论坛,2014(34):53 - 56.
③　兰小云,郭扬.扩招背景下的高职院校转型发展:从对接走向融合[J].教育发展研究,2019,39(Z1):84 - 88.

未与区域和产业融合发展。《国务院办公厅关于深化产教融合的若干意见》（国办发〔2017〕95 号）明确提出深入推进产教融合。因此，高职院校要改变已有的办学理念，站在区域经济发展、行业发展的高度上，根据区域经济发展需求，为区域中的企业提供有针对性的服务内容或解决方案，从而获得地方政府、行业企业的高度认同，使学校在专业规划、课程建设、教学改革、学生就业、技术服务、技术培训等方面有所提升。

（2）高职院校要转变办学形态，变院校式办学为产业园区化办学或社区化办学。在办学形态上，高职院校要与产业园区或者社区紧密结合，充分发挥自身为产业、社区服务的功能，形成高职院校依托产业群、社区发展的态势。在条件允许的地方，可把高职院校办到产业园区去，与产业园区融合共生；也可通过政府宏观调控手段，统筹安排区域内的相关产业园区与高职院校合作办学。无论哪种形态，都可借鉴美国社区学院的做法，及时了解园区或社区产业发展需要，为其提供量身定制的教育计划，如：转学、升学教育，职业准备教育，技术准备教育，补习教育（成人基础教育），转业、再就业培训，职业资格证书培训。① 此举既推动了教育与产业的融合发展，又可满足超龄新生源群体对半工半读学习方式的需求。

2. 多元融合，创新专业建设路径

经济取向、社会取向、人本取向的多元融合发展要求高职院校的专业建设符合区域产业发展需要，符合未来社会对人的适应能力、发展能力的需要。

（1）在专业设置上，要根据产业实际发展需要进行专业跨界融合，充分体现产业融合、技术融合，实现专业人才培养与产业发展阶段的跨领域衔接和深度融合。例如，根据"无人农场"以及未来农民应更加注重运营、管理等发展趋势，可融合航空装备类专业、农业类专业和管理类专业跨界形成某一新专业，当然，这种改革需要相关部门赋予高职院校自主设置专业的权利。在专业设置上，还需要根据产业群设置专业群，系统设计和建构协同发展的专业体系②，实现教育链、人才链与产业链、创新链的融合。

（2）在人才培养方案制定上，要根据生源的差异性开发并实施不同的人

① 赵文平.美国职业教育体系的开放性特征分析[J].职教论坛,2014(34):53-56.
② 翟亚军,王战军.基于生态学观点的大学学科建设应然研究[J].科学学与科学技术管理,2006(12):111-115.

才培养方案。随着扩招任务的逐步落实,未来高职院校将呈现生源多样化的重要特征。不同生源群体在文化基础、专业基础、专业实践、社会经历等方面都存在较大的差异,很难用同一套人才培养方案来培养所有的学生。因此,高职院校应倡导"以人为本"的教育理念,根据生源群体的差异性,开发并实施不同的人才培养方案,满足不同群体的受教育需求。

(3)在人才培养模式上,要根据生源群体的差异性,采用灵活多样的培养模式。例如,根据扩招的新生源群体文化基础相对薄弱但有一定实践经验的特点,创新课程教学的方法与途径,采用"课题化"教学模式,把专业知识、技能和素质要求融入按课题设计的教学过程,借助"师傅带徒弟"或"项目负责人带领"的形式,帮助新生源群体更好地掌握专业理论知识和技能,同时满足那些超龄学生对半工半读学习方式的需求。

3. 多元功能,重构课程内容与体系

对人才的培养要求需要在课程中落实。生源群体的变化、多元功能的实现要求学校课程体系也发生相应的变化。

(1)在专业群或专业大类之间实现课程融合。在课程体系建构上,按照专业大类或专业群建制的要求,突出宽基础、活模块的体系特征。在基础学习阶段,融合专业大类或专业群共性的知识、技能和素养要求,形成专业大类基础课程模块,引导学生掌握更为宽泛、更为通用的基础知识和技能,满足其职业生涯发展需要。在专门化学习阶段,根据专业大类中各专业对应岗位的技能要求,分别设置相应的课程模块,供学生根据其职业发展方向灵活选择。

(2)实现科技发展趋势与职业教育内容的融合。科技的快速发展要求劳动力不仅应具备专业知识和技能,还应具备快速应用新兴技术的通用技能,具备尽快适应工作组织环境变化并善于在工作中创新实践的通用能力。世界银行在《2018年世界发展报告:学习以实现教育的承诺》中强调,若要切实提高教育质量,有效解决技能缺口,应把基础认知能力(即基础技能)作为人力资本发展的重点,如果劳动者连基本技能都不具备,那么将很难参与科技变革下的技能升级与再培训。[①] 因此,高职院校的课程不能只强调技能学习,而应该是认知、感知、接受力、才智和技能的融合体。

---

① 刘骥.科技变革与新型劳动力需求:教育如何有效应对[J].教育经济评论,2018(3):36-51.

（3）实现课程类型的融合。可以适当借鉴美国社区学院课程设置的方法,根据学生群体的不同需求设置多样化的课程模块。例如,为具有实际经验并且想要获得相关从业资格证书的群体提供职业资格证书课程模块;为已具备某项专业技能但需要扩展其专业基础、提高其发展能力的群体提供专业理论课程模块;为想要继续升学深造的群体提供升学教育课程模块。同时,可以适当调整不同课程的课时比例。根据劳动力存量生源文化基础和专业基础差、有一定的产业经验但不清楚未来产业发展趋势等特点,可适当增加文化基础课和专业基础课的课时比重,适当减少专业技能课的课时比重,并不再安排统一的时间进入企业实习或弱化企业实习环节,以提升其可持续发展能力。

4. 跨界融合,共建共享办学资源

资源是高职院校转型发展的重要保障。近 20 年来,我国高职教育得到了迅速发展,高职院校资源配置渐趋丰富,但总体投入仍然不足。高职院校需要结合新生源的基本特征,结合当前所处的经济发展大环境,创新思路,改变原有的较为单一的资源配置方式,积极探索跨界融合的共建共享方式。

（1）实现信息技术与教学资源的融合。高职院校可运用现代化信息技术加强在线精品课程和网络学习空间建设,在校级层面甚至区域层面建立共享课程超市,借助信息化手段实现资源的快速流通和灵活使用。这既有利于解决扩招带来的教学资源紧缺的问题,又有利于解决非传统生源群体文化基础相对薄弱、工学矛盾比较突出、学习时间和精力有限的现实问题。

（2）实现教师队伍的跨界融合。专业的跨界融合必然带来师资的跨界融合,这种融合可以是学校内部不同院系、不同专业之间的,也可以是学校与企业及科研院所之间、学校与学校之间、多个主体之间的。互联网已使这种跨界融合变得可能,高职院校可以根据具有特定目标的学习项目重新组合教师队伍,让不同学科背景、工作背景的教师、企业技术人员和能工巧匠组成团队共同完成特定的教学任务。

（3）实现实训基地与产业园区、社区的共建共享。高职院校在引企驻校的同时,可在社区和产业园区共建生产性实训基地或实训中心,以解决学校办学场地不足的问题,同时也可解决新生源群体难以在校全日制学习、企业人员来校教学不便等问题。

三、完善信息采集与沟通机制

信息是行业高职院校快速响应市场需求、果断做出科学决策的基础和前提。研究者通过对高职院校和企业的调研发现，信息沟通不畅是目前校企双方普遍认同的制约校企合作的首要因素。在企业调研中，持此观点的企业占53.0%；在高职院校调研中，持此观点的高职院校占70.8%，由此可见信息沟通对于校企合作的重要性。

（一）信息采集与沟通的必要性

1. 校企合作决策的需要

信息是决策的重要基础。只有掌握了充足的信息，才能做出正确的决策。伟人曾说，正确的决心来源于正确的判断，正确的判断来源于周到的和必要的侦察，以及对于各种侦察材料的连贯起来的思索。因此，在做出校企合作决策前，必须搜集足够的信息。

2. 校企合作方案有效执行的需要

有研究者认为，行动者不是直接相互作用的，他们之间总是存在着某种媒介。他把行动者之间的全部通信渠道和信息库的集合称为沟通系统。① 因此，为了具有良好的操作性，一个基本要求是各个层次之间的信息流必须畅通无阻。执行者之间的沟通有助于建立共同规则和价值观，有助于减少摩擦和误解，从而保证方案执行的有效性。

3. 减少校企合作交易成本的需要

高职院校和企业处于两个不同的社会系统中，两者之间的信息不对称问题是客观存在的，一方很难充分了解另一方的资源和能力优势、工作方式和流程等。信息不对称使得校企双方都要花费大量的时间、精力和资源去寻找合适的合作伙伴，而双方的价值观和文化背景差异也会影响沟通的有效性。这些都会增加校企合作的交易成本。因此，校企之间的沟通与交流尤为重要。

4. 校企双方建立信任关系的需要

信任与承诺是联盟的必要特征，没有信任与承诺，就没有联盟。信任有助

---

① ［荷］A.F.G.汉肯.控制论与社会［M］.黎鸣，译.北京：商务印书馆，1984：56.

于调控联盟行为,可降低联盟运转中的交易成本,能够诱发合意的行为①。与其他建章立制的活动一样,构筑信任需要加强彼此的信息沟通和共享。

行业高职院校校企合作需要解决的信息沟通问题主要分为两个层次:一是合作需求信息的获取,以解决合作的原初发生问题;二是合作过程中的信息交流与反馈,以解决合作的维系问题。从信息范围来看,包括校企的信息沟通、院校内部的信息沟通、校企与政府和主管部门的信息沟通。

(二) 合作需求信息的获取途径

获取合作需求信息是校企合作的第一步。信息的准确性、全面性、前沿性等决定校企合作的目标和手段。

1. 设立校企合作信息情报机构

为确保信息收集的全面、及时、准确,行业高职院校可考虑设立一个直属于院部的校企合作信息情报机构,委任专人来搜集、分析和处理校企合作信息,密切关注国家宏观政策、国民经济社会发展规划、产业发展规划以及国内外相关行业发展形势和企业需求等。该机构需要采用先进的信息技术,确保信息的可靠性和分析预测的准确性,为院校领导提供决策支持。同时,逐渐建立完善校企合作信息资源库,收集整理和存储各类合作信息。情报机构的专职人员应精通情报检索技术,熟悉院校相关专业和高职教育,具有敏锐的市场意识和信息分析能力。为确保信息的准确性,情报机构可建立专家咨询库,聘请有志于高职教育的企业家或行业专家参与,利用他们的资源优势,获取有价值的信息。

2. 依托主管部门的优势

行业主管是行业高职院校的一大优势。一些部、委、局、署等行业主管部门本身就掌握了大量前沿的行业发展信息和企业发展需求信息。大型国有企业集团因其在行业中的地位,同样拥有许多前沿信息、企业资源和社会关系。行业高职院校可充分依托院校主管部门的这些优势,及时了解企业的合作需求、行业的发展动向等。一是主动加强与主管部门职能处室、企业经理的交流和沟通,随时了解合作需求信息和行业发展信息。二是主动加强行业内合作

① [美]罗伯特·E.斯伯克曼,林恩·A.伊莎贝拉,托马斯·C.麦卡沃伊.联盟能力:优化合伙关系的价值[M].仇海清,王晓东,译.海口:南方出版社,2003:50.

平台建设,如完善校企合作联席会议制度、经常性地组织交流会,了解主管部门及其所属企业的需求。三是依托主管部门搭建桥梁,如召开校企合作洽谈会,获取合作需求信息。

3. 搭建各类校企合作交流平台

除了依靠主管部门,行业高职院校也可在系统外组织相关的校企合作交流平台,如校企合作委员会、职教集团、专业建设指导委员会、行业领军人才沙龙、校友会等,借助各方力量,了解行业企业需求信息。然而现实中,搭建平台容易,真正有效运行却比较难。为加强与企业的合作,行业高职院校纷纷组建了形式多样的校企合作组织或交流平台,然而大多流于开会、走形式、走过场,院校花了大量的精力却收获不多,企业的参与积极性也逐渐减弱。因此,行业高职院校应更多地关注平台搭建以后的有效运作,制定规范的管理制度,形成有效的运作流程。首先,会议召开的目的要明确,在组织召开会议前,一定要做好充分的调研和策划,确保会议的有效、高效。其次,可成立固定编制的专门机构来长期负责运营校友会,加强平日里的情感交流和信息沟通,充分挖掘校友的资源,如捐赠、担保和开放自己的企业。

4. 用好非正式的信息沟通渠道

非正式沟通是一个组织获取决策时所需情报的重要手段。这种沟通更多地依赖于私人关系,是以情感为纽带的。通过此方式获得的信息不一定权威,但却及时,可为行业高职院校捕捉校企合作市场信息提供支持。因此,这些非正式沟通渠道也是行业高职院校不应忽视的。在相关条件还不够成熟的当下,要想让行业、企业愿意参与校企合作,并维持这种合作关系,高职院校更需要经常主动地与行业企业联系、走动。联系的方式可以是走访、电话交流、微信沟通等。在信息化时代,高职院校更需要利用人际关系来迅速掌握行业发展动态,了解企业发展需求与规划。

5. 研判宏观政策和发展战略

校企合作决策所需信息的一个重要来源是国家的政策法规、经济发展战略和产业发展规划等。这些信息源往往传递着国家对校企合作的态度、行业和企业的发展趋势、可能会带来的合作需求等。这就需要院校领导和管理干部具备时刻关注国家宏观政策、发展战略的意识,具备洞察政策背后隐藏的市场信息的能力,具备快速做出判断和决策的能力。因此,行业高职院校可通过研判国家政策法规、产业发展规划、行业发展前景等来掌握企业的需求变化。

（三）执行中的信息沟通与反馈

一个人通常只能说出心中所想的80%，多数人听到的可能只有60%，听懂的或许只有40%，执行时也许只剩20%了。这就是沟通中的"漏斗效应"。如何有效执行校企合作方案是沟通中需要重点考虑的问题。此时，建立信息沟通机制的目的是保证全真的信息流通，了解合作中的矛盾与冲突，尽量避免或减少信息的非对称性，防止校企合作方案执行偏差，提高校企合作的实施成效。执行中的信息沟通与反馈包括学校和合作企业的沟通与反馈、学校内部教学单位和职能部门的沟通与反馈。

1. 学校和合作企业的沟通与反馈

互动才能双赢。学校与企业是校企合作的两大主体。双方信息一致、决策一致，是保证校企合作成效的关键。学校作为服务方，应主动承担起信息沟通的主要责任。目前，我国行业高职院校基本上都是以项目的形式开展校企合作的，因此，可采用项目化的管理模式，实行项目负责人负责制。在合作沟通上，可由项目负责人组织落实，并把合作成效作为项目合作绩效和教师年度绩效考核的指标之一。

2. 学校内部教学单位和职能部门的沟通与反馈

校企合作必然带来教学改革与创新，对院校的相关制度也会提出改革要求。因此，职能部门能否快速响应校企合作带来的改革需求，会影响校企合作方案执行效果。院校内部的沟通显得非常重要。首先，职能部门应树立以服务教学一线为宗旨的管理理念。在工作中，要深入了解教学单位的改革需要和面临的问题，及时在自身权责范围内予以解决，未能解决的应及时上报学院，以最快的速度满足教学单位的需求，促进校企合作的有效开展。其次，明确各自的职责，防止相互扯皮。理顺院级层面校企合作管理部门与各教学单位在校企合作中的职责。对因信息沟通不及时而造成的校企合作损失，视情节轻重，给予当事人一定的惩罚。最后，可利用信息化手段构建内部信息共享平台，完善信息共享制度和运作流程。

四、建构校企合作决策机制和执行机制

决策是指为解决面临的问题或完成某项任务而制定与选择活动方案的过

程,它是主体在观念中对未来实践的目标、方法、手段、结果所做的超前设计和决定。[①] 目前,我国行业高职院校校企合作决策系统还不健全,主要表现在:决策咨询机构缺失或履行职责不到位;缺乏信息系统的支持;决策程序和方法不科学。在社会主义市场经济体制下,面对瞬息万变的市场信息,行业高职院校只有快速准确地了解行业企业需求,做出决策,才能赢得与企业的合作。

(一) 提升院校领导的决策力

决策水平和决策效率的一个重要影响因素是决策人素质。决策人素质是非系统最强因素。行业高职院校能否在校企合作中做出正确决策,受院校领导特别是党政主要领导综合素质的影响。这一点在前文的调查研究、因素分析和案例研究中都得到了证实。在笔者进行的企业问卷调查以及访谈中,受访者无一例外都把行业高职院校领导的办学理念、创新能力、决策能力等综合素质视为影响其与院校开展合作的首要因素。由此可见,院校领导在校企合作中具有重要作用。

第一,院校领导要具备社会主义市场经济体制下的决策观和思维方式,这是由市场经济中企业的经营性质决定的;具备长远的战略眼光、较强的经营意识和善于捕捉市场变化的能力。第二,院校领导要关注国家政策和市场动态,准确把握时代背景。第三,院校领导要具备一定的冒险精神,当然,这种冒险不是盲目的,而是经过深思熟虑的大胆创新。第四,院校领导要具备果断、敢担当的性格,善于把握时机,不断学习新知识。决策本身就是一项创新活动,决策之所以为决策,就在于主体的创新。创新意味着开拓、批判和推陈出新,意味着充分利用物质资源和人力资源。

(二) 设立和完善决策机构

校企合作机制建设离不开校企合作办学体制改革。在校企合作决策中,对于高职院校来说,最难的是准确把握和判断行业企业的需求信息,以选择恰当的合作对象,采取恰当的合作方式。因此,高职院校应借助外力来把握校企合作方向、制定合理的校企合作方案。例如,依托主管部门优势,成立由行业技术专家、企业家、高职教育专家、主管部门领导、教育行政部门领导、院校党政主要领导组成的学院理事会(或董事会),使其成为院校重大发展规划、重大

---

① 孟繁华.教育管理决策新论——教育组织决策机制的系统分析[M].北京:教育科学出版社,2002:81.

校企合作项目、专业建设、教育教学改革等重点工程的决策机构。

学院理事会可设秘书处、企业家顾问委员会、学术委员会等机构。秘书处是理事会的日常办事机构。企业家顾问委员会可由热衷于高职教育的知名企业家组成,为校企合作重大事项等提供信息、建议。学术委员会可由行业企业的技术领军人才、高职教育专家和学院专业带头人组成,对校企合作重大项目方案进行论证。

（三） 规范决策程序

任何决策都存在一定的风险。为降低决策风险,高职院校应规范校企合作方案决策程序,见图8－1。

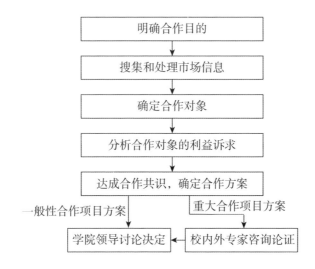

图8－1　校企合作方案决策程序

一是明确合作目的。目标是行动的指南。行业高职院校开展校企合作必须首先明确自己的合作目的和合作需求。

二是搜集和处理市场信息。信息是决策的动机和条件,既是决策的起因,又是决策的根据,还是其择定的标准。[①] 因此,信息的搜集与处理是决策程序的核心组成部分。行业高职院校要广泛利用各种渠道收集相关信息,并进行分析和处理。这在信息采集与沟通机制中有所论述,在此不再赘述。

三是确定合作对象,分析合作对象的利益诉求,达成合作共识。根据合作目的,选择恰当的合作对象,了解对方的利益诉求,初步达成共识。

---

① 　孟繁华.教育管理决策新论——教育组织决策机制的系统分析[M].北京:教育科学出版社,2002:107.

四是拟订与咨询论证校企合作方案。决策是行动的指南,领导者在做出决策时需要对目标利益和相关的成本、风险进行充分评估。咨询论证时可依据方案所涉及的项目大小采取相应的形式。一般性合作项目方案由教学单位与企业共同商讨草拟,校内自行商讨论证即可,如订单式培养、顶岗实习、教师企业实践、企业兼职教师聘请、校企共建实训室等。合作办学体制改革等重大合作项目方案可聘请校内外专家共同商讨论证。

五是确定决策方案。一般性合作项目方案由院校领导班子讨论决定。若遇到重大合作项目方案,则交由学院理事会讨论决定。

五、完善校企合作执行机制

从有效决策的意义上说,执行是决策的一部分。只有得到执行的决定才可被称为决策。对于校企合作来说,院校的执行力既影响合作项目的实施成效,也影响后续合作的可能性。提升院校的执行力主要包括两方面。

(一) 提升执行者的能力

正确理解决策的意图是保证执行力的基本要求。[①] 它有赖于执行者的理解力、决策人与执行者之间的沟通。所有执行者都应具备正确理解校企合作决策方案的能力。对于不同类型的执行者,又有不同的能力要求。

1. 提升师资队伍水平

师资队伍水平是影响校企合作的重要因素。院校能否培养出符合行业企业需要的人才,取决于教师的教育教学能力、专业能力和实践指导能力。如山东商职院利用主管部门(即集团公司)的优势,建立、健全学校教师和企业工程师的双向交流机制。根据主管部门的指标任务安排,学校教师分期分批到集团下属企业参与一定期限的专业技术工作,使教师具备了工程师必备的专业技术能力。

院校应创新内部人事激励政策,加大人才引进和培养力度。(1)制定合理的人才引进标准。(2)敢于运用激励政策引进行业专家,使其成为院校的专业带头人、特聘产业教授;引进企业能工巧匠,使其成为院校专业教师。(3)充分发挥这些人才的引领和带动作用,改善院校的师资现状。

---

① 赵民,林海峰,刘海梅.竞争四力:决策力、领导力、管理力、执行力[M].北京:人民邮电出版社,2006:5.

此外,院校要加强对现有教师的培养力度。一是充分调查分析院校师资现状,制定师资队伍建设规划。二是针对教师的个体情况,制订个性化的培养计划,进行有针对性的培养,切实保证培养实效。在企业实践工作经历方面,可根据教师类型的不同安排相应的企业实践,如组织安排骨干教师参与企业技术开发,组织具有技师及以上技能证书的专业教师参与企业工艺革新,组织尚不具备双师素质的专业教师参与企业实践,通过校企联合培养使其达到双师素质要求。

2. 提升中层干部的能力

中层干部既是院校决策的执行者,也是联结院校决策者与基层执行者的纽带;既要准确理解院校层面的决策意图,又要很好地把这些意图传递给基层执行者,同时还要带领他们一起完成各项任务。因此,决策的有效执行对中层干部的校企合作理念、理解力、领导力、组织力和管理能力等都提出了较高的要求。

(二) 创新内部管理机制

管理的本质是秩序化,管理的妙处就在于它的柔性。为提高校企合作执行力,一方面要完善校企合作管理制度,提高效能;另一方面要完善内部管理制度。

1. 完善校企合作管理制度

受历史传统的影响,我国行业高职院校多采用金字塔形的科层管理结构和集权管理体制,各层级之间相对独立,联系沟通存在一定的障碍,难以适应当今快速发展的市场需求变化,从而影响校企合作的工作效能。这种现状突出表现在:(1)各职能部门各司其职,信息沟通不够,出现问题相互推诿;(2)职能部门与教学部门在职能上存在交叉和重叠,管理权限过多地集中在职能部门,影响教学部门的校企合作积极性和主动性;(3)教学部门之间的资源和信息共享不够,当今社会发展需要越来越多的复合型人才,而院校管理体制上的不足制约了内部资源的共享。

为提高院校的校企合作执行力,应从三方面来完善其校企合作管理组织体系。(1)合并部分功能重叠的职能部门,如把校企合作办公室、就业指导办公室、科研管理部门、职业技能培训中心等合并为一个大部门,统一管理与校企合作有关的事务,下面再设相应的管理处进行分条块管理。这种大部制分条块的管理体制有利于信息资源的集中管理和统筹安排,能有效解决信息沟通不及时造成的校企合作工作效能低下问题。(2)实行项目化管理,依据校企合作项目需求,有效配置校内资源。目前,我国已进入高质量发展、全面建设现代化经济体系的关键时期,迫切需要复合型、创新型人才。因此,可以借鉴新加坡南洋理工学院的无界化管理模式,以项目为纽带,根据合作项目的需要,灵活组织合作资源,开展跨专业、跨院校、跨部门的合作,各部门共同完成合作项目,提升合作效能。(3)实行二级管理机制,适度放权,下移管理重心,明确院级职能部门和教学部门在校企合作中的职权,激发教学部门校企合作的积极性和主动性。

2. 完善内部管理制度

内部管理制度主要包括人事管理制度、奖金分配制度等。正如前文所述,校企合作项目的有效实施主体是教师。在国家宏观政策法规尚不完善的情况下,高职院校更多地需要依赖内部力量去开拓校企合作市场。因此,在职称聘任、晋级升职等人事管理制度方面,高职院校应更多地向有校企合作贡献的教师倾斜。

第二节　政府宏观调控机制建构

根据市场经济理论,行业高职院校校企合作应以市场机制为根本机制,但因市场机制具有盲目性、滞后性和局限性等弊端,需要政府的宏观调控机制来弥补,以有效发挥市场机制的作用。政府的介入并不是要由政府完全替代市场,而是要以市场调节为基础,运用经济、法律、行政和劝导等手段构成宏观调控体系,规范校企合作行为,保障合作各方的权益。政府的调控手段主要有三种:(1)引导性干预,如通过战略规划、顶层设计来引导;(2)激励性干预,如通过税收优惠等政策来激发企业的合作积极性;(3)约束性干预,如通过法律手段等引导、监督企业参与职业教育。政府宏观调控机制建设是规范和引导校企合作的关键。

一、顶层设计校企合作办学

(一) 从国家技能发展的战略高度重视和规划高职教育的校企合作
从国家技能发展和国民经济发展的战略高度来规划职业教育、制定相关政策,能够凸显高职教育在国民经济社会发展中的重要地位,引发社会、行业、企业对高职教育的重视,提升企业参与合作的积极性。

《国务院办公厅关于深化产教融合的若干意见》(国办发〔2017〕95 号)提出构建教育和产业统筹融合发展格局;同步规划产教融合与经济社会发展;制定实施经济社会发展规划,以及区域发展、产业发展、城市建设和重大生产力布局规划,明确产教融合发展要求,将教育优先、人才先行融入各项政策;结合实施创新驱动发展、新型城镇化、制造强国战略,统筹优化教育和产业结构,同步规划产教融合发展政策措施、支持方式、实现途径和重大项目。2018 年中央全面深化改革委员会第五次会议强调,要把职业教育摆在更加突出的位置,对接科技发展趋势和市场需求,为促进经济社会发展和提高国家竞争力提供优质人才资源支撑。全会审议通过了《国家职业教育改革实施方案》,明确了职业教育是与普通教育具有同等重要地位的一种教育类型,并全面布局产教融合型企业认定、1+X 证书制度试点申报等工作。2019 年《政府工作报告》进一步把职业教育置于宏观经济政策层面,并做出高职院校大规模扩招 100 万人的重大决策。在国家的高度重视和顶层设计指导下,行业企业参与职业教育的主动性和积极性明显提高。

从国家技能发展的战略高度来重视和规划校企合作,也是国际实践经验。2010 年,美国出台了一项名为《技能:美国的未来》(*Skills for America's Future*)的经济复苏新方案,从国家技能发展的战略高度提出在美国各大公司与社区学院之间建立起合作关系。此方案自宣布以来,得到了美国众多领军企业的支持。在此方案出台半年后,就有 30 多家大型企业和 200 所社区学院建立或进一步拓展了合作关系,社区学院与某些主要的行业协会也建立了战略合作伙伴关系。

2006 年,英国利奇技能评论①(Leitch Review of Skills)指出,技能曾经是国家繁荣和实现社会公平的一个关键手段(key lever),现在它的这种作用越来越重要,因此有必要进行一次根本性的改变(radical step-change)。为了实现

---

① 利奇技能评论是由英国政府 2004 年任命的全国就业小组(National Employment Panel)主席桑迪·利奇(Lord Sandy Leitch)开展的独立性评论,旨在确定至 2020 年英国的最佳技能组合,以最大限度地促进经济增长、生产力提高和社会公平,平衡相关利益者的职责,以实现既定的技能组合目标,同时提供相关的支撑性政策框架建议。

这次根本性的改变,利奇特别强调企业雇主参与、投资技能发展的重要性和必要性。2009 年,英国政府颁布了《技能促进增长:英国国家技能战略》报告,把企业雇主参与视为技能战略的核心,强调雇主的主动支持和参与是提高生产力技能、开展生产力培训、界定与职业岗位相关的 VET 资格和项目内容的必要条件。

此外,澳大利亚从国家或州政府技能发展战略需要的高度来制定相关政策,促进企业参与职业教育与培训;奥地利政府把职业教育作为一种振兴经济的战略发展产业,给予鼓励和投资;在德国人看来,技术工人同样应当受到社会的广泛认同和尊重,职业没有高低贵贱之分。这些国家在职业教育校企合作上都已走出了自己的特色,如澳大利亚的"行业主导"特色、德国的"双元制"特色等。由此可见,战略上的高度重视和规划,可以提高职业教育的社会认可度和技能人才的社会地位,激发行业企业参与技能人才培养的积极性,从根源上解决高职院校的校企合作困境。

(二) 从国家层面整体设计高职教育利益相关者的责、权、利

高职教育的利益相关者主要包括高职院校、企业、院校主管部门、行业协会、政府部门等。在校企合作行为中,高职院校和企业是实施主体,政府和院校主管部门是推动者,行业协会是指导者。

政府推动,一是在舆论或者意识形态上进行引导,把技术技能型人才培养纳入国家经济发展和技能发展战略,营造全行业、全社会共同重视技术技能型人才培养的氛围,提升职业教育和技术技能型人才的社会地位。二是立法保障,立法不仅要考虑职业教育方面的立法,还要从其他与职业教育相关的领域进行立法,如公司法、税法、工伤保险法等,对企业参与职业教育的行为进行法律约束。通过立法,明确职业教育各利益相关者的职责,明晰职业教育体系。三是政策引导,通过税收优惠、减免等,引导企业参与职业教育,同时严格实施从业资格证书准入制度,通过提高从业资格要求来推动校企合作、产教融合。

行业指导主要是通过制定统一规范的行业技术标准来指导企业参与职业教育。例如,制定行业发展规划、产业政策、行政法规;制定并执行行规行约和各类标准,协调本行业企业之间的经营行为;明确相关行业的基本从业资格;参与校企合作过程的管理与实施,认定教育领域中合作企业的资质;组织实施本行业的职业培训;制定、修改职业培训及考证的标准、内容、条例等。

行业高职院校主要承担育人功能,实施专业理论教学和基础技能训练,把行业标准转化为专业教学标准,把职业岗位要求转化为课程标准,把企业真实项目转化为教学项目,设计教学方法,负责校企合作项目的管理与实施等。通过国家的宏观调控适当减轻高职院校的办学负担,使高职院校充分发挥育人功能。

企业作为校企合作的实施主体,其职责主要是:参与行业组织和行业标准的制定;按照行业制定的统一标准开展技能培训;与高职院校共同制定专业教学标准、人才培养方案和课程标准,共同开展课程建设、教学实施、教学评价等;为高职院校提供实训设备或场所、企业兼职教师、学生实习岗位等;与高职院校共同开展技术和产品研发、学徒培养等。企业的参与行为可根据自己的实际情况来选择。

行业主管部门与教育行政部门之间的职责划分可借鉴我国计划经济时代的经验,明确规定行业高职院校实行双重管理和指导。教育行政部门的主要职责是统一管理、指导行业高职院校教育教学方面的工作,负责决定行业高职院校教育方针、制度、课程教学计划以及其他有关教学的问题。行业主管部门直接负责决定行业高职院校专业设置、专业课程建设、师资队伍建设、实训实习基地建设等专业性业务。办学经费则由教育行政部门和行业主管部门共同投资。

二、完善校企合作税收优惠政策

(一) 现有校企合作税收优惠政策存在的问题

虽然我国对企业参与职业教育和培训已有相关的税收优惠政策,有些地方政府还专门出台了促进职业教育校企合作的实施意见,但总体上这方面的政策仍然存在权威性不够、系统性不够、可操作性不强、吸引力不够等问题。

目前搜索到的有关企业参与职业教育可以享受税收优惠政策的国家文件主要有:《财政部 国家税务总局关于企业支付学生实习报酬有关所得税政策问题的通知》(财税〔2006〕107 号)、《国家税务总局关于印发〈企业支付实习生报酬税前扣除管理办法〉的通知》(国税发〔2007〕42 号)、《中华人民共和国企业所得税法实施条例》(中华人民共和国国务院令第 512 号)等。《国务院关于加快发展现代职业教育的决定》(国发〔2014〕19 号)、《教育部等五部门关于印发〈职业学校学生实习管理规定〉的通知》（教职成〔2016〕3 号）也明确提出，企业因接受实习生所实际发生的与取得收入有关的、合理的支出，按现行税收法律规定在计算应纳税所得额时扣除。分析现有规定，可发现存在以下几点不足：

1. 准予税收减免的条件不够合理

财税〔2006〕107 号和国税发〔2007〕42 号规定企业必须与学生签订三年以上（含三年）的实习合作协议，才能享受文件规定的企业所得税税前扣除政策。虽然该规定在某种程度上维护了学校的权益，但在变化如此之快的情况下，企业与一所学校签订三年以上的学生实习合作协议存在很大的风险，企业的积极性会受挫。此外，现实中很多企业并不了解上述优惠政策。

2. 相关法律体系不健全

一是相关法律、条文之间缺乏一致性。例如，虽然财税〔2006〕107 号和国税发〔2007〕42 号制定了企业支付实习生报酬税前扣除办法，但《中华人民共和国企业所得税法实施条例》中并没有相关规定。法与法之间的不一致，让执法部门难以执行。二是相关规定不健全。例如，可享受税收优惠政策的校企合作项目仅包括支付给学生的企业实习费，企业参与合作所发生的其他投入尚未被纳入税收优惠范围，包括企业在学生实习期间所产生的实习耗材费、企业指导教师的误工费、企业参与院校实训基地建设的设备投入费等。三是缺少可操作的实施细则。有时国家出台了相关的政策和法规，但因没有配套的实施细则，增加了执行难度。

3. 对大型国有企业办学来说，税收政策不合理

《中华人民共和国职业教育法》《国家中长期教育改革和发展规划纲要（2010—2020 年）》以及诸多的政府文件和讲话中，都提到"鼓励有条件的大型企业举办职业教育"。这样的指导思想无疑有其合理的一面，然而对于"有条件的大型企业"来说，其办学经费也存在合法合理支出问题。目前企业的办学经费一般属于税后支出，也就是说，企业完全是拿出自己的纯利润在办学。在依法缴纳了城市教育附加费的情况下，企业再拿出纯利润来办学无异于双重纳税。大型国有企业的办学积极性自然受挫。

（二）校企合作税收优惠政策完善建议

第一，适当降低享受优惠政策的准入条件，让企业感到可行。例如，在企

业支付实习生报酬税前扣除上,针对现在高职教育中存在的实际问题,可把准入条件由原来的"签订三年以上(含三年)的实习合作协议"降低为"签订不少于半年或一年的实习合作协议"。

第二,扩大税收优惠的减免范围,加大税收优惠力度,让企业感到心动。学生企业实习只是我国高职教育校企合作的一个方面,仅根据企业接受学生实习所支付的实习费给予一定的税收减免,难以激发企业的合作兴趣。在减免范围上可考虑增加三方面内容。(1)企业接受学生实习发生的耗材费、设备折旧费、企业师傅的指导费等,可计入生产成本,享受营业额所得税减免。相关费用须列出详细的使用清单和计算方法,企业师傅指导费可根据各企业的员工工资水平按一定比例进行测算。由此也可保证学生在企业的实习质量。(2)企业与高职院校共建生产性实训基地投入的资金或设备,可计入生产成本,给予一定的税收减免。校企共建生产性实训基地是我国高职院校当前普遍采用的合作模式之一,从硬件上看大多数高职院校的实训条件得到改善,然而实际上这些生产性实训基地对学生的技能培养发挥了多少作用,仍值得关注。笔者在走访调研中发现,某些高职院校建立的生产性实训基地已成为企业以较低成本获取利润的场所,学生只是轮番地在基地上进行简单的重复性技能操作,很难提升技术应用能力。企业投入资金和设备建设实训基地,最先考虑的当然是获取可观的利润,培养学生的技能只是其次要任务或者说出于高职院校免费提供场地等考虑而接受的条件。为改变生产性实训基地存在的或可能存在的问题,国家应允许企业把投入到高职院校生产性实训基地建设中的资本和设备计入其生产成本,确保企业的投入收益,同时也确保学生的实训时间和质量。(3)对企业捐赠给高职院校用于教学、实训、科研的设备免征增值税。通过税收减免等优惠政策促进社会慈善事业健康发展,是各国政府的常见做法。而有研究者发现,我国对于企业法人和个体经营户以其"自产、委托加工或购买的货物"进行的社会慈善性捐赠(简称实物捐赠)行为,非但没有制定有关的税收减免政策(所得税税前扣除等),反而将其"视同销售货物行为"征收增值税。因此,建议完善《增值税暂行条例实施细则》等,规定企业捐赠给高职院校等学校的新设备或旧设备可享受税收减免,避免资源浪费,同时也可减轻高职院校的办学成本,减轻政府举办职业教育的负担。

第三,提高法与法之间的一致性。例如,完善《中华人民共和国企业所得

现代职业教育研究丛书

校企合作机制研究 行业高职院校

税法》,通过立法来约束和激励企业的合作行为。目前,我国的十八大税种中,仅个人所得税、企业所得税、车船税这三个税种,由全国人大立法确定了征收权,而其余税种的征收合法性,均源自国务院所作的暂行规定和条例,也就是行政性规定。[①] 法律的权威性受到影响。建议地方完善对相关法律的实施细则并提高执行效度,可把地方政府落实与执行中央政策法规的成效作为其政绩考核指标之一。

三、完善立法,加强法律监督

法律是对长期行为准则的规定,具有高度的规范性。市场经济就是法治经济。国家只有运用法律的形式,明确市场主体的资格和行为,制定市场交易的规则和秩序,才能让市场在国家的宏观调控下对各种资源的配置起到基础性作用。目前,我国有关高职教育校企合作方面的立法仍不完善,主要表现在:(1)系统性不够,仅通过《中华人民共和国职业教育法》规定了企业要参与职业教育和培训,缺少其他配套法律;(2)强制性不够,条文规定多采用"建议性"语句,对未执法者缺乏惩罚性的规定。

国际上校企合作的成功经验都离不开国家法律法规的强制执行。用法律来规范职业教育中的校企合作活动,管理和控制校企双方的合作行为,是世界各国普遍采用的形式。在职业教育的立法方面,既有国家层面的法律,也有地方层面的具体法规;既有职业教育方面的法律,也有企业、税收等方面的法律。这些法律对校企合作利益相关者的权利和义务进行了明确的界定,为校企合作的健康发展奠定了良好的基础。

例如,德国政府自20世纪50年代以来颁布了十多项有关职业教育的法律法规。《职业教育法》是最基本的职业教育法令,其中有许多针对企业培训的法律条文。之后又出台了与《职业教育法》相配套的法律法规,包括《青年劳动保护法》《手工业条例》《企业基本法》《培训员资格条例》《职业教育促进法》《实训教师资格条例》等。这些法规规定了企业参与职业教育的责任和义务,规定企业有责任保证青年人在规定的时间内完成法定培训义务,要求企业在这段时间内给学徒支付报酬,并具体规定了培训期限、学徒每天工作时间、试用期、休假时间

---

① 王姝,郑道森.人大副秘书长:收回税收立法授权时机已成熟[N].新京报,2013-3-10(A6).

以及解除合同的先决条件等。此外,各行业部门和地方也相继出台了相关的条例或实施方法,从各个方面对企业参与职业教育做了具体而明确的要求。完善的法律保障体系提高了企业参与职业教育活动的积极性。

借鉴国外经验,一方面,要完善我国现有的法律,对相关政府部门(如教育部、财政部、人保部、产业部门等)、职业院校、企业、行业协会在职业教育中的职责规定应由概括性、象征性的规定转变为具体的、强制性的规定,并补充奖惩措施,强化可操作性。同时还应完善公司法、税法、校企合作法、劳动准入制度等,从社会责任承担、税收缴纳等方面规范企业参与职业教育的行为。例如,在《中华人民共和国企业所得税法》中明确规定企业举办职业教育的行为以及执行该规定将获得的优惠政策、违反该规定将受到的惩罚,增强校企合作法律的权威性。只有触动到企业切身利益的法律,才是有效的法律。另一方面,各级政府应根据职业教育校企合作的现实情况,从立法层面上明确合作各方的地位、作用、权利、义务和相互关系,约束合作各方的行为,提高各方合作的自觉性,维护各方的共同利益,使合作法制化、规范化,为合作各方提供良好的外部运行环境,确保校企合作政策的有效落实。[①] 有研究者认为,在给定的社会环境中,个人总是依照某一种特定方式行动,并且看到不遵循这种方式行动的人就给予惩罚,那么规范就存在了。另外,"元规范"是指不仅要惩罚那些违背规范的人,还要惩罚那些没有惩罚违背规范者的人。因此,机制设计中的惩罚是必要的,而且惩罚既要针对违背规范者,又要针对惩罚执行者,对那些惩罚执行不力的执行者同样要给予一定的惩罚。

四、健全校企合作管理体系

政策法规有效实现的关键在于正确地贯彻执行。政策执行是一项极为复杂的社会实践活动,在具体实施过程中,政策执行的有效性常常会因各种因素而受到影响,甚至常常出现执行活动偏离政策目标(即政策失真)的不良现象。(1)在国家层面,职业教育处于多头管理的状态,各管理部门在校企合作政策制定及其执行过程中并未形成协调一致的局面,而是各自为政。(2)地方政府尚未建立专门的协调机构负责设计、监督、考核和推行校企合作,造成很多项

---

① 兰小云.我国职业教育校企合作政策效度刍议[J].现代教育管理,2012(6):72-74.

目难以获得企业主管单位、劳动部门、教育部门的充分协调,校企合作主要靠关系和信誉来建立、维系,缺乏内在动力,难以形成长效的合作机制。(3)地方政府对校企合作更多停留在倡导、探索阶段,虽然越来越多的地方政府在积极落实校企合作政策,但从总体上来看,还不够理想。

职业教育校企合作是不同单位性质与行政隶属的独立决策实体间的合作。为了加强沟通,保障校企合作政策的合理性、系统性和可行性,需要建立从中央到地方各级政府部门间、职业院校与企业行业间的多层次协调机构,明确校企合作协调机构的职责和权限,增强其协调能力,使其具有较高的权威性。首先,国家层面成立由教育、产业、人保、财政、税务等部门组成的全国职业教育校企合作领导机构,负责职业教育校企合作政策框架体系的设计。其次,地方政府可成立校企合作办公室,负责制定相关政策法规的实施细则和绩效考核办法,统一组织协调和监控各职业院校开展校企合作,定期进行检查、评比,重点检查各职业院校落实中央和地方政府的有关政策、企业接受学生实习以及相关优惠政策落实等情况,把开展校企合作的成效作为考核职业院校教育教学工作的重要指标,对校企合作工作做得好的职业院校和企业进行表彰与奖励。[①] 同时,还可通过立法来明确校企合作管理机构的法律地位,赋予其权利,维护其管理权威。

五、制定政策实施细则,完善监督与评估体系

政策的落实很大程度上依赖相应的实施细则。职业教育具有强烈的社会属性,校企合作涉及的部门多、范围广,因此在"母体法"的基础上,还需要大量配套的、操作性强的实施细则作为补充,以落实党中央、国务院提出的一系列有关产教融合、校企合作的财税用地和金融支持政策。(1)税务、财政等部门要根据国家政策要求尽快制定出各自职责范围内的实施细则等。如企业参与或举办职业教育的税收减免优惠政策的实施细则、对非营利性院校的奖补细则、政府购买服务的具体细则、金融机构投资校企合作项目的具体办法等,补齐国家政策落地的"最后一公里",让各级地方政府和业务部门落实国家政策时有章可循。(2)地方政府部门要根据地方实际情况,尽快制定具体的可操作

第八章 行业高职院校校企合作机制建构若干问题研究

① 兰小云.我国职业教育校企合作政策效度刍议[J].现代教育管理,2012(6):72-74.

的实施细则。各级地方政府要根据经济社会发展情况,出台具有针对性的地方性法规,如根据本区域实际情况为职业院校的合作专业、合作企业设定相应的标准,根据上位法结合实际情况对合作企业享受税收优惠政策的条件、申报程序、受理部门等做出详细的规定。(3)职业院校要深刻领悟政策要义,完善学校内部规章制度。进一步健全校企合作体制机制、学生企业实习管理办法、教师企业实践管理办法、企业兼职教师聘任办法、技术服务管理办法、技术成果转化收益管理办法等,以最大化地获取政策带来的红利。

政策的落实是一个包含政策宣传、政策执行、政策监督等在内的系统性工程,任何一个环节出现纰漏,都会影响政策的效果。合理、有效的监督与评估是政策目标达成的重要保证。(1)建立产教融合、校企合作评估指标体系,把校企合作政策及其执行情况作为重要指标。这包括对校企合作政策成本、需求与满意度、执行力等进行评估;对学校、企业执行校企合作政策的行为及取得的成效进行评估;对国务院各有关部门、各级地方政府落实中央政策法规的成效进行评估等。(2)加强监督和对评估结果的应用。相关部门不仅要加强对学校、企业评估结果的应用,把其作为绩效考核、投入引导、试点开展、表彰激励的重要依据,还要重视对国务院各有关部门、各级地方政府评估结果的应用,同样把其作为政绩考核、表彰激励的重要依据。对企业的监督与评估可先在国有企业试点,将其参与校企合作、执行国家政策的成效,应用于其年度经营业绩考核和国有企业负责人经营业绩考核,促使其发挥示范带头作用。(3)成立专门的专业化政策监督与评估机构。由该机构负责制定政策监督的原则、程序和制度,构建评估指标,负责对政策方案、政策执行和政策效果进行评估,监督包括各级政府职能部门在内的各利益相关方落实校企合作政策的效能,以及时修正、调整、继续或中止相关政策。[①] 在条件成熟的地方,可以考虑把此机构设立在各级人大或政协。

总之,政府在宏观调控中应避免过度参与,要适度放权,放手让市场这只"看不见的手"来调配校企合作资源。有研究者指出,关于可以把资本用在什么种类的国内产业上,其生产能力有最大价值的这一问题,每一个人处在他当

① 兰小云.我国职业教育校企合作政策效度刍议[J].现代教育管理,2012(6):72-74.

现代职业教育研究丛书

行业高职院校校企合作机制研究

时的地位,显然能判断得比政治家或立法家好得多。^① 当然,政府要"放手"并不等于"不管",而是要准确定位,深入推进"放管服"改革,运用战略规划、政策法规等手段来调控、深化职业教育的产教融合、校企合作。

第三节　院校主管部门计划调控机制建构

院校主管部门计划调控机制是行业高职院校开展校企合作的独特优势。其方式主要有:统筹规划教育与生产资源,发挥计划调控功能;搭建系统内信息沟通平台,发挥中介桥梁作用;提供行业系统的政策引导,优化校企合作环境;下达目标任务并进行绩效考核,发挥行政调控作用。

一、统筹规划教育与生产资源,发挥计划调控功能

当下,我国社会经济转型、创新驱动发展,以及人工智能、大数据、区块链等新兴技术的发展,对劳动者的素质、技能水平等提出了更高的要求,对企业的综合竞争力也提出了更高的要求。大型国有企业集团或行业主管部门应树立协同发展的理念,统筹规划系统内的生产资源、教育资源、人力资源、技术资源等,使系统内的人、组织、环境等各子系统协调配合,共同围绕目标协力运作,从而产生 1+1>2 的协同效应,提升行业的综合竞争力,谋求长远的发展。

二、搭建系统内信息沟通平台,发挥中介桥梁作用

行业主管部门和大型国有企业集团具有了解企业需求、掌握发展趋势、便捷获取资源和信息等方面的优势,可为企业、学校牵线搭桥。院校主管部门可通过经常性、专题性的活动,促进各利益主体信息交流、优势互补、资源同享、利益共赢;也可搭建网络化信息共享平台,把行业信息、企业信息、教育信息、技术发展信息等聚集在一起,促进行、企、校资源和信息的共享;适时提供行业和产业专业技术发展信息,供校方教育教学改革时参考。

　　① ［英］亚当·斯密.国民财富的性质和原因的研究(下)［M］.郭大力,王亚南,译.北京:商务印书馆,1974:27-28.

三、提供行业系统的政策引导，优化校企合作环境

行业主管部门可以利用研究拟订本行业的发展政策等优势，为所属院校和企业开展合作提供政策支持。例如，江苏省工业和信息化厅把常州信息产业园纳入江苏省高新技术产业园建设行列，使其享受了诸多的优惠政策，优化了常信院与企业的合作环境。此外，院校主管部门还可及时提出人才合理配置标准，做好需求预测和培养规划，推荐行业领导、专家担任兼职教师，建立紧缺人才培训师资库等，促进校企合作。

四、下达目标任务并进行绩效考核，发挥行政调控作用

这是大型国有企业集团的办学优势。集团公司可充分利用其对所属企业的人事任命、资本控股等权利，制定集团内部校企合作管理与实施办法，明确集团公司、所属企业和所属院校在校企合作中的责、权、利，制定内部激励政策，形成约束机制，通过年初下达目标任务、年终绩效考核、过程中实时监控等方法，推动集团内的校企合作。此方法可以较好地解决行业高职院校师资条件不佳、学生生产性实习不足等问题。

以上主要对行业高职院校、行业主管部门和院校主管部门所需完善的地方进行了论述。当然，随着我国社会主义市场经济体制的不断完善和全球经济化进程的加快，企业也应树立以长期利益为目的的经营理念，以谋求长远的发展。国内外许多历史悠久的企业都以长期利益为目的，注重人才培养、技术创新、产品质量。例如，日本企业家认为，人是企业一切活动的主体，新技术产品的开发、产品质量的提高、经营管理的改善都取决于人的素质。只有适合企业生产实际需要与特点的人才，才能为企业提供有效的服务。基于这种理念，日本企业主动举办职业教育和培训。瑞士企业把学徒的培训视为一种长远的投资，认为不管是从近期利益还是从长远发展来看，参与技术技能型人才培养都是有益的，一是学徒工作为企业的半熟练劳动力会给企业创造财富，二是在无形中可以为企业增加荣誉度，三是可以为自己或别的企业培养高质量的劳动力，促进整个社会的良性发展。在澳大利亚，约40%的人在接受完义务教育后选择参加学徒制培训，近4000家企业向年轻人开放，提供培训点。企业自愿并且自费提供培训，不仅因为他们相信培训是获得所需技术技能型员工的

最佳方式,还因为他们认为培训未来的技术技能型员工不应仅仅从本企业的利益出发,而应从整个澳大利亚经济的发展来看。国外企业注重人才培养、注重长远发展的理念值得我国企业学习。

第四节　对策与建议

借鉴历史经验和国际经验,结合我国实际情况,我国仍然需要从政策、体制、机制等方面不断完善行业企业办学环境,不断深化产教融合、校企合作。

一、完善国家对行业企业举办高职教育的顶层设计

国家的顶层设计是社会各组织的行动指南。20 世纪五六十年代,因经济建设需要,职业教育受到高度重视,在相关部门颁布的各类文件中,可以清楚地看到国家对职业教育的设计:业务部门主办,教育部门共同管理,前者以专业设置、专业课程建设、师资队伍建设、实训实习基地建设为主,后者以教育教学方面的工作为主。目前,我们可以在许多政府文件中看到"鼓励有条件的大型企业举办职业教育",但对如何举办职业教育以及行业部门、教育部门在具体办学中应承担什么样的责任则没有明确的规定。这样会使得行业部门和教育部门都管理不到位,行业优势不能充分发挥。因此,有必要从国家的战略高度,明确市场经济体制下政府、企业、行业主管部门、教育行政部门在行业高职院校办学中应该承担的责、权、利,规范行业高职院校的办学行为。

二、明确国有企业应履行举办职业教育的社会职能

随着我国国有企业改革的不断深入,部分国有企业逐渐有意或无意地对所属职业院校持"自行发展,自谋生路"的态度,极大地制约了行业高职院校的发展,同时也制约了自身的发展。众所周知,职业教育是直接为行业企业服务的,与普通教育有着根本区别。职业教育为行业企业培养一线技术技能型人才的办学目标,决定了其办学的必由之路是校企合作,需要行业企业的深度参与。因此,需要从国家的高度重新明确国有企业应履行举办职业教育的社会职能。

为确保国有企业切实履行这一社会职能，必须通过人大立法等形式来约束企业行为，举办形式可以由国有企业根据自身能力而定，或自己办职业学校，或与职业院校合作办学等。在国有企业的考核上，可借鉴计划经济体制下把"办学培养人才的指标"作为行业企业年度绩效考核指标之一的做法，在现有的国有企业年度经营业绩考核指标和国有企业负责人经营业绩考核指标中增加"举办职业教育等社会职能履行情况"等指标，促进企业履行社会职能。

同时，为了保障企业的合作利益，也为了高职院校开展校企合作时有章可循，建议从国家层面明确规定企业可在校企合作中根据其投入或所占股份比例等获得一定的投资回报，利益的分配原则和方案可由校企双方根据合作项目而定。建议凡举办职业教育的企业，其缴纳的城市教育附加费可按一定比例返还，用于职业院校的建设与发展；企业举办职业院校的办学成本应列入国有资产回报部分，不影响企业职工和管理层的工资与奖金发放。

三、允许有条件的高职院校创办校办工厂

《教育部关于积极发展、规范管理高校科技产业的指导意见》（教技发〔2005〕2号，以下简称《意见》），提出"改革高校以事业单位法人的身份直接办企业的体制，重新确立国有经营性资产的责任主体""组建高校资产公司""管理学校所投资企业的股权和经营性资产，确保国有资产保值增值""高校企业要普遍建立产权清晰、权责分明、校企分开、管理科学的现代企业制度，成为独立享有民事权利、承担民事责任，依法自主经营、独立核算、依法纳税、自负盈亏的法人实体"。《意见》的出台有利于建立起科学、规范的高校产业管理体制，规避学校直接经营企业的经济和法律风险。随着《意见》的不断推行，行业高职院校的校办产业或停办，或转制为自主经营、自负盈亏的法人实体，院校仅保留股权和资产管理权，不再具备校办产业的经营权。这一规定在某种程度上较好地规范了高校产业管理体制，但对于行业高职院校来说并不适用。

如前文所述，行业高职院校是直接服务于行业企业的，学生的技术技能培养需要借助真实的生产性实训条件，校办工厂可以很好地解决这一问题。这在我国20世纪五六十年代和八九十年代的校办工厂以及新加坡"教学工厂"实践中得到了很好的证实。事实上，校办产业的分离使得行业高职院校不再

具备依靠校办工厂开展学生生产性实训的便利条件,只能更多地依赖社会上的企业来开展学生顶岗实习,而这种实习方式往往会因管理与监督不力以及企业的应付而流于形式,不利于学生的专业技能和技术应用能力培养。

因此,建议借鉴我国历史经验和新加坡经验,从法律和文件上允许高职院校特别是行业高职院校开设校办工厂,而且给予其一定时间内(如3年内)的税收优惠政策,保障其公益性职责;明确规定校办工厂由行业高职院校直接经营、管理,其职能首先是满足学生的基础技能训练和生产性实训需要,其次是满足教师技术开发的需要,最后是生产真实的产品,当然,也应该允许院校利用产品为学校创造一定的收益。开设校办工厂,不仅能解决行业高职院校学生生产性实训和企业顶岗实习、教师企业实践和技术服务能力提升等难题,还有利于院校专业改造、专业布局结构调整和课程体系、课程内容的改革。

四、充分发挥院校主管部门的调控作用

在社会主义市场经济体制不健全的时候,规章制度的作用仍不会大于人事任命权。建议国家通过立法或行政考核等手段,责令行业主管部门或大型国有企业集团承担校企合作办学的义务,把指导、连接、促成院校与企业的合作绩效作为政府考核其主要领导工作业绩的重要指标之一,以此督促院校主管部门根据直属院校教育功能的需要统筹安排内部实习实训资源、教师企业实践资源和企业兼职教师资源等,保障行业高职院校的行业办学优势。当然,在市场经济体制下,在要求院校主管部门承担这份义务的同时,还应赋予其计划调控权利。只有权利和义务对等时,这一目标才能真正实现。需要注意的是,在社会主义市场经济体制下,院校主管部门的计划调控作用是暂时的,更长久的校企合作仍需依靠市场机制,需要解决好校企双方的利益协调、利益共享问题。

五、提升行业协会的社会地位和职能

目前,我国行业协会在职业教育校企合作中并没有充分发挥作用。有行业协会领导坦言,行业协会很难发挥作用的原因有三方面。一是行业协会的职权不够,许多行业的审批权并不在行业协会手上,行业协会主要开展的是一些服务性工作,如信息服务、产品成果宣传推介服务、学术交流服务、技术开发

服务、项目配套服务、企业管理服务、考察学习服务、人才引荐服务等。二是行业协会的组成人员有待完善,需要更多能够代表行业水平或掌握行业最新发展动态的企业家的参与。三是行业协会的地位有待提升,行业协会为团体法人,其收益主要靠为政府做项目获得,自负盈亏,没有经费保障,何谈履行公益性职责。

（1）建议从国家层面明确行业协会的法律责任,赋予其一定的权利,提升其社会地位。例如,形成行业发展规划、产业政策、行政法规;制定并执行行规行约和各类标准,协调本行业企业之间的经营行为;认定教育领域中合作企业的资质;制定、修改职业培训及考证的标准、内容、条例等。这些措施可提升行业协会在本行业中的地位,使其有能力调动本行业的企业参与校企合作。（2）建议完善行业协会成员的准入条件,参与行业协会管理的人员应是掌握行业发展动态并在行业中具有威信的行业领军人物或企业家,能够给予行业协会经费支持,鼓励企业捐资,从而保障行业协会能够真正在连接企业和学校、企业和政府上发挥有效作用。在赋予行业协会社会地位和职能的基础上,应充分发挥其在高职院校发展规划制定、专业设置、人才培养方案制定、师资队伍建设、校内外实训基地建设等方面的作用。行业组织发挥作用的关键在于有较大的权利,并有一定的资金来源。

结语

本书先运用"经济机制设计"理论,确定了校企合作机制的研究思路。然后通过分析我国行业高职院校类型及其校企合作发展历程、研究校企合作典型模式及案例、调查研究校企合作现状,确定了影响行业高职院校校企合作的主要因素;并运用德尔菲法和模糊综合评价理论,得出校企合作影响因素的综合评判结果。随后运用系统论、市场经济理论,分析了校企合作影响因素的相互关系及其对校企合作的影响作用和方式,分析了行业高职院校校企合作机制的本质特征与内涵;依据系统论的时变特征,建构了不同环境下行业高职院校应采取的校企合作机制。最后借鉴历史经验、实践经验和国际经验,分析了行业高职院校校企合作机制建构中的几大核心问题,并提出了相应的解决措施和对策建议。得出的结论主要如下:

一、主管部门的计划调控是其独特优势

根据主管部门的性质,我国现有的行业高职院校大致分为三种类型:行业主管部门直属高职院校;大型国有企业集团直属高职院校;共建型行业高职院校(即由教育行政部门主管并与行业部门共建的高职院校)。三类院校都有着与行业长期共生共存的发展历史,具有非常鲜明的行业特色,在校企合作上拥有行业优势资源,突出表现在可以借助主管部门的计划调控手段或行政手段来开展校企合作。这是其他高职院校所不具备的。在主管部门的主导下,行业高职院校可以较好地与行业所属企业开展双师双向交流、共建二级学院、共建共享实训实习基地等,较好地解决其双师素质不高和双师结构不合理、实训实习基地的先进性和真实性不足等现实问题。

二、校企合作从计划机制转向市场机制

我国行业高职院校校企合作的发展历程大致可以划分为三个阶段。第一个阶段是 1949 至 1985 年，与行业企业相互依存式合作，合作机制为计划机制，具有很强的依附性、计划性和指令性特征。第二个阶段是 1986 至 2002 年，校企合作关系日益疏远，计划机制特征逐渐消失。第三个阶段是 2003 年至今，行业企业举办职业教育重新受到重视，校企合作方式逐渐多样化，合作范围逐渐由系统内转向系统外，合作机制逐渐体现出市场机制特征。从行业高职院校校企合作的发展历程可以总结出其校企合作机制受经济体制的制约。此外，国家的经济发展方式、对企业的考核指标、对高职教育办学的顶层设计乃至对整个教育的宏观调控等都是影响校企合作的重要因素。计划经济体制下国家对行业企业办学模式、管理体制、师资来源等的顶层设计以及校办工厂等合作模式是值得借鉴和学习的。

三、合作以市场机制为本，以计划调控为辅

根据市场经济理论，行业高职院校校企合作机制应以市场机制为本，同时辅以主管部门的计划调控手段。这是由企业追求利润最大化的经营目的、行业高职院校直接服务行业企业的根本属性、社会主义市场经济体制和行业高职院校的办学特征所决定的。社会主义市场经济体制下，企业开展一切经济活动都遵循市场机制，因此，直接服务行业企业的行业高职院校也必须遵循市场经济的规则，以市场机制为本开展校企合作。同时，由于行业高职院校的行业办学特征，在开展校企合作时还可充分发挥主管部门的计划调控、统筹规划、平台搭建作用。

"以市场机制为本"要求合作各方从利益的视角思考和谋划校企合作，关注合作市场的供求关系变化，树立风险防范意识，采用恰当的方式和途径来实现资源有效配置，实现政、行、企、校共同办学、共同育人、共同发展的合作目的，以培养真正符合行业企业需要的高素质技术技能型人才。"以计划调控为辅"要求主管部门利用计划手段或行政手段，如下达指标任务、战略规划、平台

搭建等,发挥计划调控作用,以辅助市场机制充分发挥作用。"以市场机制为本、以计划调控为辅"校企合作机制以利益机制建构为核心,以院校能力建设为关键,注重建构校企合作信息沟通机制、决策机制、执行机制和风险防范机制等。

四、校企合作是一个多因素矛盾统一体

影响行业高职院校校企合作的主要有五大因素。一是行业高职院校因素,涉及行业高职院校领导的办学理念和创新决策能力、师资队伍水平、专业设置、院校的执行力、专业建设的硬件条件、人才培养质量。二是企业因素,涉及企业经营理念与价值观、企业生命周期和对人才与技术的需求、企业的合作成本收益与风险管理、企业对一线技术技能型人才的层次要求。三是中央政府因素,涉及中央政府对高职教育校企合作办学的顶层设计、中央政府的政策法规及实施细则、职业资格证书体系。四是地方政府因素,涉及地方政府对高职教育的重视程度、地方政府对中央政府政策法规的落实情况、区域经济中长期发展规划及产业结构调整情况。五是院校主管部门因素,涉及行业特征、发展战略和经营理念、在行业中的地位。

五大因素按重要程度排序,依次为行业高职院校、企业、中央政府、院校主管部门和地方政府。在我国现有的国家宏观政策法规环境下,影响因素又依次为行业高职院校、企业、院校主管部门和地方政府。在二级指标中,行业高职院校领导的办学理念和创新决策能力成为首要因素,其次为院校的师资队伍水平,可见院校能力建设在校企合作机制建构中的重要性。

五大因素和若干二级指标之间是相互影响、相互制约的。其中,学校与企业之间的供需关系是校企合作大系统的核心,其余所有关系都应围绕这个供需关系来设计,以推动学校与企业之间的合作关系转变。学校与企业之间的供需关系及其核心地位决定了合作中的利益主导机制,而作为人才和服务的提供方,行业高职院校成为这个矛盾统一体中的关键。其他因素的相互关系又决定了院校主管部门行政指令、统筹规划、平台搭建以及政府部门政策引导、法律约束、监督考核的重要性。

五、校企合作机制是变化的

根据系统论的时变特征,研究者以经济增长方式和校企关系为时变要素,把校企合作机制演变分为三个阶段:初级阶段为"院校主体,政府主导"机制;中级阶段为"双方主体,利益主导"机制;高级阶段为"融为一体,价值观主导"机制。当经济增长方式为劳动密集型、校企关系为主动与被动关系时,为确保行业高职院校真正培养出符合行业企业需要的高素质技术技能型人才,应建立政府主导机制,以法律约束等方式促使企业参与合作;当经济增长方式为技术密集型、校企关系趋于平等时,应以利益机制为主导,通过法律、契约等形式来协调双方的利益。随着校企合作的不断推进,校企对合作育人的认识逐渐趋同,校企之间融为一体,并达成共同为社会、行业培养高素质技术技能型人才的共识,校企之间会形成一种"融为一体,价值观主导"的机制。这是校企合作机制的最高境界,企业参与校企合作不只是为了满足自身的利益需求,同时也是为了促进全社会、全行业的共同发展。

六、机制建构需要关注三方面

目前,行业高职院校校企合作机制建构需要关注三方面:院校自身能力建设、政府宏观调控机制建构、院校主管部门计划调控机制建构。院校自身能力建设是解决所有问题的根本出发点,包括增强社会主义市场经济意识、转变办学思路并与区域经济融合发展、建构信息采集与沟通机制、建构校企合作决策机制、建构校企合作执行机制。政府宏观调控机制建构是规范和引导校企合作的关键,包括完善行业高职院校校企合作办学的顶层设计、完善税收优惠政策、加大经费支持力度、完善立法并加强法律监督、健全校企合作管理体系、制定政策实施细则、完善监督与评估体系等。院校主管部门计划调控机制是行业高职院校的独特优势,包括统筹规划教育与生产资源,发挥计划调控功能;搭建系统内信息沟通平台,发挥中介桥梁作用;提供行业系统的政策引导,优化校企合作环境;下达目标任务并进行绩效考核,发挥行政调控作用。

七、当前校企合作处于中级发展阶段

通过问卷调查发现,虽然部分行业高职院校利用行业优势开展了形式多样的校企合作,但校企合作整体上仍处于中级发展阶段,合作形式主要表现为订单式培养、共建生产性实训基地、共建二级学院、共建双师团队等,较少采用共建技术研究中心等高层次合作模式。

在五种较为典型的校企合作模式中,"基于产业园的校企合作模式"把合作资源聚集在同一区域,既能拉近合作距离,又能解决校企合作的几大现实问题,促进学生的生产性实习和企业顶岗实习、专任教师的企业实践、企业兼职教师的聘请等。"校企共建技术研究中心模式"通过研究促进教育教学改革,整合学校资源,创新内部管理机制,培养学生的创新意识和创新精神。"集团公司主导的双师团队共建模式"发挥企业集团的主管优势,通过一定的行政手段,整合集团内部资源,解决高职院校双师团队建设问题。"校企共建二级学院模式"通过股份制,捆绑校企双方利益,促进双方的深度合作,合作链最为完整。"校企共建学生工作室模式"是一种微型"产学研"合作模式,规模小、较灵活、易操作、易管理、风险低、易推广。

八、国家顶层设计规范和引导校企合作发展

国家顶层设计能够规范和引导校企合作发展。(1)从国家技能发展或者国民经济社会发展的战略高度来规划校企合作,明确高职院校、企业、行业部门、教育部门、中央政府、地方政府在高职教育办学中的责、权、利。(2)完善政策法规,既要有来自职业教育法的规定,也要有来自公司法、税法、工伤保险法(或称职业安全法)等的规定,以立法形式明确企业应承担的义务、应接受的惩罚等;完善企业参与校企合作可享受的优惠政策,既要加大优惠力度,又要扩大可享受优惠政策的合作范围,如学生在企业实习所产生的实习耗材费、企业指导教师的误工费、设备投入费、设备捐助等的税收减免。(3)制定政策实施细则,健全监督与评估体系。一是税务、财政等部门要根据国家政策要求尽快制定各自职责范围内的实施细则等;二是地方政府部门要根据实际情况,尽快

制定具体的可操作的实施细则；三是建立产教融合、校企合作评估指标体系；四是加强对监督与评估结果的应用；五是成立专门的专业化政策监督与评估机构。

九、校办工厂是重要的校企合作模式

通过分析我国行业高职院校校企合作发展历程，研究者认为，校办工厂可以重新成为我国行业高职院校校企合作培养高素质技术技能型人才的重要载体，发挥重要教育教学功能。以法律文件形式明确规定校办工厂由行业高职院校直接经营、管理，其职能首先是满足学生的基础技能训练和生产性实训需要，其次是满足教师技术开发的需要，最后是生产真实的产品，当然，也应该允许院校利用产品为学校创造一定的收益。这种模式不仅能解决行业高职院校学生生产性实训和企业顶岗实习、教师企业实践和技术服务能力提升等难题，还有利于院校专业改造、专业布局结构调整和课程体系、课程内容的改革。

参考文献

中文部分

1. 专著

[1] A.F.G.汉肯.控制论与社会[M].黎鸣,译.北京:商务印书馆,1984.

[2] R·爱德华·弗里曼.战略管理——利益相关者方法[M].王彦华,梁豪,译.上海:上海译文出版社,2006.

[3] 陈金龙,潘利红,詹文都.中国近现代史纲要[M].广州:广东高等教育出版社,2009.

[4] 陈周钦,吴龙川.行业高职院校产学研结合的探索与实践[M].广州:华南理工大学出版社,2009.

[5] 樊耘,等.管理学[M].西安:陕西人民出版社,2001.

[6] 方德英,等.校企合作创新——博弈·演化与对策[M].北京:中国经济出版社,2007.

[7] 菲利普·葛洛曼,菲利克斯·劳耐尔.国际视野下的职业教育师资培养[M].石伟平,译.北京:外语教学与研究出版社,2011.

[8] 冯保成.模糊数学实用集粹[M].北京:中国建筑工业出版社,1987.

[9] 高奇.中国教育史研究(现代分卷)[M].上海:华东师范大学出版社,2009.

[10] 韩颂善.市场机制概论[M].济南:山东大学出版社,1997.

[11] 何维·莫林.合作的微观经济学:一种博弈论的阐释[M].童乙伦,梁碧,译.上海:格致出版社,2011.

[12] 赫维茨,瑞特.经济机制设计[M].田国强,等译.上海:格致出版社,2009.

[13] 霍绍周.系统论[M].北京:科学技术文献出版社,1988.

[14] 江苏省高等职业教育研究会.创新发展 优化提升:江苏省高等职业教育改革与发展重大课题研究[M].南京:南京大学出版社,2012.

[15] 李蔺田,王萍.中国职业技术教育史[M].北京:高等教育出版社,1994.

[16] 李卓宝,吴丹,许甜,叶赋桂.蒋南翔高等教育思想与实践研究[M].北京:清华大学出版社,2011.

[17] 林润惠,等.高职院校校企合作——方法、策略与实践[M].北京:清华大学出版

社,2012.

[18] 刘海,于志晶,陈衍.回眸:中国职业教育历史报告[M].长春:东北师范大学出版社,2007.

[19] 罗伯特·E.斯伯克曼,林恩·A.伊莎贝拉,托马斯·C.麦卡沃伊.联盟能力:优化合伙关系的价值[M].仇海清,王晓东,译.海口:南方出版社,2003.

[20] 罗伯特·阿克塞尔罗德.合作的复杂性:基于参与者竞争与合作的模型[M].梁捷,高笑梅,等译.上海:上海人民出版社,2016.

[21] 罗伯特·阿克塞尔罗德.合作的进化[M].吴坚忠,译.上海:上海人民出版社,2007.

[22] 罗焰,黎明.地方院校产学研合作模式及运行机制研究[M].成都:巴蜀书社,2009.

[23] 马树超,郭扬,等.中国高等职业教育历史的抉择[M].北京:高等教育出版社,2009.

[24] 孟繁华.教育管理决策新论——教育组织决策机制的系统分析[M].北京:教育科学出版社,2005.

[25] 塞缪尔·亨廷顿,劳伦斯·哈里森.文化的重要作用:价值观如何影响人类进步[M].程克雄,译.北京:新华出版社,2010.

[26] 石伟平.比较职业技术教育[M].上海:华东师范大学出版社,2001.

[27] 孙琳.转型时期中国职业教育的改革与发展[M].北京:高等教育出版社,2007.

[28] 托马斯·R.戴伊.理解公共政策[M].谢明,译.北京:中国人民大学出版社,2011.

[29] 韦恩·K.霍伊,塞西尔·G.米斯克尔.教育管理学:理论·研究·实践(第7版)[M].范国睿,译.北京:教育科学出版社,2007.

[30] 闻友信,杨金梅.职业教育史[M].海口:海南出版社,2000.

[31] 吴雪萍.国际职业技术教育研究[M].杭州:浙江大学出版社,2004.

[32] 吴玉琦.中国职业教育史[M].长春:吉林教育出版社,1991.

[33] 亚当·斯密.国民财富的性质和原因的研究(下)[M].郭大力,王亚南,译.北京:商务印书馆,1974.

[34] 姚寿广,经贵宝.新加坡高等职业教育——以南洋理工学院为例[M].北京:高等教育出版社,2009.

[35] 叶伟巍.中小企业与地方高校合作创新机制与激励政策研究——基于浙江实证[M].杭州:浙江大学出版社,2010.

[36] 余世诚,牟杰.中国石油高等教育发展史(1953—1999)[M].东营:石油大学出版社,2002.

[37] 翟海魂.发达国家职业技术教育历史演进[M].上海:上海教育出版社,2008.

[38] 詹姆斯·E.波斯特,安妮·T.劳伦斯,詹姆斯·韦伯.企业与社会:公司战略、公共政策与伦理(第十版)[M].张志强,等译.北京:中国人民大学出版社,2005.

现代职业教育研究丛书

行业高职院校校企合作机制研究

[39] 张家祥,钱景舫.职业技术教育学[M].上海:华东师范大学出版社,2001.

[40] 赵光忠.领导决策力18法则[M].北京:中华工商联合出版社,2006.

[41] 赵民,林海峰,刘海梅.竞争四力:决策力、领导力、管理力、执行力[M].北京:人民邮电出版社,2006.

[42] 中共中央文献研究室.建国以来重要文献选编(第一册)[M].北京:中央文献出版社,1992.

[43] 中央教育科学研究所.周恩来教育文选[M].北京:教育科学出版社,1984.

2. 学位论文

[1] 陈解放.合作教育的理论及其在中国的实践[D].上海:华东师范大学,2002.

[2] 冯晓蓉.我国校企合作型独立学院发展中存在的问题及对策研究[D].成都:电子科技大学,2008.

[3] 耿洁.职业教育校企合作体制机制研究[D].天津:天津大学,2011.

[4] 马晓恒.高等职业教育校企合作政策文本分析[D].天津:天津大学,2016.

[5] 庞世俊.行业企业举办职业教育的现状与对策研究[D].天津:天津大学,2003.

[6] 苏俊玲.美国职业教育校企合作实践的研究[D].上海:华东师范大学,2008.

[7] 杨希.企业参与校企合作的影响因素研究[D].北京:中国人民大学,2007.

3. 论文集

[1] 黄志平,向红梅.高职校企合作机制建立的关键问题与障碍分析:来自经济学视角的观察[A].Advances in Artificial Intelligence(Volume 5)— Proceedings of 2011 International Conference on Management Science and Engineering(MSE 2011)[C].2011.

[2] 厉海龙,傅勇.高等职业技术教育的实践与认识[A].成人高等教育理论与实践研究[C].成人高等教育研究会,1996.

[3] 马斌.简论张謇、黄炎培、陶行知就业观的内涵、特征及当代价值[A].黄炎培与中国职业教育——黄炎培职业教育思想研究成果集萃[C].2009.

[4] 毛泽东.中国革命战争的战略问题[A].毛泽东选集(第一卷)[C].北京:人民出版社,1991.

[5] 中华人民共和国教育部高等教育司.第二次全国高职高专教育产学研结合经验交流会论文集[C].北京:高等教育出版社,2004.

[6] 周恩来.在全国高等教育工作会议上的讲话(1950年6月8日)[A].中共中央文献编辑委员会.周恩来选集[C].北京:人民出版社,1984.

4. 期刊

[1] 白晶,王晓方.论在高等职业教育中如何实施产学合作育人[J].辽宁高职学报,2002(2).

[2] 本刊编辑部.半工半读:一场中国的试验[J].职业技术教育,2006(30).

[3] 陈安,武艳南.浅议管理机制设计理论:目标与构成[J].科技促进发展,2011(7).

[4] 陈仙,李敏.英国行业企业参与职业教育的保障措施[J].职业教育研究,2008(11).

[5] 程培堽,顾金峰.校企合作的企业决策模型——基于成本和收益的理论分析[J].高教探索,2012(5).

[6] 段素菊,等.企业参与职业教育:现状、问题与对策——基于对北京部分大型企业的调查分析[J].中国职业技术教育,2012(3).

[7] 龚强.机制设计理论与中国经济改革[J].商业时代,2008(9).

[8] 郭扬.完善体系的关键在于提升产教融合的高度——兼谈基于"大职业教育"观整合部门资源的地方实践[J].中国职业技术教育,2018(7).

[9] 霍丽娟,等.企业参与校企合作的意愿调查与分析——以河北省企业为例[J].职业技术教育,2009(34).

[10] 靳兰香.发挥行业办学优势,推动高等职业教育健康持续发展[J].山东商业职业技术学院学报,2005(2).

[11] 匡瑛,石伟平.论高职百万扩招的政策意图、内涵实质与实现路径[J].中国高教研究,2019(5).

[12] 兰小云,郭扬.扩招背景下的高职院校转型发展:从对接走向融合[J].教育发展研究,2019,39(Z1).

[13] 兰小云.我国职业教育校企合作政策效度刍议[J].现代教育管理,2012(6).

[14] 兰小云.行业型职教集团运行困境与对策研究[J].职业技术教育,2011(7).

[15] 李巍巍,施祖麟.计划与激励:经济机制设计理论的模型方法及思考[J].数量经济技术经济研究,1994(4).

[16] 刘春生,柴彦辉.德国与日本企业参与职业教育态度的变迁及对我国产教结合的启示[J].比较教育研究,2005(7).

[17] 刘存刚.美国校企合作及对我国职业教育的借鉴意义[J].教育与职业,2007(32).

[18] 刘红.协同发展走大型国企与职业教育互动共赢之路——"鲁商集团"职业教育办学的理念、策略及探索[J].中国职业技术教育,2011(28).

[19] 刘骥.科技变革与新型劳动力需求:教育如何有效应对[J].教育经济评论,2018(2).

[20] 马本江,徐晨.论"存在经济人"假设、经济机制设计与效率不减原理[J].经济问题,2011(12).

［21］ 马尔立,等.大型企业办学的体制改革与机制创新研究［J］.中国职业技术教育,2012(27).

［22］ 欧阳恩剑,刘国生.行业转制高职院校发展模式构建［J］.中国职业技术教育,2009(18).

［23］ 潘懋元.产学研合作教育的几个理论问题［J］.中国大学教学,2008(3).

［24］ 邱璐轶.高职校企合作的影响因素分析［J］.教育探索,2011(4).

［25］ 石森昌.基于机制设计的经济环境协调度模型［J］.石家庄经济学院学报,2009(1).

［26］ 王年华,陈大森,毛锡鹤.上海市电子、仪表类专业人才需求调查报告［J］.教育发展研究,1983(2).

［27］ 王文槿.发展职业教育　你我共同给力——职业教育与行业企业对话系列活动综述［J］.中国职业技术教育,2011(7).

［28］ 王亚杰.共建互动共赢——特色型大学与区域经济社会发展的互动机制初探［J］.北京教育(高教版),2009(2).

［29］ 王亚杰.自强与扶持:特色型大学的发展之路［J］.中国高等教育,2008(3).

［30］ 夏建国.产学研合作机制初探［J］.教育发展研究,2002(2).

［31］ 夏建国.校企联合培养人才的创新探索［J］.中国高校科技与产业化,2010(12).

［32］ 夏建国,杨若凡.产学研合作机制的探讨与实践［J］.职教论坛,2002(5).

［33］ 徐仁惠.冶金中专教育四十五年发展变化的历史回顾［J］.中国冶金教育,1994(1).

［34］ 薛培军,李宗泉.论高等职业技术教育产学研合作的经济动因［J］.中州大学学报,2003(2).

［35］ 杨金土.加强校企合作　办出高职特色［J］.职教通讯,2002(1).

［36］ 杨生平,张阳升.市场机制本质论［J］.华北电力大学学报(社会科学版),1998(1).

［37］ 佚名.山东商业职业技术学院校企合作创办二级学院［J］.职业技术教育,2004(6).

［38］ 易新河,李岚,成亚玲,李琳叶,杜飞明.长株潭地区高职教育校企合作机制创新研究［J］.中国电力教育,2012(17).

［39］ 余祖光.透视韩国职业教育与职业培训［J］.中国职业技术教育,2003(5).

［40］ 袁艳辉.一个完全可行、运用成本最小的经济机制设计［J］.国外建材科技,1995(4).

［41］ 翟亚军,王战军.基于生态学观点的大学学科建设应然研究［J］.科学学与科学技术管理,2006(12).

［42］ 张凤娟,陈龙根,罗永彬.美国企业参与职业教育的动机与障碍探析［J］.比较教育研究,2008(5).

［43］ 张海峰.治理视域中的高职教育校企合作机制研究［J］.教育与职业,2008(33).

［44］ 张延华.充分发挥行业优势　促进交通高职教育发展［J］.中国高等教育,2010(21).

［45］ 张振助.世界成人教育发展的几个新趋势［J］.国际观察,1997(5).

［46］ 赵文平.美国职业教育体系的开放性特征分析［J］.职教论坛,2014(34).

［47］ 中国企业大学首份"奥斯卡"榜单揭晓［J］.今商圈,2013(2).

[48] 朱建.大力推进企业界参与校企合作的动力机制[J].中国电力教育,2008(4).

5. 报告

[1] 山东商业职业技术学院.山东商业职业技术学院"国家示范性高职院校建设"项目建设总结报告[R].2010.

[2] 中华人民共和国教育部,中华人民共和国联合国教科文组织全国委员会.构建中国特色的现代职业教育体系:新经验、新起点与新战略[R].第三届国际职业技术教育大会国家职业教育发展报告,2012.

6. 报纸

[1] 洪敏生.上海天津工厂企业办起近千所学校[N].人民日报,1958-9-12(7).

[2] 李功毅,李文军,宋全政,魏海政,王玉琳.一所地方高职何以屡获"科研大单"[N].中国教育报,2011-12-24(1).

[3] 王继平.校企合作是职业教育发展的战略引擎[N].中国教育报,2010-4-3(3).

[4] 王姝,郑道森.收回税收立法授权时机已成熟[N].新京报,2013-3-10(A6).

[5] 王延斌."鲁商模式":产学研"零距离",一个好平台、好模式、好机制[N].科技日报,2012-11-22(3).

[6] 王延斌.一棵菜的"科技之旅"[N].科技日报,2009-3-16(8).

[7] 魏玉凤.全国职业技术教育工作会议在京召开部署培养千百万职业技术人才[N].人民日报,1986-7-3(3).

[8] 吴南雁,王文槿,徐涵,李利.国外如何发展职业教育[N].中国财经报,2006-11-23(4).

[9] 吴维煊.行业办学有助于形成职教多元办学格局[N].浙江教育报,2019-4-5(4).

[10] 俞仲文.时代呼唤高职教育3.0版[N].中国青年报,2013-1-14(11).

[11] 袁新文,倪光辉,马树超,董洪亮.校企合作如何真正"水乳交融"[N].人民日报,2010-5-14(18).

[12] 周恩来.政务院关于整顿和发展中等技术教育的指示[N].人民日报,1952-4-8(1).

7. 电子文献

[1] 刘鹏.新形势下中央政府与地方政府关系研究[EB/OL].(2010-4-22).[2021-9-22].https://wenku.baidu.com/view/cb269b0c581b6bd97f19ead7.html.

[2] 南京信息职业技术学院.历史沿革[EB/OL].(2020-5-18).[2021-9-22].https://www.njcit.cn/lsyg/list.htm.

[3] 山东商业职业技术学院.学校概况[EB/OL].(2021-7-17).[2021-9-22].http://

www.sict.edu.cn/xx/xxgk/2020/0717/1.html.

［4］ 山东省商业集团有限公司.企业简介［EB/OL］.（2021 - 7 - 17）.［2021 - 9 - 22］.http://
www.lushang.com.cn/content/about.aspx.

［5］ 上海市地方志办公室.上海地方志：专业志［EB/OL］.（2002 - 12 - 25）.［2021 - 9 - 22］.
http://www.shtong.gov.cn/Newsite/node2/node2245/node4503/node55803/node55808/node55810/
userobject1ai41957.html.

［6］ 四川省经济和信息化厅.四川省经济和信息化委员会 2011 年部门预算编制说明［EB/
OL］.（2011 - 5 - 6）.［2021 - 9 - 22］.https://jxt.sc.gov.cn/scjxt/czzj/2011/5/6/
1d263b23ce2849c7a9b2e1af125f252b.shtml.

［7］ 俞忠恩.校企合作的成本问题不容忽视［EB/OL］.（2010 - 9 - 25）.［2021 - 9 - 22］.
https://www.tech.net.cn/news/show-85059.html.

［8］ 中国高职高专教育网.美国职业教育政策动向［EO/BL］.（2009 - 12 - 30）.［2021 - 9 -
22］.https://www.tech.net.cn/news/show-84243.html.

［9］ 中华人民共和国国家发展和改革委员会.国家发展改革委有关负责人就《关于深化产
教融合的若干意见》答记者问［EB/OL］.（2017 - 12 - 19）.［2021 - 9 - 22］.https://
www.ndrc.gov.cn/xwdt/xwfb/201712/t20171219_954753.html? code =&state = 123.

［10］ 中华人民共和国教育部.天津市发挥行业办学优势加快发展现代职业教育［EB/OL］.
（2017 - 12 - 12）.［2021 - 9 - 22］.http://www.moe.gov.cn/jyb_sjzl/s3165/201712/
t20171212_321117.html.

［11］ 中华人民共和国教育部.周济部长在教育部 2005 年度工作会议上的讲话［EB/OL］.
（2004 - 12 - 19）.［2021 - 9 - 22］.http://www.moe.gov.cn/jyb_zzjg/moe_187/moe_410/
moe_458/201001/t20100128_12010.html.

［12］ 中华人民共和国科学技术部.国家工程技术研究中心 2016 年度报告［EB/OL］.（2018 -
5 - 21）.［2021 - 9 - 22］.http://www.most.gov.cn/xxgk/xinxifenlei/fdzdgknr/zfwzndbb/
201805/P020180521579923434724.pdf.

［13］ 中华人民共和国科学技术部.国家工程技术研究中心暂行管理办法［EB/OL］.（1993 - 2
- 4）.［2021 - 9 - 22］.http://www.most.gov.cn/kjzc/gjkjzc/jcyjykyjd/201308/t20130823_
108263.html.

英文部分

［1］ Adrian Ziderman. *Financing Training Through Payroll Levies*［J］. International Handbook of
Education for the Changing World of Work, 2009：1075 - 1089.

［2］ Andrew Smith, Eddie Oczkowski, Charles Noble, Robert Macklin. *New Management*

Practices and Enterprise Training[EB/OL]. (2002 - 5 - 15). [2021 - 9 - 22]. https://www.ncver.edu.au/_data/assets/file/0018/8622/new-management-practices-803.pdf.

[3] Anthea Taylor. *A Case Study of Links between a School Vocational Program and the Building and Construction Industry*[R].National Centre for Vocational Education Research,2004.

[4] Boston Consulting Group (BCG). *New Enterprise/Industry Participation Model for Vocational Education in Victoria*[EB/OL]. (2011 - 11 - 1). [2021 - 9 - 22]. http://hdl. voced. edu.au/10707/214987.

[5] Brian Knight. *Evolution of Apprenticeships and Traineeships in Australia: an Unfinished History*[R]. National Centre for Vocational Education Research,2009:

[6] Carrie B.Kisker, Rozana Carducci. *UCLA Community College Review: Community College Partnerships with the Private Sector — Organizational Contexts and Models for Successful Collaboration*[J]. Community College Review,2003, 31(3): 55 - 74.

[7] Clarke, Linda, Winch, Christopher. *Vocational Education: International Approaches, Developments and Systems*[M]. Oxfordshire, England: Routledge, 2007.

[8] David Dowling. *Employer Perspectives on Engineering Technician Education in Australia*[R]. Paper presented at the Australasian Association for Engineering Education Conference 2011: Developing engineers for social justice: Community involvement, ethics & sustainability, Western Australia, December 2011.

[9] Helen Stokes, Kathleen Stacey, Murray Lake. *Schools,vocational Education and Training and Partnerships: Capacity-building in Rural and Regional Communities*[EB/OL]. (2006 - 9 - 22). [2021 - 9 - 22]. https://www.ncver.edu.au/_data/assets/file/0015/5244/nr4015.pdf.

[10] Jihee Choi KRIVET, Josie Misko, Kyeong-Jong Kang, Oanh Phan. *Linkages between Vocational Education and Training Providers and Industry*[EB/OL]. (2001 - 6 - 8). [2021 - 9 - 22]. https://www.ncver.edu.au/_data/assets/file/0013/10516/linkages-between-vet-providers-and-industry-579.pdf.

[11] Jim Hillage, George Loukas, Becci Newton, Penny Tamkin. *Employer Training Pilots: Final Evaluation Report*[EB/OL]. (2011 - 8 - 2). [2021 - 9 - 22]. https://dera.ioe. ac.uk/6450/1/RR774.pdf.

[12] Johnny Sung. *Vocational Education and Training and Employer Engagement: an Industry-led Sectoral System in the Netherlands*[J]. International Journal of Training and Development, 2010, 14(1): 16 - 31.

[13] John Stanwick.. *Employer Engagement with the Vocational Education and Training System in Australia*[EB/OL]. (2009 - 4 - 9). [2021 - 9 - 22].https://www.ncver.edu.au/_data/assets/

file/0015/5613/op04230.pdf.

[14] Jonathan Payne. *Sector Skills Councils and Employer Engagement — Delivering the 'Employer-led' Skills Agenda in England*[J]. Journal of Education and Work, 2008, 21 (2): 93 – 113.

[15] Joshua Healy, Kostas Mavromaras, Peter J Sloane. *Skill Shortages: Prevalence, Causes, Remedies and Consequences for Australian Businesses*[EB/OL]. (2012 – 2 – 20). [2021 – 9 – 22].https://www.ncver.edu.au/_data/assets/file/0016/7315/skill-shortages-2464.pdf.

[16] Kilpatrick Sue and Guenther John. *Successful VET Partnerships in Australia* [J]. International Journal of Training Research, 2003, 1(1): 23 – 43.

[17] Lois Elaine, Parkes. *Towards a New Theory of VET Policy Evaluation and Engagement: A Multiple Stakeholder Approach* [EB/OL]. [2021 – 9 – 19]. [2021 – 9 – 22]. http://hdl.handle.net/10063/2245.

[18] Louis Soares. *The Power of the Education-Industry Partnership: Fostering Innovation in Collaboration between Community Colleges and Businesses*[EB/OL]. (2010 – 10 – 4). [2021 – 9 – 22]. http://www.americanprogress.org/issues/labor/report/2010/10/04/8518/the-power-of-the-education-industry-partnership/.

[19] Malgorzata Kuczera, Glorgio Brunello, Simon Field, Nancy Hoffman. *OECD Reviews of Vocational Education and Training: Learning for Jobs*[EB/OL]. (2008 – 10 – 30). [2021 – 9 – 22].http://www.oecd.org/norway/41506628.pdf.

[20] Nuriye Çevik İşgören et al. *The Importance of Cooperation between Vocational Schools and Industry*[J]. Procedia-Social and Behavioral Sciences, 2009, 1(1): 1313 – 1317.

[21] Santoro, Michael D., Stephen C. Betts. *Making Industry-University Partnerships Work* [J]. Research-Technology Management, 2002, 45(3): 42.

[22] Stationery Office Books. *Prosperity for All in the Global Economy — World Class Skills: Final Report (Leitch Review of Skills)* [IMPORT][M]. Not Avail.

[23] U. S. Department of Education, Office of Vocational and Adult Education. *Integrating Industry-Driven Competencies in Education And Training Through Employer Engagement* [EB/OL]. [2021 – 9 – 20]. [2021 – 9 – 22].http://www2.ed.gov/about/offices/list/ovae/pi/cclo/brief-4-employer-engagement.pdf.

[24] U.S. *Department of Education, Office of Vocational and Adult Education. Investing in America's Future: A Blueprint for Transforming Career and Technical Education*[EB/OL].(2012 – 4). [2021 – 9 – 22]. https://www2.ed.gov/about/offices/list/ovae/pi/cte/transforming-career-technical-education.pdf.

参考文献

图书在版编目（CIP）数据

行业高职院校校企合作机制研究 / 兰小云著. — 上海：
上海教育出版社，2021.11
（现代职业教育研究丛书）
ISBN 978-7-5720-1186-3

Ⅰ.①行… Ⅱ.①兰… Ⅲ.①高等职业教育 – 产学合作
– 研究 – 中国 Ⅳ.①G718.5

中国版本图书馆CIP数据核字(2021)第212138号

丛书策划　公雯雯
责任编辑　杜金丹
整体设计　陆　弦

现代职业教育研究丛书
石伟平　主编
行业高职院校校企合作机制研究
兰小云　著

出版发行　上海教育出版社有限公司
官　　网　www.seph.com.cn
地　　址　上海市闵行区号景路159弄C座
邮　　编　201101
印　　刷　上海龙腾印务有限公司
开　　本　700×1000　1/16　印张 14.75
字　　数　235 千字
版　　次　2021年11月第1版
印　　次　2021年11月第1次印刷
书　　号　ISBN 978-7-5720-1186-3/G·0931
定　　价　68.00 元

如发现质量问题，读者可向本社调换　电话：021-64373213